HEINZ BECHERT

EINE REGIONALE HOCHSPRACHLICHE TRADITION IN SÜDASIEN: SANSKRIT-LITERATUR BEI DEN BUDDHISTISCHEN SINGHALESEN

ÖSTERREICHISCHE AKADEMIE DER WISSENSCHAFTEN
PHILOSOPHISCH-HISTORISCHE KLASSE
SITZUNGSBERICHTE, 718. BAND

Veröffentlichungen zu den Sprachen und Kulturen Südasiens
Heft 37

VERLAG DER
ÖSTERREICHISCHEN AKADEMIE DER WISSENSCHAFTEN

WIEN 2005

ÖSTERREICHISCHE AKADEMIE DER WISSENSCHAFTEN
PHILOSOPHISCH-HISTORISCHE KLASSE
SITZUNGSBERICHTE, 718. BAND

HEINZ BECHERT

EINE REGIONALE HOCHSPRACHLICHE TRADITION IN SÜDASIEN: SANSKRIT-LITERATUR BEI DEN BUDDHISTISCHEN SINGHALESEN

VERLAG DER
ÖSTERREICHISCHEN AKADEMIE DER WISSENSCHAFTEN
WIEN 2005

Vorgelegt von w. M. ERNST STEINKELLNER
in der Sitzung am 15. Oktober 2004

Die verwendete Papiersorte ist aus chlorfrei gebleichtem Zellstoff hergestellt, frei von säurebildenden Bestandteilen und alterungsbeständig.

ISBN 3-7001-3361-8

Druck: Ferdinand Berger & Söhne GesmbH., A-3580 Horn

http://hw.oeaw.ac.at/3361-8
http://verlag.oeaw.ac.at

Inhaltsverzeichnis

Vorwort

Dem vorliegenden Text liegt eine Arbeit zugrunde, die im Jahre 1963 von der Philosophischen Fakultät der Johannes-Gutenberg-Universität in Mainz als Habilitationsschrift angenommen wurde. Andere, damals vordringliche Aufgaben, haben dazu geführt, dass die Publikation zurückgestellt wurde und der Text erst jetzt in revidierter Fassung veröffentlicht wird. Teilbereiche der Thematik habe ich bereits an andern Stellen besprochen, so dass der vorliegende Text gegenüber der ursprünglichen Arbeit erheblich gekürzt werden konnte. Außerdem waren natürlich zwischenzeitlich erschienene Publikationen anderer Autoren zu berücksichtigen.

Verweise auf Anmerkungen ohne nähere Bezeichnung beziehen sich auf die Anmerkungen in dem Textabschnitt, dem auch der entsprechende Text angehört; andernfalls sind entsprechende Zugehörigkeiten angegeben. Bei bibliographischen Angaben zu indischen Texten, z.B. den Angaben über Teile der nicht abgeschlossenen „History of Indian Literature", ist auf Serienangaben meist verzichtet worden, wo dies für die bibliothekarische Auffindung des Textes entbehrlich ist.

Die Eigenheiten der singhalesischen Sanskrit-Orthographie habe ich nicht beseitigt; hierher gehören Schreibungen wie *nighaṇḍu* (statt *nighaṇṭu*), *koṣa* (*kośa*), *pañjikā* (*pañcikā*) und Besonderheiten des Sandhi. Im Singhalesischen gibt es keine Regeln für die Worttrennung. In Manuskripten ist scriptio continua die Regel; es werden lediglich Versgrenzen und das Ende von Textabschnitten bezeichnet.

Da es im Singhalesischen kein grammatisches Genus gibt, sondern nur die Unterscheidung belebter und unbelebter Objekte, werden singhalesische Textnamen als Neutra angesetzt, und zwar unabhängig vom Genus der zugrundeliegenden Sanskrit-Wörter.

Mönchstitel, also Bhikkhu bzw. Bhikṣu, Thera bzw. Sthavira, Mahāthera bzw. Mahāsthavira usw. sind bei den Angaben über Verfasser und Herausgeber weggelassen worden, da sie kein dauerhafter Bestandteil der Namen sind, sondern sich jeweils entsprechend dem Zeitraum der Zugehörigkeit zum Mönchsorden oder auch nach der Verleihung von Ehrentiteln oder der Übernahme von Ämtern im Sangha (z.B. Mahānāyakathera usw.) ändern. Bei der Angabe der Umrechnung von Daten buddhistischer Ära in Daten der christlichen Ära habe ich der Einfachheit halber grundsätzlich 2500 für 1956 zugrundegelegt, soweit die zitierten Publikationen keine anderen Angaben enthalten.

Hinsichtlich der aus Indien nach Sri Lanka übernommenen Texte habe ich mich auf die für die Rezeption in Sri Lanka relevanten Angaben beschränkt, also Angaben über literarischen Wert usw. im allgemeinen weggelassen, weil ich davon ausgehe, dass der Leser die entsprechenden Werke zur indischen Literaturgeschichte konsultiert.

Von den meisten singhalesischen Namen gibt es drei Formen, eine singhalesische, eine Pāli- und eine Sanskrit-Form. So entsprechen sich etwa *Pärakumbā*: *Parakkamabāhu*: *Parākramabāhu*; *Sirisaṅgabo*: *Sirisaṅghabodhi*: *Śrīsaṅghabodhi*; *Säriyut*: *Sāriputta*: *Śāriputra*. Ich habe im Text der vorliegenden Arbeit die Sanskrit-Formen im allgemeinen bevorzugt. Dasselbe gilt für die Textnamen; einige Sanskrit- und Pāli-Werke erscheinen jedoch nur unter singhalesischen oder Pāli-Bezeichnungen, die ich selbstverständlich beibehalten und nicht durch konstruierte Sanskrit-Namen ersetzt habe.

Wissenschaftliche Auskünfte zu bestimmten Fragen erhielt ich in erster Linie von Gelehrten aus Sri Lanka, vor allem von Pandit Upāli Āryadāsa, Pandit K.D.P. Wickramaratne und Pandit Āryadāsa Kumārasingha. Ich danke auch den Äbten der Klöster, die mir in Sri Lanka die Einsichtnahme in die Bestände ihrer Bibliotheken gestatteten. Außerdem erhielt ich im Laufe der Jahre seit 1963 wissenschaftliche Hinweise von mehreren Fachkollegen in Deutschland, England, Frankreich, Japan, Österreich, Sri Lanka und Thailand. Ihnen allen sei an dieser Stelle gedankt. Mein besonderer Dank gilt Prof. Ernst Steinkellner für die Aufnahme des Textes in die Schriftenreihe der Österreichischen Akademie der Wissenschaften. Die Deutsche Forschungsgemeinschaft hat die Arbeiten durch Beihilfen unterstützt. Vor allem aber gilt mein Dank meiner Frau, die 1962 und 1963 unter schweren Bedingungen die handschriftliche Urfassung des Textes dieser Arbeit in Maschinenschrift übertragen hat.

Meine früheren Mitarbeiter in Göttingen haben die Druckvorlage für den Text S. 9-162 mit „Word-Perfect 5.1" geschrieben. Zuletzt haben dankenswerterweise Sylvia Goll und vor allem Dr. Chung Jin-il noch Korrekturen ausgeführt. Titelei, Vorwort, Addenda et Corrigenda und das Register wurden von Christian Ferstl mit „Microsoft Word" geschrieben.

Wien, Mai 2004 Heinz Bechert

Abkürzungen

JRAS = Journal of the Royal Asiatic Society of Great Britain and Ireland.

NAWG = Nachrichten der Akademie der Wissenschaften in Göttingen, Phil.-hist. Klasse.

ŚSŚK = Välivitiyē Sorata, Śrī-Sumaṅgalaśabdakoṣaya, 2 Bde., Colombo 1951-1956.

Ohne nähere bibliographische Angaben zitiert sind Mahāvaṃsa [und Cūlavaṃsa], ed. Wilhelm Geiger, London 1908, 1925-1927, und Dīpavaṃsa, ed. Hermann Oldenberg, London 1879.

Verweise auf Handschriftenkataloge und Bibliotheken sind folgendermaßen abgekürzt:

BL = British Library nach folgenden Katalogen: (1) Don Martino de Zilva Wickremasinghe, Catalogue of the Sinhalese Manuscripts in the British Museum, London 1900 [s. auch Wickr. Cat.]; (2) K.D. Somadāsa, Laṅkāvē puskoḷa pot nāmāvaliya, Teil 3: Britanya kautukāgārayē Lāṅkēya puskoḷa pot nāmāvaliya, Colombo 1964; (3) K.D. Somadasa, Catalogue of the Hugh Nevill Collection of Sinhalese Manuscripts in the British Library, 7 Bände, London 1987-1995. [Signaturen].

Cabaton = A. Cabaton, Catalogue sommaire des manuscrits Sanscrits et Pālis, Bibliothèque Nationale [Paris], 1er Fascicule: Manuscrits Sanscrits, Paris 1907. [Katalognummern].

CM = W.A. de Silva, Catalogue of Palm Leaf Manuscripts in the Library of the Colombo Museum, Vol. 1, Colombo 1938 [alles Erschienene]; ergänzt durch Auszüge aus dem noch unpublizierten Teil, angefertigt von H. Bechert und K.D.L. Wickramaratne. [Katalognummern].

God, Cat. = C.E. Godakumbura, Catalogue of Ceylonese Manuscripts, The Royal Library, Copenhagen, Copenhagen 1980. [Signaturen].

HMC I-III = First, Second, Third Report of the Historical Manuscripts Commission, [Ceylon Government], Sessional Paper IX-1933, XXI-1935, XIX-1951, Colombo 1933, 1935, 1951.

Liyanaratne, Cat. = Jinadasa Liyanaratne, Catalogue des manuscrits singhalais, Bibliothèque Nationale [Paris], Département des Manuscrits, Paris 1983. [Katalognummern].

Liyanaratne, Med Mss. = Jinadasa Liyanaratne, „Sinhalese Medical Manuscripts in Paris", Bulletin de l'École Français d'Extrême-Orient 76 (1987), S. 185-199.

LPP I-II = K.D. Somadasa, Laṅkāvē puskoḷa pot nāmāvaliya, Teil 1 und 2, Colombo 1959-1964. [Band und Seiten; zu Teil 3 siehe BL].

NCC = New Catalogus Catalogorum: An Alphabetical List of Sanskrit and Allied Works and Authors, by V. Raghavan u.a., Bd. 1-13, Madras 1949-1991. [Band und Seiten; erschienen bis bā-].

Pol, Census = H.I. Poleman, A Census of Indic Manuscripts in the United States and Canada, New Haven, Conn. 1938. [Katalognummern].

Singh. Hss. = Heinz Bechert, Singhalesische Handschriften, Teil 1-2 und 3 (in Vorbereitung), Wiesbaden 1969, Stuttgart 1997 (Verzeichnis der Orientalischen Handschriften in Deutschland XXII, 1-3). [Katalognummern].

Somadasa, Wellcome Inst. = K.D. Somadasa, Catalogue of the Sinhalese Manuscripts in the Library of the Wellcome Institute for the History of Medicine, London 1996. [Signaturen].

Wickr. Cat. = Don Martino de Zilva Wickremasinghe, Catalogue of the Sinhalese Manuscripts in the British Museum, London 1900 [Katalognummern; römische Ziffern beziehen sich auf Teile von Sammelhandschriften].

I. Die Sanskrit-Literatur bei den Singhalesen als regionale Sanskrit-Literatur

1. Sanskrit als eine der drei Literatursprachen der Singhalesen

In Südasien können viele Sprachgemeinschaften seit Jahrhunderten als mehrsprachig bezeichnet werden. Dabei beobachten wir einerseits, daß unterschiedliche Literatursprachen jeweils für bestimmte Bereiche persönlicher und kultureller Kommunikation gebraucht werden, und andererseits die Verwendung unterschiedlicher Formen einer Sprache, also die von Charles A. Ferguson als „Diglossie" bezeichnete und bestimmten Regeln folgende Anwendung von Hochsprache und Umgangssprache nach traditionell üblichen Normen bzw. in jeweils bestimmten Kontexten.[1]

Der singhalesische Dichter Alagiyavanna Mukaveṭi nennt in Vers 5 seines im Jahre 1611 vollendeten Gedichtes Subhāṣitaya vier Hochsprachen als die Bildungssprachen, die für die Singhalesen damals relevant waren:

pahaḷa poraṇa isivara muveni mananaňda
Demaḷa Saku Magada no hasala sataṭa dada
puvaḷa nīti sata gata pada arut leda
Sihaḷabasin säkevin kiyami pada bäňda

„Ich werde in kurzer Zusammenfassung den ungebildeten Leuten, die nicht Tamil, Sanskrit und Pāli (Māgadhī) verstehen, in singhalesischen Versen den Inhalt der erfreulichen und vollkommenen Bücher des Nītiśāstra darlegen, die aus dem Mund der hervorragenden alten Weisen hervorgingen".

Singhalesisch ist die Muttersprache des Dichters. Die übrigen drei Sprachen, deren Reihenfolge im Text keine Wertung bedeutet, sondern durch verstechnische Gründe

[1] Siehe Charles A. Ferguson, „Diglossia", Word 15 (1959), S. 325–340; ders., „Diglossia", Languages in Culture and Society: A Reader in Linguistics and Anthropology, ed. Dell Hymes, New York usw. 1964, S. 429–439; Sugathapala de Silva, Diglossia and Literacy, Mysore 1976 (Central Institute of Indian Languages, Adult Library Series, 3). Über vergleichbare Phänomene im Gebrauch der chinesischen Sprache siehe Erhard Rosner, Schriftsprache: Studien zur Diglossie des modernen Chinesisch, Bochum 1992 (Chinathemen, 74).

bestimmt ist, sind die drei Bildungssprachen, deren Kenntnis sich in Sri Lanka durch die Jahrhunderte nachweisen läßt. In der klassischen singhalesischen Literatur begegnen wir übrigens auch öfters dem Epithet *saḍbhāṣāparameśvara* („sechs Sprachen beherrschend"), das bedeutenden Schriftstellern beigelegt wird, wie Kommentare und Kolophone belegen (z.B. in der Einleitung zum Sannaya und im zusätzlichen Vers 111 des Sannaya zum Säḷalihiṇi sandēśaya,[2] im Kolophon des alten Sannaya zum Sūryaśataka usw.). Es handelt sich dabei um Sanskrit und die von den indischen Grammatikern gezählten fünf Prakrit-Sprachen (vgl. auch ŚSŚK II 964), also um eine aus der indischen Sanskrit-Tradition übernommene Formel, nicht um eine in Sri Lanka entstandene Auflistung von Bildungssprachen.

Tamil ist die Sprache des größten Nachbarvolkes, das, trotz oft gespannter politischer Beziehungen, einen nicht unbedeutenden kulturellen Einfluß ausgeübt hat. Alagiyavanna hat auch tamilische Quellen für sein Gedicht benutzt, und im Laufe der Zeit wurden zahlreiche Werke aus dem Tamil ins Singhalesische übersetzt. Trotzdem wird und wurde von den Singhalesen die tamilische Sprache stets als Fremdsprache empfunden. Tamil wurde immer in tamilischen Schriftzeichen, nicht in singhalesischen Schriftzeichen geschrieben. Auch benutzten Singhalesen niemals Tamil, um selbst in dieser Sprache Literaturwerke zu schaffen. Man kann Tamil daher nicht als eine bei den Singhalesen gebräuchliche Literatursprache bezeichnen.[3]

Anders liegen die Dinge für Pāli und für Sanskrit. Diese beiden Sprachen werden von den Singhalesen in ihrer eigenen nationalen Schrift geschrieben. Pāli ist die Sprache des überwiegenden Teiles der buddhistischen religiösen Literatur. Singhalesische Dichter und Gelehrte schrieben religöse Werke, die sowohl von den Gebildeten ihres eigenen Volkes wie von denen anderer buddhistischer Völker gelesen werden

---

[2] Nach James de Alwis, The Sidath Sangarawa, A Grammar of the Sinhalese Language, translated etc., Colombo 1852, S. CLXXXVIII und ders., A Descriptive Catalogue of Sanskrit, Pali and Sinhalese Literary Works of Ceylon, vol. 1, Colombo 1870, S. 198, sollen in der „Paraphrase" zum Säḷalihiṇi sandēśaya die sechs Sprachen als „Sanskrit, Māgadhī (d.h. Pāli), Apabhraṃśa, Paiśācī, Śaurasenī und Tamil" angeführt sein; in den mir vorliegenden Ausgaben des Sannaya sind die sechs Sprachen jedoch als „Sanskrit, Prakrit, Māgadhī, Apabhraṃśa, Paiśācī und Śaurasenī bezeichnet.

[3] Über Einflüsse der Tamil-Literatur auf die Literatur der Singhalesen vgl. u.a. P.B.J. Hēwāwasam, „Tamil Sources of Some Sinhalese Literary Works with Special Reference to Lokopakaraya", Tamil Culture 9 (1961), S. 241–262; C.E. Godakumbura, „The Dravidian Element in Sinhalese", Bulletin of the School of Oriental and African Studies 11 (1946), S. 837–841. Über die buddhistische Literatur in Tamil und ihre Beziehungen zur singhalesischen Überlieferung vgl. Anne E. Monius, „Literary Theory and Moral Vision in Tamil Buddhist Literature", Journal of Indian Philosophy 28 (2000), S. 195–223. Siehe auch Gananath Obeyesekere, The Cult of the Goddess Pattini, Chicago 1984.

sollten, in Pāli. Von jedem buddhistischen Mönch und von einem großen Teil der Gebildeten in vorkolonialer Zeit konnte erwartet werden, daß sie Pāli verstehen. Das Nebeneinander von Singhalesisch und Pāli als Literatursprachen findet seine Parallelen in dem Nebeneinander von nationalen Sprachen und Pāli in den buddhistischen Ländern Südostasiens, in denen ebenfalls Pāli als heilige Sprache des Buddhismus benutzt wird, also Birma, Thailand, Kambodscha und Laos.

Eine Eigentümlichkeit der Kultur der Singhalesen in Sri Lanka ist jedoch, daß sie neben ihrer eigenen Sprache und dem Pāli auch das Sanskrit als dritte Literatursprache kennen und benutzen. Bei den buddhistischen Völkern Südostasiens – also den Birmanen, den Mon, den Thai, den Laoten, den Khmer und bei einem Teil der Schan-Völker –, deren Pāli-Literatur stets in enger Beziehung zur Pāli-Literatur Sri Lankas stand, wurde das Sanskrit nach der Einführung des Theravāda-Buddhismus dagegen so gut wie völlig vom Pāli verdrängt. Daher wurden Werke der Sanskrit-Literatur, die man weiter überliefern wollte, dort ins Pāli übersetzt. Als Beispiel nenne ich hier die Werke der Nīti-Literatur, die aus entsprechenden Sammlungen von Sanskrit-Sinnsprüchen in Birma ins Pāli übersetzt worden sind.[4] In südostasiatischer Tradition sind Pāli-Bearbeitungen buddhistischer kosmologischer Texte erhalten, die sich auf Sanskrit-Vorlagen zurückführen lassen.[5] Aus buddhistischen Sanskrit-Quellen sind auch die Überlieferungen über Upagupta in Birma übernommen worden, die sich dort bis heute großer Beliebtheit erfreuen.[6] Ähnliches gilt auch für Werke der wissenschaftlichen Literatur.

Der Gebrauch des Sanskrit verbindet die Kultur der Singhalesen mit der des indischen Mutterlandes, in dem das Pāli seit Jahrhunderten völlig in Vergessenheit geraten war und erst in der modernen Periode mit der Wiederbelebung des Theravāda-Buddhismus wieder zur Kenntnis genommen wurde. So ist die singhalesische Kultur die einzige, in der sowohl Pāli wie auch Sanskrit als Bildungssprachen durch die Jahrhunderte lebendig geblieben sind. Sie stellt damit eine Art Verbindungsglied zwischen der Tradition der Sanskrit-Kultur auf dem indischen Subkontinent und der Pāli-Kultur in Südostasien dar.

---

[4] Vgl. Pāli Nīti Texts of Burma: Dhammanīti, Lokanīti, Mahārahanīti, Rājanīti, crit. ed. and Study by H. Bechert and H. Braun, London 1981 (Pāli Text Society, Text Series No. 171).

[5] Vgl. Paul Mus, La Lumière sur les six voies, 1, Paris 1939 und O. v. Hinüber, A Handbook of Pāli Literature, Berlin 1996, 182 f. (§§ 393 - 396).

[6] Siehe John S. Strong, The Legend and Cult of Upagupta: Sanskrit Buddhism in North India and Southeast Asia, New Jersey 1992; Nachdruck, Delhi 1994.

Auf die Verwendung der drei Sprachen – Pāli, Sanskrit und Singhalesisch – als Literatursprachen der Singhalesen weist bereits Sir Emerson Tennent in seinem berühmten enzyklopädischen Werk über Ceylon um die Mitte des 19. Jahrhunderts mit folgenden Worten hin: „The Buddhist priesthood were the depositories of all learning and dispensers of all knowledge: by the obligation of their order the study of classical Pali was rendered compulsory upon them, and the books which have come down to us show that they were at the same time familiar with Sanskrit."[7] Als dritte Literatursprache nennt er „Elu and Singhalese",[8] also die singhalesische Sprache in ihrer älteren und ihrer jüngeren Form.

Wie sehr Pāli und Sanskrit als Literatursprachen des singhalesischen Volkes empfunden werden, sieht man aus der Behandlung von Anführungen aus Pāli- und Sanskrit-Texten in singhalesischen Literaturwerken. Fast in allen älteren singhalesischen Prosatexten sind nämlich Zitate aus Werken in diesen beiden Sprachen enthalten, die nicht ins Singhalesische übersetzt, sondern im Urtext aufgenommen wurden. Beim Leser singhalesischer Literaturwerke konnten, vor allem in der vormodernen Periode, wie man daraus sieht, Pāli- und Sanskrit-Kenntnisse vorausgesetzt werden. Verszitate in Sanskrit und Pāli sind übrigens die einzigen Verszitate in älteren singhalesischen Prosawerken. Außer in der Grammatik Sidatsaṅgarāva werden in älterer singhalesischer Prosa grundsätzlich keine Verse in singhalesischer Sprache zitiert. Auch wurden keine wörtlichen Zitate in anderen Sprachen als Pāli, Sanskrit und Singhalesisch aufgenommen. Wenn man also z.B. Zitate aus tamilischen Quellen entnahm, zitierte man nicht den Urtext, sondern übersetzte stets ins Singhalesische. Diese Konventionen wurden bis gegen Ende des 19. Jahrhunderts streng eingehalten. Anders verhält es sich mit Zitaten aus der Sanskrit-Literatur in Werken der Pāli-Literatur. In Pāli-Texten finden sich nämlich keinerlei Zitate in anderen Sprachen; sie werden in jedem Falle ins Pāli übersetzt.

Eine bis gegen Ende des 19. Jahrhunderts gültige Konvention war es, an den Anfang von Literaturwerken Formeln für die Verehrung des Buddha oder einer Gottheit zu stellen, wie das auch in Indien selbstverständlich war. Am Anfang von Werken der singhalesischen buddhistischen Literatur steht meist die Pāli-Formel *namo tassa bhagavato arahato Sammāsambuddhassa*, in vielen Fällen begegnet man auch den Sanskrit-Formeln *namo Buddhāya, namaḥ Śrīghanāya, namaḥ Samantabhadrāya*, aber auch der Sanskrit-Übersetzung der üblichen Pāli-Formel, also *namas tasmai bhagavate*

---

[7] J.E. Tennent, Ceylon: An Account of the Island, Physical, Historical, and Topographical, with Notices of its Natural History, Antiquities and Productions, 5th edition, vol. 1, London 1860, S. 512.

[8] Ebenda (Anm. 7), S. 520.

'rhate Samyaksambuddhāya. Seltener findet man singhalesische Verehrungsformeln wie *namavu muni saraṇa* und dergleichen. Gelegentlich findet man anstelle einer solchen Formel auch ganze Sanskrit-Verse zur Verehrung des Buddha.

Die Sanskrit-Orthographie weist in singhalesischen Manuskripten und Drucken bestimmte Besonderheiten auf; dazu gehören Schreibungen mit Doppelkonsonanz nach Halbvokal, mit *-rbb-* statt *-rvv-* sowie Schreibweisen wie *nighaṇḍu* (statt *nighaṇṭu*), *koṣa* (*kośa*), *pañjikā* (*pañcikā*) und zahlreiche Besonderheiten des Sandhi. Viele dieser Abweichungen von der sonst üblichen Sanskrit-Orthographie sind nur in bestimmten Perioden der Textüberlieferung zu beobachten.

Die singhalesische Aussprache des Sanskrit steht unter dem Einfluß des Lautsystems der singhalesischen Sprache. Die drei Grapheme *ś*, *ṣ* und *s* werden unterschiedslos als dentaler Zischlaut *s* ausgesprochen, die Aspiration bei den Verschlußlauten (also *kh*, *gh*, *ch*, *jh* usw.) fällt weg und *ḥ* klingt wie ein stimmhafter Guttural (*g*). Die singhalesische Sanskrit-Aussprache steht dem ursprünglichen Lautsystem des Sanskrit zwar viel näher als etwa die tamilische Sanskrit-Aussprache, unterscheidet sich von diesem aber durch die hier charakterisierten Besonderheiten.

2. Die Verwendung der Literatursprachen bei den Singhalesen

Man kann beobachten, daß Sanskrit und Pāli mit Vorliebe jeweils in bestimmten Literaturbereichen verwendet werden. So wurden z.B. Werke über die buddhistische Religion und vor allem über die psychologisch-philosophischen Lehren dieser Religion meist in Pāli geschrieben, seltener auch in singhalesischer Sprache, aber niemals in Sanskrit. Die kanonischen Schriften des Buddhismus wurden in älterer Zeit überhaupt nur in Pāli überliefert; erst seit der Mitte des 20. Jahrhunderts begann man damit, sie systematisch auch ins Singhalesische zu übersetzen. Andererseits ist Syntax, Stil und Vokabular des Pāli schon etwa im 5. Jahrhundert n.Chr. unter den Einfluß des Sanskrit gelangt, also sozusagen „sanskritisiert" worden, während die Laut- und Formenlehre des Pāli von dieser Entwicklung nicht beeinflußt wurde ; d.h., der Sanskrit-Wortschatz wurde bei Übernahme ins spätere Pāli mechanisch an die Regeln der Pāli-Phonologie angepaßt.[1] Andererseits wird für medizinische und astrologische Werke seit jeher meist Sanskrit verwendet. Sanskrit gilt als Berufssprache dieser Wissenschaften. So begründet ein singhalesischer Arzt mit folgenden Worten noch im englischen Vorwort zu einem im Jahr 1927 erschienenen Werk, daß er seine Abhandlung in Sanskrit-Versen schrieb:

[1] Vgl. Wilhelm Geiger, A Pāli Grammar, translated by Batakrishna Ghosh, revised and edited by K.R. Norman, Oxford 1994, S. XXVIII f.

„I take this opportunity to bring to the readers' notice why I have written this work in Sanskrit. The Sanskrit language is yet the only common language understood by all the students of Ayurveda in whatever part of the world their lot may be cast".[2]

Auf diese traditionellen Regelungen hat bereits Sir Emerson Tennent in seinem schon erwähnten Werk hingewiesen: „In Sanskrit or translation from it, the Singhalese have preserved their principal treatises on physical science, cosmography, materia medica, and surgery ... In Sanskrit, they have treatises on music and painting, and versification and philology ...[3]

Für inschriftliche Zeugnisse wurden etwa seit der zweiten Hälfte des ersten Jahrhunderts v. Chr. die mittelindischen Sprachen zunächst im nördlichen Indien schrittweise vom Sanskrit verdrängt. Im Süden des Subkontinents vollzog sich dieser Übergang etwas später, war aber im 5. Jahrhundert n. Chr. ebenfalls weitgehend abgeschlossen.[4] Im Gegensatz dazu hielten die Singhalesen am Gebrauch ihrer eigenen Sprache für Steininschriften durch alle Perioden fest, so daß diese Inschriften auch die sprachliche Entwicklung des Singhalesischen für alle Perioden des frühen und des mittelalterlichen Sri Lanka dokumentieren. Es gibt nur wenige Ausnahmen von dieser Regel;[5] die wenigen in Sri Lanka aufgefundenen Steininschriften in Sanskrit werden an den entsprechenden Stellen der vorliegenden Arbeit besprochen werden.

Betrachten wir nun die in singhalesischer Sprache abgefaßten Literaturwerke, so werden einige weitere Konventionen deutlich, die fast ausnahmslos beachtet wurden. Seit der Herausbildung des bis Anfang des 20. Jahrhunderts maßgeblichen Literaturstils im 12. und 13. Jahrhundert gilt die Regel, daß in singhalesischen Texten grundsätzlich keine Lehnwörter aus dem Pāli, sondern nur solche aus dem Sanskrit verwendet werden. Seit dem 14. Jahrhundert gilt zudem die Regel, daß in guter Prosa echt singhalesische Vokabeln und Sanskrit-Lehnwörter nicht beliebig vermischt werden, sondern daß jeweils längere Textpassagen entweder nur singhalesisches oder nur Sanskrit-Wortgut enthalten. Auch wurde es üblich, diese beiden Sprachstile in denselben Texten miteinander abwechseln zu lassen.

Die Verwendung von Sanskrit-Wörtern in singhalesischen Texten ist auch für die buddhistische Terminologie die Regel. Hier werden meist die etymologisch entsprechenden Sanskrit-Wörter verwendet, z.B. *sthavira* (für *thera*), *sūtra* (für *sutta*), *anātman*

---

[2] B. L. S. Silva Kavitilaka, Gaḍaviniścaya nāma Rogajñānakrama, Madras 1927, S. II.

[3] J. E. Tennent, Ceylon: An Account of the Island, 5th ed., vol. 1, London 1860, S. 519 f.

[4] Vgl. D. C. Sircar, Indian Epigraphy, Delhi 1965, S. 35–45.

[5] Siehe Malini Dias, „Sanskrit and Pali Inscriptions of Ceylon", Ancient Ceylon No. 1 (Jan. 1971), S. 105–109.

(für *anattā*), *anitya* (für *anicca*), *smṛtyupasthāna* (für *satipaṭṭhāna*) usw.; vereinzelt werden Pāli-Termini sogar durch die in der buddhistischen Sanskrit-Literatur geläufigen, aber etymologisch nicht verwandten Termini ersetzt, z.B. *āgama* für *nikāya* als Bezeichnung von kanonischen buddhistischen Textsammlungen, also z.B. *Madhyamāgama* für *Majjhimanikāya*. Noch seltener werden Pāli-Termini nur teilweise beibehalten, z.B. *Aṅguttarāgama* für *Aṅguttaranikāya* (während wir in der buddhistischen Sanskrit-Literatur die Entsprechung *Ekottarāgama* finden). Auf die Kenntnis von Werken der buddhistischen Sanskrit-Literatur indischen Ursprungs deutet auch die Anwendung von solchen Sanskrit-Formen von Eigennamen, die sich nicht durch einfache Umsetzung der Pāli-Formen bilden lassen, wie z.B. der Gebrauch der Namensform Śāradvatīputra für Sāriputta im Dharmapradīpikāva von Guruḷugōmin anstelle der sonst in singhalesischen Texten üblichen Sanskritisierung Śāriputra, die in diesem Text ebenfalls vorkommt.[6]

Ferner gilt die Regel, daß Sanskrit-Lehnwörter im Normalfall nur in singhalesischer Prosa verwendet werden; in Verstexten wird dagegen grundsätzlich der sog. Elu-Wortschatz verwendet, d.h. mit einzelnen Ausnahmen nur solche Vokabeln, die der Lautentwicklung vom späten Mittelindischen zum Singhalesischen unterworfen waren.[7]

Diese Konventionen gelten bis in die jüngste Vergangenheit, also auch noch für die Perioden, in denen Sri Lanka teilweise oder ganz von Kolonialmächten beherrscht wurde. So werden in poetischen Werken auch in neuerer Zeit weiterhin nur das Elu-Vokabular, in Prosatexten auch Sanskrit-Lehnwörter, kaum aber Lehngut aus anderen Sprachen verwendet. Eine beschränkte Zahl von Lehnwörtern aus dem Portugiesischen, aus dem Malaiischen und aus dem Niederländischen ist jedoch in den singhalesischen Sprachschatz in dem Ausmaß eingegangen, daß sie nicht mehr als Fremdwörter empfunden werden.[8]

Die singhalesische Literatursprache ist schon seit einigen Jahrhunderten – spätestens seit dem 15. Jahrhundert – nicht mehr mit der Umgangssprache der Singhalesen identisch; diese hat sich sowohl in ihrer Grammatik wie im Wortschatz so eigenständig weiterentwickelt, daß man hier von Diglossie im Sinne der von Charles A. Ferguson gegebenen Definition sprechen kann.

---

[6] Z.B. Guruḷugōmin, Dharmapradīpikāva, ed. Ratmalānē Dharmakīrti Śrī Dharmārāma, 6. Aufl., Colombo 1951, S. 266; auf S. 44 steht Śāriputra.

[7] Über vereinzelte Ausnahmen siehe z.B. C. E. Godakumbura, „Midellava-kōrāḷa's Tisarasandeśaya", Journal of the Ceylon Branch of the Royal Asiatic Society", New Ser. 3, Part 1 (1953), S. 64.

[8] Vgl. P. B. Sannasgala, A Study of Sinhala Vocables of Dutch Origin, with Appendices of Portuguese and Malay/Javanese Borrowings, Colombo 1976.

In der Kolonialzeit wurden Portugiesisch, Niederländisch und schließlich Englisch nicht nur zu Verwaltungs- und Literatursprachen, sondern sogar zu Umgangssprachen eines Teils der Inselbevölkerung; insbesondere die englische Sprache dient heute weitgehend als Sprache der Wissenschaft und der höheren Bildung und hat das Sanskrit in die Rolle einer „klassischen Bildungssprache" zurückgedrängt – etwa in dem Sinne, in dem dies für die lateinische Sprache in den Ländern West- und Mitteleuropas im 19. Jahrhundert der Fall war.

Übrigens gibt es nur sehr wenige in Sanskrit abgefaßte Textzeugnisse aus Sri Lanka, die nicht in singhalesischer Schrift geschrieben sind. In einigen Sanskrit-Inschriften des 6.–8. Jahrhunderts wird eine Schriftart verwendet, die der aus Südindien bekannten frühen Grantha-Schrift verwandt, aber nicht mit ihr identisch ist, und die eine Zeitlang für ein besonderes, auf Sri Lanka beschränktes Sanskrit-Alphabet gehalten wurde. Senerat Paranavitana hat jedoch gezeigt, daß nur eine für Sanskrit gebräuchliche Abart der damaligen singhalesischen Schrift vorliegt, die stark unter den Einfluß der südindischen Schriftenentwicklung geraten war. Im 9. und 10. Jahrhundert diente eine aus Nordindien eingeführte Form der Nāgarī-Schrift zur Schreibung einiger Sanskrit-Inschriften in Sri Lanka und einiger auf Kupferplatten geschriebener Texte des tantrischen Buddhismus; einige Sanskrit-Inschriften, z.B. die Kapārārāma-Inschrift sind in Grantha-Schrift geschrieben. Die Verwendung anderer Schriften setzte sich jedoch nicht durch; andere Sanskrit-Inschriften derselben Zeit und auch die Mehrzahl der Kupferplatten jener Periode sind in singhalesischer Schrift geschrieben. Seit dem 10. Jahrhundert bis ins späte 19. Jahrhundert werden andere Schriftarten als die singhalesische Schrift für die Schreibung des Sanskrit bei den Singhalesen nicht mehr verwendet. Eine Ausnahme davon sind einige Münzen des 12. und 13. Jahrhunderts, die Legenden in einer Variante der Nāgarī-Schrift tragen. Man prägte die Münzen offenbar nach indischen Vorbildern.[9]

Das Sprach- und Kulturgebiet der Singhalesen ist nicht mit dem Gesamtgebiet der Insel Sri Lanka gleichzusetzen. Zur Sanskrit-Literatur dieser Insel würde, streng genommen, auch die der Tamilen Sri Lankas gehören. Zumindest seit dem 13. Jahrhundert, wahrscheinlich aber schon viel früher, hatten sich in nördlichen und östlichen Teilen der Insel Angehörige des tamilischen Volkes dauernd niedergelassen, deren Berührungen mit den Singhalesen allerdings Jahrhunderte lang wegen des zwischen den Wohngebieten beider Völker liegenden Urwaldgürtels nicht sehr intensiv waren, wogegen die Tamilen Sri Lankas stets enge Beziehungen zu den Tamilen Südindiens unterhielten. Die bei den Tamilen Sri Lankas überlieferte Sanskrit-Literatur könnte also

---

[9] Siehe C. M. Fernando, „A Note on the Palaeography of Ceylon", Journal of the Ceylon Branch of the Royal Asiatic Society 18, No. 55 (1905), S. 162–165.

sinnvollerweise nur im Rahmen einer Untersuchung der Sanskrit-Literatur auch bei den Tamilen des indischen Festlands behandelt werden und bleibt deshalb hier außer Betracht.

Es sei jedoch hinzugefügt, daß man bei den Tamilen Sri Lankas gar nicht von einer ungebrochenen Tradition der Überlieferung des Sanskrit, wie wir sie bei den Singhalesen beobachten können, sprechen kann. Die geschlossenen Wohngebiete der Tamilen im Norden und im Nordosten der Insel gelangten schon im 16. Jahrhundert völlig unter die Herrschaft der Kolonialmächte. Der Hinduismus wurde hier systematisch unterdrückt und die Tempel zerstört. Wenn auch die Christianisierung teilweise oberflächlich blieb und ein großer Teil der Bevölkerung nach der Gewährung religiöser Toleranz gegen Ende des 18. Jahrhunderts zum Hinduismus zurückkehrte, so war doch die Tradition soweit gebrochen, daß fast sämtliche heute dort vorhandenen Sanskrit-Texte erst in der Zeit seit dem Ende des 18. Jahrhunderts aus den tamilischen Gebieten Südindiens übernommen worden sind. Die kleineren Wohngebiete der Tamilen an der Südostküste Sri Lankas kommen für die Überlieferung von Sanskrit-Werken noch weniger in Betracht, weil ihre Bewohner überwiegend Muslime sind und kein Interesse an der Überlieferung von Werken der Sanskrit-Literatur hatten.

Im Gegensatz dazu hat bis 1815 ein unabhängiges singhalesisches Königreich im Inneren des zentralen und südlichen Teils der Insel bestanden. Dort ist auch die einheimische Bildungstradition bis auf den heutigen Tag ununterbrochen erhalten geblieben, da dieser Teil der Insel erst nach der Gewährung religiöser Toleranz unter britische Herrschaft geriet und die buddhistischen Mönche bis heute wichtigste Träger dieser Bildungstradition geblieben sind.

Infolge der Jahrhunderte zurückreichenden Heiratsbeziehungen singhalesischer und südindischer Herrscher bestieg Śrīvijayarājasiṃha im Jahre 1739 den Thron in Kandy. Da er mit der Thronbesteigung die Religion seiner Untertanen, also den Buddhismus, übernahm, hat auch die Zeit der Nāyakkar-Dynastie, der letzten Dynastie der singhalesischen Könige, diese Tradition nicht verändert. Vielmehr war vor allem Kīrtiśrīrājasiṃha (regierte 1747–1781) ein eifriger Förderer des Buddhismus, was jedoch vor allem der Wiederbelebung der Pāli-Studien zugute kam.[10]

---

[10] Zur Geschichte und Kulturgeschichte dieser Periode siehe Lorna Srimathie Dewaraja, A Study of the Political, Administrative and Social Structure of The Kandyan Kingdom of Ceylon 1707—1760, Colombo 1972.

3. Regionale Sanskrit-Literaturen

Mit dem Begriff Sanskrit-Literatur verbindet sich für den Europäer gleichsam von selbst das Bild der Nāgarī-Schrift, in der auch die Staatssprache der Indischen Union, Hindi, geschrieben wird, und die alle neueren europäischen Grammatiken des Sanskrit als einzige indische Schrift beschreiben. Welche Bedeutung jedoch andere Schriftarten für die Überlieferung des Sanskrit haben, kann man schon der Tatsache entnehmen, daß in der ersten in Europa gedruckten Sanskrit-Grammatik, der des Fr. Paulinus a Sancto Bartholomaeo, Sanskrit nicht in der nordindischen Nāgarī-Schrift, sondern im südindischen Grantha-Alphabet gedruckt ist[1]. Sanskrit wird in allen Teilbereichen des indischen Kulturraumes meist in den nationalen oder regionalen Schriftarten geschrieben. Man kann auch heute noch häufig feststellen, daß einheimische Sanskrit-Gelehrte außerhalb des Gebietes, in dem Nāgarī-Schrift auch für die lebenden Sprachen verwendet wird, Sanskrit-Texte in ihren jeweiligen nationalen Schriften in höherem Maß zur Kenntnis nehmen als solche in Nāgarī-Schrift. Das gilt natürlich noch viel mehr für Sanskrit-Texte in anderen indischen Schriftarten. So besteht ein wesentlicher Unterschied zwischen der Internationalität des Latein im mittelalterlichen und im modernen Europa und der des Sanskrit in Indien: Wir können ohne weiteres einen in anderen Ländern herausgegebenen lateinischen Text lesen, der des Sanskrit kundige Bengale oder Tamile z.B. aber nicht ohne Erlernung einer zusätzlichen Schrift einen in der Telugu-Schrift gedruckten Sanskrit-Text.

Die Sanskrit-Literatur zerfällt also in eine Reihe von regionalen Sanskrit-Literaturen. Der Bereich einer solchen regionalen Sanskrit-Literatur ist in den meisten Fällen das Verbreitungsgebiet einer bestimmten Schriftart. Daraus ergibt sich, daß ein Werk der Sanskrit-Literatur, das in einem anderen Schriftgebiet entstanden ist oder tradiert wurde, mit der Transliteration in die jeweilige Schriftart von da an als ein fast so integraler Bestandteil der regionalen Sanskrit-Tradition angesehen werden kann, als wenn es in diesem Schriftgebiet selbst entstanden wäre. Daraus folgt, daß wir bei der Beschreibung einer solchen Literatur während einer bestimmten Periode nicht nur die dort verfaßten, sondern alle dort während dieser Periode überlieferten Werke in Betracht zu ziehen haben.

---

[1] Fr. Paulinus a Sancto Bartholomaeo, Sidharubam seu Grammatica Samscrdamica, Roma 1790. Schon 1772 erschien sein Alphabetum Grandonico-Malabaricum sive Samscrudonicum. Siehe auch Ernst Windisch, Geschichte der Sanskrit-Philologie, Band 1, Straßburg 1917 (Grundriß der Indo-Arischen Philologie und Altertumskunde I, I.B), S. 20.

Die Untersuchung der regionalen Geschichte der Überlieferung von Sanskrit-Texten ist deshalb eine Voraussetzung dafür, die verschiedenen Literaturen in den einzelnen nationalen Sprachen des indischen Kulturbereiches zur überregionalen Tradition der Sanskrit-Literatur in die richtige Beziehung zu setzen. Damit wird eine wichtige, bisher weitgehend vernachlässigte Aufgabe der indischen Literaturgeschichte in Angriff genommen; denn die geläufigen Darstellungen der Geschichte der Sanskrit-Literatur lassen die regionale Aufgliederung des Überlieferungsbestandes so gut wie ganz außer Acht.

Bisher veröffentlichte Studien zu regionalen Sanskrit-Literaturen beziehen sich meist auf bestimmte Literaturgattungen, z.B. auf die Bhakti-Literatur in Sanskrit in Bengalen, die buddhistische Sanskrit-Literatur in Nepal usw. Lediglich für Kerala[2] und für Bengalen[3] und in neuerer Zeit für Assam[4] und für Tamilnadu[5] sind Gesamtdarstellungen versucht geworden. Auch diese Werke konzentrieren sich im wesentlichen auf die in diesen Regionen verfaßten Literaturwerke.

Die Sanskrit-Literatur Sri Lankas ist, abgesehen von mehreren Abhandlungen über Teilgebiete,[6] als ganzes bisher nur in einer Monographie von Dehigaspe Pannasara

---

[2] Vgl. K. Kunjunni Raja, The Contribution of Kerala to Sanskrit Literature, Madras 1958. Siehe dazu die Rez. von F. B. J. Kuiper in Indo-Iranian Journal 7 (1963/64), S. 218-220. Vgl. ferner E. Easwaram Nampoothiry, Sanskrit Literature of Kerala: An Index of Authors with their Works, Trivandrum 1972; Subramonia Venkitasubramonia Iyer, Kerala Sanskrit Literature: A Bibliography, Trivandrum 1976 (Kerala University Sanskrit Department Publication, 9).

[3] Sushil Kumar De, Bengal's Contribution to Sanskrit Literature and Studies in Bengal Vaisnavism, Calcutta 1960.

[4] Biswanarayan Shastri, Sanskrit in Assam through the Ages, Delhi 1998 (Golden Jubilee of India's Independence Series, 28).

[5] C.S. Sundaram, Contribution of Tamil Nadu to Sanskrit, ed. G. John Samuel et al., Chennai 1999 (Chennai Institute of Asian Studies, Publication, 69).

[6] O. H. De A. Wijesekera, „Pali and Sanskrit in the Polonnaruva Period", Ceylon Historical Journal 4 (1955), S. 91-97; Aṭabāgē Prajñāsāgara, „Siṃhala sāhityaya kerehi saṃskṛtayē balapāma", Sādhanā, Maṃgala kalāpaya, 1960-61, S. 142-153; W. Geiger, „Kenntnis der Indischen Nītiliteratur in Ceylon", Beiträge zur Literaturwissenschaft und Geistesgeschichte Indiens, Festgabe Hermann Jacobi, Bonn 1926, S. 418-421; C. E. Godakumbura, „Reference to Buddhist Sanskrit Writers in Sinhalese Literature", University of Ceylon Review 1 (1943), S. 86-93; Guṇapāla Kīrtiratna, „Kav siḷumiṇa hā Samskṛta balapāma", Piyavara 13 (1961-62), S. 119-128. Eine Vorstudie zur vorliegenden Abhandlung ist: H. Bechert, „Sanskritliteratur bei den Singhalesen", Indologen-Tagung 1959: Verhandlungen der Indologischen Arbeitstagung in Essen-Bredeney, Villa Hügel, 13.-15.7.1959, hrsg. E. Waldschmidt, Göttingen 1960, 225-231; andere veröffentlichte Vorarbeiten des Verf. besprechen einzelne Literaturbereiche und sind jeweils zu den entsprechenden Textabschnitten angeführt.

besprochen worden.[7] Nach seinem Titel „Sanskrit Literature extant among the Sinhalese“ müßte dieses Buch die gesamte bei den Singhalesen überlieferte Sanskrit-Literatur zum Gegenstand haben. Es beschränkt sich jedoch, von einer kurzen Einleitung abgesehen, auf die bekanntesten der von Autoren singhalesischer Nationalität verfaßten Werke in Sanskrit, so daß darin sogar die in Sri Lanka entstandenen Werke des aus Bengalen eingewanderten Rāmacandra Bhāratin unberücksichtigt blieben. Auch die Werke singhalesischer Autoren sind darin so unvollständig verzeichnet, daß man den Eindruck hat, Pannasara habe nur die Texte besprechen wollen, die ihm ohne weiteres zugänglich waren oder ihm zufällig auffielen. Pannasara behandelt nämlich der Reihe nach nur folgende Texte: 13 Sanskrit-Inschriften aus Sri Lanka, Bālāvabodhana, Līnārthadīpa (Pātrīkaraṇaṭīkā), Saṃskṛtapraveśa, Śikṣāsaṅgraha, Jānakīharaṇa, Anuruddhaśataka, Nāmāṣṭaśataka, Buddhagadya, Sakaskaḍa, 5 Einzelverse aus verschiedenen Quellen, Narendrasahaja-aṣṭaka, King-George-Aṣṭaka, Sārārthasaṅgraha, Vaidyottaṃsa, Daivajñakāmadhenu und einige Mantras aus Zaubertexten. Im Gegensatz zu diesen Studien wird in der vorliegenden Arbeit versucht, die Gesamtheit der uns in der Tradition der Singhalesen erhaltenen Sanskrit-Werke zu erfassen — also auch die Texte, die aus festländischer Überlieferung nach Sri Lanka gelangt sind und dort rezipiert wurden.

Eine zusammenfassende Darstellung der Geschichte der Sanskrit-Literatur bei den Singhalesen in Ceylon kann als ein besonders günstig gelagertes Beispiel für die Untersuchung einer regionalen Sanskrit-Literatur und damit für die Klärung der aus einer solchen Aufgabestellung erwachsenden Fragen wie der dabei anzuwendenden Methoden angesehen werden. Dies hat folgende Gründe:

Erstens ist die Sanskrit-Literatur der Singhalesen weniger umfangreich und leichter zu überblicken als die der meisten Gebiete des indischen Subkontinents. Während nämlich bei den hinduistischen Völkern des indischen Subkontinents auch die Hauptmasse der religiösen Texte in Sanskrit überliefert wird, ist bei den Singhalesen, die seit dem 3. Jahrhundert v. Chr. die buddhistische Religion angenommen hatten, das Pāli die Sprache des größten Teiles der religiösen buddhistischen Literatur.

Zweitens hat die Isolierung des singhalesischen Königreiches die Bildung eines kulturellen Rückzugsgebietes im Inneren Ceylons seit dem 16. Jahrhundert und damit eine eigenständige Entwicklung besonders begünstigt. Nur dort wurde Sanskrit weiter gepflegt, während in den von den Kolonialmächten beherrschten Küstengebieten bis gegen Ende des 18. Jahrhunderts nicht zuletzt unter dem Einfluß von Zwangsmissionierungen die Pflege des überlieferten einheimischen Schrifttums fast aufhörte. Die im

[7] Dehigaspe Pannasara, Sanskrit Literature extant among the Sinhalese and the Influence of Sanskrit on Sinhalese, Colombo (1958).

isolierten singhalesischen Königreich überlieferte Sanskrit-Literatur war daher besonders vom 16. bis 18. Jahrhundert viel weniger der Beeinflussung durch außerceylonesische Überlieferung ausgesetzt als andere regionale Sanskrit-Literaturen von ihren Nachbargebieten beeinflußt wurden.

Außerdem hat die religiöse Verschiedenheit zwischen den Buddhisten Ceylons und den hinduistischen Völkern in Südindien den kulturellen Austausch beeinträchtigt und damit die Beibehaltung eigenständiger Züge der Überlieferung im Gebiet des singhalesischen Reiches gefördert.

Vorteilhaft für die Untersuchung der Sanskrit-Literatur bei den Singhalesen ist schließlich der Umstand, daß die Literaturen in den beiden hauptsächlich bei ihnen gepflegten anderen Literatursprachen, nämlich dem Pāli und dem Singhalesischen, durch wissenschaftliche Arbeiten besser als die meisten anderen mittel- und neuindischen Literaturen erschlossen sind, was die Aufhellung der Beziehungen zwischen ihnen und der Sanskrit-Literatur erleichtert.

4. Sanskrit-Texte im traditionellen Schulsystem

Die zentrale Stellung der Sanskrit-Studien innerhalb des Bildungswesens der Singhalesen wird besonders deutlich, wenn man die traditionelle singhalesische Schulbildung betrachtet. Die buddhistischen Klöster sorgten in Sri Lanka, wie in den buddhistischen Ländern Südostasiens, für den Schulunterricht des gesamten Volkes, so daß, im Gegensatz zum hinduistischen Indien, stets ein großer Teil des Volkes Lesen und Schreiben konnte. Dabei hat sich ein ganz bestimmter Kanon von Texten herausgebildet, die nacheinander von den Schülern gelernt wurden. Dieses Unterrichtssystem erhielt sich in großen Teilen der Insel, vor allem in abgelegeneren Gegenden, bis zum Ende des 19. Jahrhunderts, als es auch dort vom modernen Schulsystem europäischer Prägung abgelöst wurde.[1] Übrigens läßt sich in neuester Zeit eine Wiederbelebung des

[1] Siehe Heinz Bechert, „Über Sanskrit-Bildung und Schulsystem in Birma und Ceylon", Wiener Zeitschrift für die Kunde Süd- und Ostasiens 7 (1963), S. 1–12; siehe auch R. Spence Hardy, Eastern Monachism, London 1850, S. 314–318; James d'Alwis, The Sidath Sangarawa, A Grammar of the Sinhalese Language, Colombo 1852, S. 222–226; W. A. de Silva, The Ancient System of Teaching Sinhalese, Journal of the Ceylon Branch of the Royal Asiatic Society 26, Nr. 71 (1918), S. 82–97; Induruve Pannatissa, „Secular Education in the Pirivena Schools", Ceylon Historical Journal 1 (1951), S. 38–41; Ananda Coomaraswamy, Mediaeval Sinhalese Art, 2nd ed., New York 1956, S. 50 f.; Puñcibaṇḍāra Sannasgala, Siṃhala sāhitya vaṃśaya, Colombo 1961, S. 486 f. Einige dieser Textlisten enthalten kleinere Irrtümer (siehe Bechert, op. cit., S. 7). Es gibt nur eine Gesamtausgabe

traditionellen Schulwesens in buddhistischen Klöstern beobachten; dabei werden die überlieferten Schultexte benützt.

Der Grundkursus der elementaren Schulbildung umfaßte das Studium folgender sieben Texte:

1. (Siṃhala) Hōḍiya oder Sōḍiya (singhalesisches Alphabet mit Buchstabennamen).
2. Nam-pota oder Vihāra-asna (die aus dem Mittelalter stammende Liste der heiligen Stätten des Buddhismus in Sri Lanka).
3. Magullakuṇa (Liste der glückverheißenden Körpermerkmale).
4. Vadankavipota (singhalesisches Büchlein über die Grundbegriffe der Sprachwissenschaft wie Laute, Silben, sowie über die wichtigsten Götter u.ä., in 74 Versen).
5. Gaṇadevihālla (singhalesischer Text über vermischte Gegenstände der allgemeinen Bildung mit Anrufung des Gottes Gaṇadevi oder Gaṇeśa, in 49 Versen).
6. Buddhagadya oder Buddhagajja (Preisgedicht auf den Buddha).
7. Sakaskaḍa (Lebenslauf des Buddha in Prosa).

Die ersten fünf dieser sieben Texte sind in singhalesischer Sprache verfaßt, abgesehen von drei einzelnen dem Vedankavipota (Nr. 4) eingefügten Sanskrit-Versen (Verse 49—51) aus Götterhymnen. Dagegen ist das Buddhagadya (Nr. 6) ein reines Sanskrit-Gedicht und das Sakaskaḍa (Nr. 7) besteht fast nur aus Sanskrit-Wörtern, deren Anordnung aber mit einzelnen singhalesischen Partikeln, Absolutiven und Verben nach den Regeln der singhalesischen Grammatik konstruiert ist. Beide Texte sind so schwierig zu verstehen, daß ihr Verständnis für einen Schüler schon am Ende dieses Grundunterrichtes nicht möglich ist. Das Rätsel, warum sie schon an dieser Stelle in der Reihe der Schultexte erscheinen, löst sich durch die Beobachtung, daß sie ohne Erklärung ihrer Bedeutung einfach als Lese- und Ausspracheübung für die Schüler dienen. Im Volksmund der Singhalesen heißt es noch heute, daß nur derjenige richtig sprechen könne, der das Sakaskaḍa rezitiert habe.

Das Studium der sieben Texte der Grundausbildung genügte für weite Teile des Volkes. Wer danach beabsichtigte, Mönch zu werden, hatte möglichst bald Pāli nach der Grammatik Bālāvatāra und eine Reihe von Texten in dieser Sprache zu lernen, nämlich Werke über Mönchsdisziplin und einige elementare Lehrtexte. Diejenigen Laien aber, die nach Vervollkommnung ihrer Bildung strebten oder weltliche Berufe (z.B. als ayurvedischer Arzt, Astrologe usw.) ergreifen wollten, studierten nach den genannten

---

aller dieser Texte, nämlich Siṃhala granthārṇavaya hevat Sihala gatsayura von A. M. G[unasekera], Colombo o.J. Im übrigen sind diese Texte als Einzeltexte in zahlreichen Auflagen für den Buchmarkt in Sri Lanka gedruckt worden. Siehe im übrigen unten Kap. IV.3.

Grundtexten eine Reihe von weiteren zehn Texten, von denen neun in Sanskrit abgefaßt sind, nur eines, das Gedicht Vuttamālā in (einer allerdings auch stark vom Sanskrit beeinflußten Form des) Pāli.[2] Selbstverständlich gelangten nur wenige mit ihren Studien bis zum letzten Text dieser Reihe; im allgemeinen begnügte man sich damit, die ersten sechs dieser Texte kennenzulernen.

Die zehn Texte des höheren Bildungsganges sind:

1. Nāmāṣṭaśataka (108 Namen des Buddha in Sanskrit-Versen).
2. Navaratna (den neun Dichtern am Hofe des Vikramāditya zugeschriebene Weisheitssprüche in Sanskrit).
3. Vyāsakāra (Sammlung von Weisheitssprüchen in Sanskrit).
4. Pratyayaśataka (eine weitere Sammlung von Weisheitssprüchen in Sanskrit).
5. Anuruddhaśataka (Gedicht über das Leben des Buddha in Sanskrit).
6. Bhaktiśataka (Gedicht zum Preise des Buddha in Sanskrit).
7. Sūryaśataka (Gedicht zum Preise des Sonnengottes in Sanskrit).
8. Vuttamālā oder Vuttamālāsandesasataka (Botschaft an den Gott Vibhīṣaṇa in Pāli-Versen).
9. Vṛttamālākhyā (Lebensgeschichte eines bestimmten Mönches in Versen; zugleich Beispielbuch für die Regeln der Metrik in Sanskrit).
10. Der Anfangsteil des Amarakoṣa (berühmtes Sanskrit-Wörterbuch des Amarasiṃha).

Der Kanon der Schultexte, der aus den Elementartexten und den zehn Texten des höheren Bildungsganges besteht, ist in seinen Grundzügen vermutlich Mitte bis Ende des 15. Jahrhunderts zusammengestellt worden. Er wurde danach noch im 17. und 18. Jahrhundert ergänzt, bis er seine endgültige Gestalt erhielt. Die Stellung, die Sanskrit-Texte in diesem Kanon und damit im elementaren Bildungsgut des singhalesischen Volkes innehaben, hat wesentlich dazu beigetragen, daß die Tradition der Pflege des Sanskrit in Sri Lanka niemals gänzlich abriß und auch in der Periode der buddhistischen, vorwiegend die Pāli-Studien fördernden Reformbewegung seit der Mitte des 18. Jahrhunderts Sanskrit-Studien ihren altererbten Platz im Rahmen des Bildungsgutes des singhalesischen Volkes behaupten konnten.

[2] Diejenigen Mönche, die die Aufgabe übernahmen, Laien zu unterrichten, oder die sich eine besonders gründliche Bildung erwerben wollten, widmeten sich natürlich neben dem Studium von Pāli-Texten auch dem der Schultexte des höheren Bildungsganges.

5. Traditionelle Kommentare und Übersetzungswerke

Obwohl die Kenntnis größerer Teile des Sanskrit-Wortschatzes bei der singhalesischen Bildungsschicht in allen Perioden schon infolge der großen Zahl von Sanskrit-Lehnwörtern im singhalesischen Sprachschatz vorausgesetzt werden darf,[1] beherrschte nur ein beschränkter Bevölkerungsteil die Regeln der Sanskrit-Grammatik und besaß somit die Fähigkeit, Sanskrit-Literaturwerke ohne Hilfsmittel zu verstehen. Dies gilt auch für diejenigen, die einen Beruf ausübten, für dessen Erlernung Sanskrit-Kenntnisse erforderlich waren. Insbesondere von Ärzten der traditionellen einheimischen Medizin, Astrologen, aber auch für bestimmte Tätigkeiten im Bereich der bildenden Kunst wurden nämlich Sanskrit-Texte als Unterrichtsgrundlage, aber auch, auswendig gelernt, als Gedächtnishilfsmittel verwendet. Deshalb waren dafür singhalesische Kommentarwerke zu den Sanskrit-Texten unentbehrlich.

Auch für die Erhaltung der Sanskrit-Texte über Jahrhunderte waren die singhalesischen Kommentare zu Sanskrit-Werken von herausragender Bedeutung. Wir haben zwei Haupttypen von singhalesischen Kommentarwerken zu unterscheiden: *gäṭapadaya* und *sannaya*.

Unter *gäṭapadaya* (Sanskrit-Bezeichnung *granthipada*) versteht man ein Werk, das ausgewählte schwierige Worte und Stellen eines Textes übersetzt und gegebenenfalls ausführlich erklärt. Diese Art von Kommentaren wurde häufig zu Pāli-Texten geschrieben, weil man von den Mönchen, die diese Texte lasen, so weitgehende Kenntnisse des Pāli erwarten konnte, daß es überflüssig erschien, jedes einzelne Wort des Textes zu übersetzen. Das älteste uns erhaltene singhalesische Literaturwerk in Prosa, das dem König Kassapa V. (914–923) zugeschriebene Dhampiyā-aṭuvā-gäṭapadaya (ein Kommentar zur Dhammapadaṭṭhakathā), gehört zu dieser Literaturgattung. Kommentare dieses Typs zu Werken der Sanskrit-Literatur sind dagegen in der singhalesischen Überlieferung verhältnismäßig selten.[2]

Sannaya (auch *sanne* und in manchen Texten *sanyaya*[3]) oder *vyākhyāva* (und *vyā-*

---

[1] So lesen wir schon in der Grammatik des Singhalesischen von Abraham Mendis Gunasekara, A Comprehensive Grammar of the Sinhalese Language, Colombo 1891, § 238: „Almost the entire vocabulary of Sanskrit words is used in Sinhalese composition."

[2] So ist ein Gäṭapadaya zur Grammatik Sārasvataprakriyā in LPP I 104 angeführt.

[3] Sanskrit *saṃnaya* (von *saṃ-nī*) ist in dieser Bedeutung in indischen Quellen m.W. nicht belegt; sie läßt sich aber durchaus aus der Bedeutung „Zusammenführung", nämlich sowohl von Text und Übersetzung, wie auch von Text und Bedeutung, ableiten. Die Herleitung aus Sanskrit *saṃjñā*, Pāli *saññā* (Siṃhala śabdakoṣaya, Bd. 25, Colombo 1992,

khyānaya), genauer *padagatasannaya* („Wort-für-Wort-Kommentar"), nennt man einen Kommentar, in dem jedes einzelne Wort eines Textes übersetzt wird. In einem Sannaya liegt daher eine vollständige Übersetzung eines Textes vor, die lediglich durch die Anführung der jeweils übersetzten Wörter aus dem Text, einzelne zusätzliche Erklärungen und Schlußpartikeln unterbrochen ist[4]. Die einzelnen Wörter des Textes mit ihren zugehörigen Erklärungen sind in die der Wortfolge in singhalesischer Prosa entsprechende Reihenfolge gebracht. Deshalb kann man durch Weglassung der Sanskrit-Passagen einen vollständigen singhalesischen Text daraus zusammenstellen. Die genaue Rekonstruktion des kommentierten Sanskrit-Textes dagegen stößt wegen der Umstellung der Wörter auf gewisse Schwierigkeiten. Dies sei hier am Beispiel des Verses Vyāsakāra 27 mit Sannaya exemplifiziert:

nirguṇeṣv api satveṣu dayāṃ kurvanti sādhavaḥ
na hi saṃharate jyotsnāś candraḥ caṇḍālaveśmani

„Auch Wesen ohne Vorzüge erweisen Gute ihr Mitleid; nimmt doch auch der Mond nicht seine Strahlen vom Hause des Caṇḍāla fort".

Sannaya: ***sādhavaḥ***, *satpuruṣayō;* ***nirguṇeṣv api satveṣu***, *guṇa nättā vū satvayan kerehi-da;* ***dayāṃ kurvanti***, *maitrī karannāhuya; ē esē mäyi:* ***candraḥ***, *candra tema;* ***caṇḍālaveśmani***, *hīnayan-gē bhavanayehi-da;* ***jyotsnāḥ***, *saňdaräs;* ***na hi saṃharate***, *no hakuḷuvayi hevat paturuvayi.*

Ein Padagatasannaya ist in den Handschriften (und Drucken) mit dem Text meist so vereinigt, daß jeweils auf einen Vers oder Abschnitt des Textes der entsprechende Abschnitt des Sannaya folgt, wie bei dem eben mitgeteilten Beispiel. In einigen Fällen ist sogar nur noch das Sannaya ohne den Text selbst überliefert.[5] Der singhalesische Leser kann daraus Sinn und Inhalt des Textes vollständig entnehmen, da ihm — wie erwähnt — damit eine Übersetzung des Textes vorliegt.

Ein *bhāvasannaya* ist ein Text, in dem — im Gegensatz zum Padagatasannaya — die Worte des Originaltextes weggelassen sind, der also nur eine wörtliche Übersetzung des Originals bietet. Einem der sogenannten Schultexte ist in den Ausgaben und in fast allen Handschriften ein solches Bhāvasannaya, kein Padagatasannaya beigegeben, nämlich dem Pratyayaśataka; hier folgt dem Text der einzelnen Verse des Sanskrit-Textes jeweils eine solche, mit der Phrase *yanu heyin* eingeleitete Übersetzung.

S. 293) scheint mir unwahrscheinlich.

[4] Für ein Sannaya mit ausführlichen Erklärungen und Exkursen gibt es besondere Bezeichnungen, insbesondere *vistarārthavarṇanāva* und *vistarārthavyākhyāva*.

[5] Das wichtigste Beispiel hierfür ist das Jānakīharaṇa-sannaya. Im Museum in Colombo gibt es eine Handschrift des Vaidyālaṅkara-sannaya ohne den Text der Verse. Auch zu Teilen des Śāriputra ist nur ein Sannaya erhalten.

Ein besonderer Typ der Bearbeitung von Pāli- und Sanskrit-Werken für singhalesische Leser wird als *pada-änavuma* (auch *pada-änuma*, und in der Sanskrit-Form des Terminus *pada-anvaya*) bezeichnet;[6] es handelt sich dabei um die Umstellung der Wörter der Textvorlage nach der für eine Übersetzung in die singhalesische Sprache erforderlichen Wortfolge, also gleichsam ein Padagatasannaya, aber ohne die entsprechende singhalesische Übersetzung.

In der singhalesischen Literatur sind Kommentare nicht immer als bloße Hilfsmittel zum Verständnis der erklärten Texte geschrieben worden, sondern wir haben in manchen Fällen selbstständige Werke vor uns, in denen eigene Gedanken kunstvoll in die äußere Form eines Kommentars zu einem angesehenen alten Literaturdenkmal eingefügt wurden. Damit konnten sie selbst zu literarischen Kunstwerken ausgestaltet werden. Dies ist keine Eigenheit der singhalesischen Literatur, sondern auch in anderen Literaturen des indischen Kulturkreises üblich gewesen. So ist besonders aus der Geschichte der philosophischen Literatur Indiens bekannt, daß Kommentare oftmals weniger erklären als vielmehr neue Gedanken in einen alten Text hineininterpretieren. In der singhalesischen Literatur Sri Lankas ist das berühmteste Werk dieser Art die in singhalesischer Sprache geschriebene Dharmapradīpikāva des Guruḷugōmin (um 1200), der Form nach ein Kommentar zu dem Pāli-Werk Mahābodhivaṃsa, in Wahrheit aber ein umfassendes Kompendium der buddhistischen Lehre.

Unter den bedeutenden alten singhalesischen Kommentaren zu Sanskrit-Werken sind in diesem Zusammenhang insbesondere das Meghadūta-sannaya und das Sannaya zum Kāvyādarśa (sog. Daṇḍyālaṅkāra-sannaya) zu nennen. Beide sind im 12. oder 13. Jahrhundert geschrieben. Auch das Sūrya-śataka-sannaya, das Bālāvabodhana-sannaya und das Amarakośa-sannaya sind als bedeutende singhalesische Literaturwerke anzusehen. Die übrigen bisher zugänglich gewordenen Werke dieser Art zu Sanskrit-Texten sind dagegen reine Übersetzungs- und Erklärungsschriften ohne eigene literarische Bedeutung.

Sanskrit-Texte mit Sannaya waren auch für Gebildete ohne oder mit nur geringen Sanskrit-Kenntnissen verständlich. Dadurch erklärt sich ihre außerordentliche Beliebtheit. Die meisten Handschriften von Sanskrit-Texten, die nach Ende der Blütezeit der Sanskrit-Bildung bei den Singhalesen, also nach dem 15. Jahrhundert, über die Zeit des Verfalls der traditionellen Sanskrit-Bildung hinaus weiter kopiert wurden, enthalten Text und Sannaya. Bei den wenigen Sanskrit-Werken, die im 16. bis 18. Jahrhundert ohne Sannaya weiter abgeschrieben wurden, handelt es sich vorwiegend um Werke der

[6] Siehe God, Cat., S. 85 mit Anm. 2 (S. 88).

wissenschaftlichen Literatur (besonders der Medizin und der Astrologie), der Magie, sowie um Stotras, d.h. Preis- oder Lobgedichte für Götter oder Herrscher.

Wie sehr es sich eingebürgert hatte, Sanskrit-Texten Wort-für-Wort-Übersetzungen hinzuzufügen, kann man der Tatsache entnehmen, daß auch fast allen im 19. und 20. Jahrhundert neu aus indischer Überlieferung nach Sri Lanka eingeführten und dort in singhalesischer Schrift gedruckten Sanskrit-Werken Sannayas beigefügt wurden. Auch im 20. Jahrhundert in Sri Lanka selbst neu verfaßte Sanskrit-Kompositionen sind fast immer mit einem Sannaya (meist einem Bhāvasannaya) versehen worden.

Die Bedeutung eines Padagatasannaya für die Zuverlässigkeit der Textüberlieferung liegt auf der Hand; da jedes Wort des Textes zweimal in der Handschrift stand, konnten Abschreibfehler meist verhältnismäßig leicht korrigiert werden. Der Text der verhältnismäßig wenigen älteren ohne Sannaya oder nur mit Bhāvasannaya tradierten Werke ist dagegen im Vergleich zu den übrigen in Sri Lanka meist nur fehlerhaft überliefert.

Auffällig ist die Tatsache, daß die bei den Singhalesen überlieferten Sanskrit-Texte mit wenigen Ausnahmen Verstexte sind, wie auch die Sanskrit-Zitate in singhalesischen Prosa-Werken überwiegend Verszitate sind. Nur einige Prosa-Werke der wissenschaftlichen Sanskrit-Literatur, wie die Grammatik Bālāvabodhana, der grammatische Kommentar Līnārthadīpa, die Metrik Vṛttaratnākara mit der Pañcikā dazu sowie bestimmte astrologische und medizinische Texte bilden Ausnahmen. Sämtliche in älterer Zeit in Sri Lanka bekannt gewesenen Werke der Sanskrit-Kunstdichtung in Prosa sind dagegen dort verloren gegangen.

Daß in singhalesischer Literatur vorwiegend Verszitate in Sanskrit angeführt werden, erklärt sich aus der Tatsache, daß sich Verse leichter einprägen und daher ihre Anführung näher liegt als die von Prosastellen. Die weitgehende Beschränkung der Überlieferung von Sanskrit-Werken auf Verstexte jedoch hängt vermutlich auch mit der Vorliebe der Singhalesen für poetische Werke, besonders im 16. bis 18. Jahrhundert, zusammen. Auffällig ist ferner, daß man in den gesamten Kanon der Schultexte nur einen einzigen Prosatext aufgenommen hat (abgesehen von den beiden Namenslisten Nampota und Magullakuṇa), nämlich das Sakaskaḍa. Gerade dieser Text ist, obwohl dem Wortschatz nach fast rein sanskritisch, grammatisch singhalesisch konstruiert, so daß man ihn auch als singhalesischen Text ansprechen kann.

6. Nachweis des Überlieferungsbestandes

Seit dem Beginn des 16. Jahrhunderts wurden große Teile der Küstengebiete Sri Lankas von Kolonialmächten (zuerst von den Portugiesen, später von den Holländern) beherrscht, während im Inneren der Insel ein unabhängiges singhalesisches Königreich noch bis 1815 weiterbestand. Nur im Gebiet dieses singhalesischen Königreiches hat sich die singhalesische literarische Tradition in nennenswertem Umfange lebendig erhalten können. Die weitgehende Isolierung des singhalesischen Königreichs vom 16. bis zum 18. Jahrhundert hat auch den kulturellen Austausch mit Indien stark beeinträchtigt. In dieser Zeit sind infolgedessen nur verhältnismäßig wenige Sanskrit-Texte aus Indien nach Sri Lanka gelangt.

Im Jahre 1815 hörte mit der Einverleibung des singhalesischen Königreiches von Kandy in das englische Kolonialreich und der damit vollzogenen Einigung ganz Sri Lankas unter einer Herrschaft diese Isolierung auf. Nun war es ohne Schwierigkeiten möglich, aus dem ebenfalls englischer Herrschaft unterstehenden indischen Mutterland bisher unbekannte Literaturwerke einzuführen und etwa entstandene Lücken in der Überlieferung zu schließen. Daraus ergibt sich die Wichtigkeit dieses historischen Ereignisses für die Literaturgeschichte; nur die schon für die Zeit vor 1815 im singhalesischen Kulturbereich nachweisbaren Sanskrit-Texte können als Texte „alter singhalesischer Überlieferung" angesehen werden.

Als Bestandteil dieser alten singhalesischen Überlieferung darf die Mehrzahl der in singhalesischen Palmblatthandschriften überlieferten Texte gelten, weil im 19. Jahrhundert neu eingeführte Texte meist in indischen Druckausgaben nach Sri Lanka gelangten und gegebenenfalls vorwiegend auf Papier abgeschrieben wurden. Allerdings gibt es Ausnahmen; einige Werke sind auch im 19. Jahrhundert noch aus indischen Texten in singhalesische Palmblattmanuskripte transliteriert worden. Das Vorhandensein eines älteren Sannaya oder nachweislich alter singhalesischer Handschriften ist jedoch in vielen Fällen der einzige sichere Beweis dafür, daß bestimmte Texte alter einheimischer Überlieferung entstammen. Dazu kommen Werke, die außerhalb Sri Lankas unbekannt sind, und Texte, die in Sri Lanka in einer besonderen, sonst nicht bekannten Rezension überliefert sind.

Die handschriftliche Überlieferung der Sanskrit-Texte bei den Singhalesen kann anhand der Kataloge singhalesischer Handschriften heute einigermaßen umfassend überblickt werden. Gedruckte Kataloge singhalesischer Handschriften existieren für die Bestände des Museums in Colombo (allerdings ohne die medizinischen, astrologischen und magischen Handschriften),[1] für die Bestände der Königlichen Bibliothek in Kopenhagen (allerdings ohne eine größere Anzahl von Neuzugängen),[2] für die singha-

[1] W. A. de Silva, Catalogue of Palm Leaf Manuscripts in the Library of the Colombo Museum, Vol. 1, Colombo 1938 [im folgenden als CM zitiert].

[2] C. E. Godakumbura, Catalogue of Ceylonese Manuscripts, The Royal Library, Copenhagen, Copenhagen 1980 [im folgenden als God, Cat. zitiert]. Dieser Katalog ersetzt den älteren Katalog von Niels Ludwig Westergaard, Codices Indici Bibliothecae Regiae

lesischen Handschriften der British Library,[3] für die älteren Bestände der öffentlichen (und einer Anzahl privater) Bibliotheken der Vereinigten Staaten und Kanadas,[4] für die von der Ceylon Historical Manuscripts Commission in drei Berichten erfaßten Bestände,[5] für einen größeren Teil der Bestände in Deutschland,[6] sowie für einige weitere Sammlungen.[7] In einigen der konsultierten Kataloge singhalesischer Handschriften sind keine Sanskrit-Texte zu finden, z.B. in den Beständen der India Office Library.[8] Dazu kommt nun eine allerdings nur Werktitel angebende Liste von Palmblatthandschriften in insgesamt 1587 ceylonesischen Klosterbibliotheken von K. D. Somadāsa in 2 Teilen, die über 75.000 Handschriften berücksichtigt.[9] Zudem habe ich noch die Titel der nicht im gedruckten Katalog beschriebenen Handschriften von singhalesischen Werken im Colombo Museum nach dem unpublizierten handschriftlichen Katalog von W. A. de Silva sowie die Bestände einiger weiterer ceylonesischer Klosterbibliotheken notiert und hier berücksichtigt.[10] Damit sind über 85.000

Havniensis, Copenhagen 1846.

[3] Don Martino de Zilva Wickremasinghe, Catalogue of the Sinhalese Manuscripts in the British Museum, London 1900 und K. D. Somadasa, Catalogue of the Hugh Nevill Collection of Sinhalese Manuscripts in the British Library, vol. 1-7, London 1987-1995. Die Handschriften sind nach Signaturen mit der Angabe BL (British Library) angeführt.

[4] Horace I. Poleman, A Census of Indic Manuscripts in the United States and Canada, New Haven, Conn., 1938 (American Oriental Series, 12) [im folgenden als Pol, Census zitiert].

[5] First Report of the Ceylon Historical Manuscripts Commission, Sessional Paper XXIX, 1933, Colombo 1930; Second Report of ..., Sessional Paper IX, 1933, Colombo 1935; Third Report of ..., Sessional Paper XXIX, 1951, Colombo 1951 [im folgenden als HMC I, HMC II und HMC III zitiert].

[6] Heinz Bechert, Singhalesische Handschriften, Teil 1-2, Wiesbaden 1969, Stuttgart 1997 (Verzeichnis der Orientalischen Handschriften in Deutschland XXII, 1-2) [im folgenden zitiert als Singh. Hss.].

[7] Hier sind insbesondere folgende Kataloge zu erwähnen: K. D. Somadasa, Catalogue of the Sinhalese Manuscripts in the Library of the Wellcome Institute for the History of Medicine, London 1996 [im folgenden als Somadasa, Wellcome Inst. zitiert]; Jinadasa Liyanaratne, "Sri Lankan Medical Manuscripts in the Bodleian Library, Oxford", Journal of the European Āyurvedic Society 2 (1992), S. 36-53 [im folgenden als Liyanaratne, Med Mss zitiert]; A. Cabaton, Catalogue sommaire des manucrits Sanskrits et Pālis, Bibliothèque Nationale, Paris, 2 Bände, Paris 1907-1908 [im folgenden als Cabaton zitiert].

[8] Siehe C. H. B. Reynolds, Catalogue of the Sinhalese Manuscripts in the India Office Library, London 1981.

[9] K. D. Somadāsa, Laṅkāvē puskoḷa pot nāmāvaliya, Teile 1-2, Colombo 1959-1964 [im folgenden zitiert als LPP I und LPP II]. Im dritten Teil dieses Handschriftenkatalogs sind die singhalesischen Handschriften im British Museum bzw. jetzt in der British Library verzeichnet.

[10] Siehe Abkürzungsverzeichnis, oben S. 9, s.v. CM.

singhalesische Handschriften für die Suche nach Sanskrit-Handschriften berücksichtigt worden.

Dabei ließen sich etwa 2000 singhalesische Sanskrit-Handschriften nachweisen, die sich auf fast 250 Texte verteilen. Auffällig ist, daß nur für eine kleine Zahl davon, nämlich für 34 Texte, mehr als 10 Handschriften bekannt sind, und zwar gibt es von diesen 34 Texten etwa 1300 Handschriften, von den übrigen 198 Texten nur insgesamt etwa 700 Handschriften. Von drei Texten konnten sogar über 100 Handschriften gezählt werden.[11]

Bekanntlich sind die in Sri Lanka aufbewahrten Palmblatthandschriften mit wenigen Ausnahmen nicht älter als 300 Jahre; die älteste bekannte singhalesische Palmblatthandschrift, die von der Ceylon Historical Manuscripts Commission ins 13. Jahrhundert datiert wird, ist in Tibet unter völlig anderen klimatischen Bedingungen erhalten geblieben. Sie enthält den Text eines singhalesischen Werkes.[12] Die älteste in Sri Lanka selbst erhaltene Palmblatthandschrift scheint die des Sanskrit-Werkes Mañjuśrībhāṣita-Citrakarmaśāstra zu sein, die ins 14. Jahrhundert datiert wird.

Ein beträchtlicher Teil der in dieser Arbeit besprochenen Texte ist in Sri Lanka in singhalesischer Schrift gedruckt worden, häufig mit singhalesischem Kommentar. Leider gibt es keine umfassende Bibliographie singhalesischer Druckwerke; doch ist anzunehmen, daß mir in dieser Hinsicht kaum Wesentliches entgangen ist. Der Katalog der singhalesischen Bücher des Britischen Museums von Wickremasinghe war schon 1899 abgeschlossen. Für die spätere Zeit konnte ich außer aus Angaben in den singhalesischen Literaturgeschichten im wesentlichen durch Durchsicht der Bibliotheken bzw. Bibliothekskataloge des Ceylon (bzw. jetzt Sri Lanka) Branch of the Royal Asiatic Society in Colombo, des Sinhalese Dictionary Office in Colombo sowie der Bibliothek Wilhelm Geiger und schließlich durch intensives Nachsuchen in ceylonesischen Buchhandlungen einschlägige Informationen finden; eine größere Zahl von mir in Sri Lanka beschaffter singhalesischer Textausgaben besitzen jetzt das Institut für Vergleichende Sprachwissenschaft und Orientalistik der Universität Saarbrücken, das Seminar für Indologie und Buddhismuskunde der Universität Göttingen, die Niedersächsische Staats- und Universitätsbibliothek in Göttingen sowie die Universitätsbibliothek Tübingen. Für die buddhistische Literatur war noch Peter S. La Sha, A Check List of Books and Articles on Buddhism and Buddhist Civilisation, Peradeniya 1957, nützlich, eine Liste, die alle bis 1956 in der Universitätsbibliothek Peradeniya angeschafften einschlägigen Werke verzeichnet. In der Bibliographie bouddhique, in der auch in Sri Lanka erschienene Veröffentlichungen in englischer Sprache nur sehr unvollständig

---

[11] Diese drei Texte sind: Amarakoṣa, Bhaktiśataka und Sūryaśataka.
[12] Vgl. Singh. Hss. II, Kat.-Nr. 287, insbes. S. 94.

verzeichnet sind, fehlen solche in singhalesischer Schrift mit ganz vereinzelten Ausnahmen völlig.

Da sich bei den klimatischen Verhältnissen in Sri Lanka, wie erwähnt, auch Palmblatthandschriften nicht übermäßig lange erhalten, sind wir für die Frage, welche Sanskrit-Werke dort in früheren Perioden überliefert wurden, vorwiegend auf andere Zeugnisse angewiesen. Dabei stehen uns in erster Linie Sanskrit-Zitate in älteren singhalesischen Literaturwerken, die weiter kopiert wurden, zur Verfügung.

Dabei ist zu beachten, daß der Aussagewert von Zitaten in der singhalesischen Literatur für den Nachweis der einstigen Verbreitung eines Textes in Sri Lanka und besonders für den Zeitpunkt dieser Verbreitung oft schwierig zu bestimmen ist. Voraussetzung für eine solche Bestimmung ist, daß die Entstehungszeit der betreffenden Literaturwerke einigermaßen feststeht. Dies ist glücklicherweise bei vielen Texten der Fall. Es ist jedoch ein Irrtum, aus der Tatsache, daß ein Autor einen bestimmten Text zitiert, zu schließen, daß ihm dieser auch tatsächlich vorgelegen haben müsse. Es war vielmehr üblich, entweder bei der Übernahme ganzer Abschnitte aus älteren Werken auch Zitate mit zu übernehmen oder aber Zitate allein einem anderen Werk zu entlehnen. So sind z.B. die im Kārakapuṣpamañjarī-sannaya, das im 18. Jahrhundert verfaßt wurde, enthaltenen Zitate aus Werken wie dem Pramāṇavārttika, aus Mātṛceṭas Stotras usw. fast durchwegs älteren singhalesischen Werken, nicht aber unmittelbar den Sanskrit-Werken entnommen. Man kann also hier von „Sekundärzitaten" sprechen. Diese Möglichkeit ist in Arbeiten über die Literaturgeschichte Sri Lankas oft nicht in Betracht gezogen worden.[13] So gingen, um ein Beispiel aus der Geschichte der Pāli-Literatur anzuführen, viele Argumentationen im Streit um die Entstehungszeit des Kommentars zur Chronik Mahāvaṃsa davon aus, daß sein Verfasser die von ihm genannten Quellen auch alle selbst unmittelbar benützt habe. Wie häufig Zitate in der angedeuteten Weise sekundär übernommen werden, zeigte mir auch die Durchsicht meiner Sammlung von 546 verschiedenen in der älteren singhalesischen Literatur angeführten Sanskrit-Versen: von diesen sind 82 an zwei Stellen, 19 an drei Stellen, 10 an vier Stellen und je 2 an fünf und sechs Stellen der älteren singhalesischen Literatur zitiert. In der überwiegenden Mehrzahl dieser Fälle zeigt sich bei einer genauen Betrachtung der Textstellen, daß das Zitat in dem jeweils späteren singhalesischen Werk nicht dem Sanskrit-Text selbst, sondern mit seinem Kontext dem älteren singhalesischen Werk entnommen ist.

---

[13] C. E. Godakumbura, "References to Buddhist Sanskrit Writers in Sinhalese Literature", University of Ceylon Review 1, 1 (1943), S. 86–93 hat eine große Zahl einschlägiger Belege zusammengestellt; die Frage der Sekundärzitate ist dort jedoch nicht angesprochen.

Außer den singhalesischen Sanskrit-Handschriften und den Sanskrit-Zitaten in der singhalesischen Literatur kommen als zusätzliche Zeugnisse für die Kenntnis und Bedeutung der Sanskrit-Literatur in Sri Lanka noch Übersetzungen von Sanskrit-Texten in die singhalesische Sprache oder ins Pāli sowie Nachahmungen von Sanskrit-Texten in diesen Sprachen in Frage. Einige sehr alte Sanskrit-Texte haben sich nur in Pāli-Übersetzungen erhalten (Nāgita-apadāna, Narasīhagāthā, u.a.).

Die von Senerat Paranavitana (1896–1972), dem verdienten Altmeister der singhalesischen Epigraphik, in seinen letzten Lebensjahren seit 1964 in „concentrated observation" gelesenen sog. „Interlinearinschriften" auf Steininschriften (insbesondere Auszüge aus einem Werk namens Paramparāpustaka von Bhadra, dem Sihigiri-vistara von Ānanda und anderen Werken)[14] sind für andere nicht verifizierbar und sind nicht als historische Dokumente zu betrachten. Sie sind vielmehr als moderne Sanskrit-Kompositionen einzuordnen. Ananda W.P. Guruge hat sie in einer Studie eingehend gewürdigt.[15]

7. Geschichtlicher Überblick

Spuren einer Kenntnis des Sanskrit in Sri Lanka aus der Zeit vor dem 4. Jahrhundert n. Chr. sind nur aus einigen Werken der buddhistischen Pāli-Literatur erkennbar. Vor allem sind Abschnitte aus Werken der buddhistischen Sanskrit-Literatur in Pāli-Übersetzung erhalten. Außerdem ist mehreren singhalesischen Inschriften der ersten nachchristlichen Jahrhunderte das Sanskrit-Segenswort (Maṅgala-Wort) *siddham* vorangestellt.

Für die folgenden Perioden bis zum Beginn der Kolonialzeit im 16. Jahrhundert verwende ich im Folgenden die Bezeichnung „Mittelalter", und zwar in Anlehnung an die Abhandlung „Culture of Ceylon in Mediaeval Times" von Wilhelm Geiger.[1]

Aus der Zeit vom 4. Jahrhundert bis zum Ende der Anurādhapura-Periode nehmen Belege für die Kenntnis des Sanskrit schrittweise zu. Im 4. Jahrhundert schrieb der singhalesische König Buddhadāsa ein medizinisches Handbuch namens Sārārthasaṅgra-

[14] Siehe insbesondere Senerat Paranavitana, Ceylon and Malaysia, Colombo 1966; ders., The Greeks and the Mauryas, Colombo 1971; ders., The Story of Sigiri, Colombo 1972.

[15] Ananda W. P. Guruge, "Senarat Paranavitana as a Writer of Historical Fiction in Sanskrit", Vidyodaya, Journal of Social Sciences 7 (1996) [Prof. Mendis Rohanadeera Felicitation Volume], S. 157–179.

[1] Vgl. Wilhelm Geiger, Culture of Ceylon in Mediaeval Times, Wiesbaden 1960, S.XXI.

ha; um dieselbe Zeit ist auch Legendengut aus buddhistischen Sanskrit-Werken in die Pāli-Überlieferung der Singhalesen übernommen worden. Dem 7. Jahrhundert soll das Kunstgedicht Jānakīharaṇa von Kumāradāsa angehören, und aus der Zeit zwischen dem 7. und dem 9. Jahrhundert stammen einige, vorwiegend buddhistische Sanskrit-Inschriften. Zwischen dem 8. und dem 11. Jahrhundert schrieb auch Kaccāyana seine Pāli-Grammatik nach dem Vorbild der Sanskrit-Grammatik Kātantra, während sich die Pāli-Kommentatoren des 5. bis 7. Jahrhunderts, soweit man weiß, noch nicht auf ein System der Sanskrit-Grammatik gestützt hatten. Gegen Ende der Anurādhapura-Periode ist ferner die singhalesische Übersetzung von Daṇḍins Kāvyādarśa geschrieben worden. Es wurde auch allgemein üblich, singhalesischen Inschriften die Maṅgala-Wörter *siddham, svasti* oder *śrī* voranzusetzen.

Der Gebrauch des Sanskrit ist in diesen frühen Perioden ganz deutlich auf einige, genau abgegrenzte Bereiche des kulturellen Lebens beschränkt, nämlich auf den der weltlichen Wissenschaften, den des königlichen Hofes (der Verfasser des Jānakīharaṇa ist wahrscheinlich ein Prinz) und auf Werke des Mahāyāna-Buddhismus sowie des tantrischen Buddhismus. Ausnahmen sind nur Werke einiger gelehrter buddhistischer Mönche, die aufgrund ihrer Kontakte zu indischen buddhistischen Traditionen Sanskrit-Texte zur Kenntnis nahmen. Nicht sicher einzuordnen ist das in dieser Periode verfaßte buddhistische Kunstgedicht Padyacūḍāmaṇi.

Maßgebliche Literatursprachen der Anurādhapura-Periode waren Pāli und Singhalesisch. Das älteste uns erhaltene singhalesische Literaturwerk in Prosa, das Dhampiyā-aṭuvā-gäṭapadaya von Kassapa V. (914–923) enthält nur wenige Sanskrit-Lehnwörter und ein paar ganz kurze Zitate aus philologischen Sanskrit-Werken[2]. Die Mehrheit der orthodoxen buddhistischen Mönche der Insel lehnte offenbar intensivere Beschäftigung mit Sanskrit-Studien ab, da Sanskrit aus ihrer Sicht die Sprache des von ihr bekämpften tantrischen Buddhismus, die Sprache des Hinduismus sowie die Sprache der für Mönche unpassenden höfisch-weltlichen Literatur darstellte.

Die Periode vom 11. Jahrhundert bis gegen Ende des 15. Jahrhunderts ist die Blütezeit der Sanskrit-Studien in Sri Lanka. Tendenzen zu intensiven Sanskrit-Studien und zu einer Verstärkung des Einflusses der Sanskrit-Tradition auf die gesamte literarische Kultur, deren Anfänge sich bereits gegen Ende der Anurādhapura-Periode bemerkbar gemacht hatten, setzten sich nun unter veränderten äußeren Umständen durch. Die Streitigkeiten buddhistischer Sekten waren durch die Ordensreform Parākramabāhus I. weitgehend beigelegt. Die Ablehnung von Sanskrit-Studien durch die orthodoxen Mönche wurde damit gegenstandslos und angesehene Klöster wurden zu Mittelpunkten der

[2] Siehe C. E. Godakumbura, Sinhalese Literature, Colombo 1955, S. 32 f. und 353.

Sanskrit-Gelehrsamkeit. Die buddhistischen Singhalesen mußten sich überdies mit den vielfachen Einwirkungen der hochentwickelten Kultur des Cola-Reiches auseinandersetzen, indem sie ihr einen gleichwertigen Bildungsstand entgegensetzten. Das vielfältige Zusammenströmen kultureller Einflüsse ließ die literarische Kultur der Singhalesen gerade während dieser Epoche auf ihren Höhepunkt gelangen.

Die Historiker gliedern diese Periode, abgesehen von der Zeit der Cola-Fremdherrschaft (1017–1070), nach den jeweiligen Macht- und Kulturzentren der Insel in eine Polonnaruva-Zeit (1070–1235), eine Daṁbadeṇiya-Zeit (1236– ca. 1290), eine Kurunǟgala-Zeit (ca. 1290–1341), eine Gampola-Zeit (1341– ca. 1410) und eine Kōṭṭē-Zeit (ca. 1410– ca. 1550). Dabei läßt sich jedoch für die Literatur eine kontinuierliche Entwicklung beobachten, die nur durch die Regierung des Usurpators Māgha (oder Kāliṅga-Vijayabāhu, 1215–1236), der den Buddhismus bekämpfte und buddhistische Literaturwerke zerstören ließ, kurz unterbrochen war. König Parākramabāhu II. (1236–1270) ließ nach den Berichten des Chronisten im Mahāvaṃsa (84,26 f.) zahlreiche Bücher aus Indien nach Sri Lanka holen, sicherlich vorwiegend Sanskrit-Werke.

Die meisten in der vorliegenden Abhandlung besprochenen älteren Sanskrit-Texte sind in Quellen der Zeit vom 11. bis zum 15. Jahrhundert aus Sri Lanka erwähnt. In den berühmten großen singhalesischen Kommentarwerken zu Pāli-Texten aus jener Zeit, so im Abhidharmārthasaṅgraha-sannaya des Śāriputra (12. Jahrhundert) und im Viśuddhimārga-mahāsanyaya des Königs Parākramabāhu II. sind zahlreiche Zitate aus Sanskrit-Texten enthalten. Auch eine Reihe von Sanskrit-Werken, die von Singhalesen verfaßt wurden, ist in diese Zeit zu datieren. Außerdem wird die singhalesische Sprache seit dem 11. Jahrhundert mehr und mehr mit Sanskrit-Lehnwörtern angereichert und in singhalesischen Prosatexten werden manchmal auf weite Strecken fast nur Sanskrit-Lehnwörter verwendet.

Aus dieser Periode stammt auch die Liste von Verfassern buddhistischer Werke im Nikāyasaṅgrahaya von Jayabāhu Devarakṣita Dharmakīrti (Ende des 14. Jahrhunderts).[3] Dies ist ein Werk über die Geschichte des Buddhismus, dem zahlreiche sonst nicht erhaltene Informationen entnommen werden können. Unter den dort aufgeführten Autoren sind zahlreiche bekannte Verfasser von Werken in Pāli und in singhalesischer Sprache, aber es sind auch einige Namen angeführt, die man als Namen von Verfassern buddhistischer Sanskrit-Werke identifizieren kann, nämlich Śūrapāda (oder Āryaśūra), Dharmakīrtipāda (also der berühmte Philosoph Dharmakīrti) und Dhīranāgapāda,

---

[3] Nikāyasaṅgrahaya hevat Śāsanāvatāraya von Devarakṣita Dharmmakīrti, ed. S. de Silva, A. M. Gunasekara u. W. F. Gunawardhana, Colombo 1922, S. 22 f. Über diese Textliste siehe auch Godakumbura, Sinhalese Literature (Anm. 1), S. 7; Vesaturu-dā-sanne, ed. D. E. Hettiaratchi, Colombo 1950, Introduction S. 71 f.

offenbar eine verderbte Form des Namens des Philosophen Diṅnāga. Diese Autoren waren in Sri Lanka damals mit Sicherheit mindestens dem Namen nach bekannt, und einige ihrer Werke wurden in der damaligen Periode dort auch überliefert.

Für die Kenntnis buddhistischer Sanskrit-Texte bei den Singhalesen in Sri Lanka ist mit Sicherheit von großer Bedeutung gewesen, daß beim Mahābodhi-Tempel in Bodh Gaya mindestens seit dem 4. Jahrhundert ein Kloster singhalesischer Mönche bestanden hat. In der ersten Hälfte des 13. Jahrhunderts hatten singhalesische Mönche sogar die Kontrolle über den Haupttempel übernommen, wie der tibetische Pilger Dharmasvāmin berichtet.[4] Später haben sich offenbar Birmanen noch einige Zeit um die Erhaltung des Mahābodhi-Tempels gekümmert, der schließlich gänzlich unter die Kontrolle von Hindus geriet. Im Laufe des 14. Jahrhunderts ist der Buddhismus auf dem indischen Subkontinent bekanntlich durch islamische Eroberer und durch die Hindu-Renaissance so gut wie gänzlich vernichtet bzw. verdrängt worden. Kleinere Gruppen von Buddhisten hat es im Süden offenbar bis ins 15. Jahrhundert gegeben; andere buddhistische Strömungen sind in den synkretistischen sog. Nath-Kulten weitgehend an den Hinduismus assimiliert worden. Kontakte der Singhalesen zum indischen Buddhismus und damit der Einfluß indischer Traditionen auf den Buddhismus Sri Lankas hatten damit aufgehört.

In Sri Lanka dagegen lebte nicht nur der Buddhismus in Form der Theravāda-Tradition mit Pāli als Sakralsprache, sondern auch die buddhistische Sanskrit-Tradition weiter. Auch sie war nunmehr ganz in die Theravāda-Orthodoxie integriert. Unter König Parākramabāhu VI. (1412–1467) erlebte die Pflege der Sanskrit-Literatur unter den singhalesischen Buddhisten einen zweiten Höhepunkt. Damals kam Rāmacandra Bhāratin aus Bengalen nach Sri Lanka und bereicherte die Sanskrit-Literatur der Insel um drei wichtige Werke, nämlich Bhaktiśataka, Vṛttamālākhyā und Vṛttaratnākarapañcikā. Der berühmteste singhalesische Schriftsteller seiner Zeit, Śrī Rāhula Thera aus Toṭagamuva, versuchte sich zwar nicht selbst als Sanskrit-Schriftsteller, zitierte aber in seinem singhalesischen Kommentar zur Pāli-Grammatik Mogallānapañcikā, dem Pañcikāpradīpaya, neben vielen Werken in Pāli und Singhalesisch auch eine ungewöhnlich große Anzahl von Sanskrit-Werken. Man hat das Gefühl, daß Rāhula dabei seine große Gelehrsamkeit und Belesenheit zur Schau stellen wollte und einen großen Teil der in

[4] Siehe P. V. B. Karunatilaka, „Journeys to the Diamond Throne: Sri Lankan Buddhist Monks and Pilgrims at Buddhagaya“, Sri Lanka and the Silk Road of the Sea, ed. Senake Bandaranayake, Lorna Dewaraja, Roland Silva u. K. D. G. Wimalaratne, Colombo 1990, S. 141–146. Bericht des Dharmasvāmin über die singhalesischen Mönche in Bodh Gaya siehe Biography of Dharmasvāmin (Chag lo tsa-ba Chos-rje dpal), ed. and transl. by George Roerich, Patna 1959, S. 73. Siehe auch Kap. II.1 Anm. 37 (s. S. 52).

seiner Bibliothek befindlichen Werke bei irgendwie passender Gelegenheit anführt.[5]

Der hohe Anspruch, den die Gelehrten jener Zeit erhoben, kommt auch in dem schon erwähnten Titel *ṣaḍbhāṣāparameśvara* „vollständiger Meister der sechs Sprachen" zum Ausdruck, den schon Vilagammula seinem Lehrer Rājaguru Galaturumūla Mahāsvāmi (um 1300) beilegte.[6] Zu den Bildungssprachen der Singhalesen sind hier die Namen anderer Sprachen hinzugefügt, die man in Sri Lanka höchstens aus Informationen indischer Grammatiker kannte. Dem Titel *saḍbhāṣāparameśvara* kommt daher also keine echte Realität zu.

Die in Indien schon in früher Zeit beliebte Form der sog. Śataka-Texte, d.h. Texte von etwa hundert Versen, wurde in Sri Lanka vor allem im 14. und 15. Jahrhundert übernommen. Die wichtigsten Beispiele für Śatakas in Sanskrit aus Sri Lanka sind: Anuruddhaśataka, Bhaktiśataka, Vyāsakāra oder Vyāsaśataka und Pratyayaśataka. Ungefähr um dieselbe Zeit wurden auch Śatakas in Pāli (Vuttāmālasandesasataka, Pāramīmahāsataka) und in singhalesischer Sprache (Eḷu-silōsatakaya) geschrieben.

Aus dieser Blüteperiode der Sanskrit-Bildung stammen fast alle alten Sannayas zu Sanskrit-Werken. Genau datieren kann man das Sannaya zum Sūryaśataka von Vilgammula (Anfang des 14. Jahrh.) und das zum Bhaktiśataka von einem Zeitgenossen des Verfassers dieses Sanskrit-Gedichtes (1. Hälfte des 15. Jahrh.). Die gelehrten Sannayas zum Meghadūta und zum Kāvyādarśa sind wahrscheinlich schon früher, die Mehrzahl der übrigen, die im wesentlichen nur einfache Wortübersetzungen enthalten, vermutlich im 14. und 15. Jahrhundert verfaßt worden.

Ungefähr gleichzeitig mit der Entwicklung der Sandeśa-Dichtung in Kerala, einem Land, mit dem Sri Lanka zu verschiedenen Zeiten durch kulturelle Kontakte verbunden war, begann auch bei den Singhalesen die Nachahmung von Kālidāsas Meghadūta oder

---

[5] Die im Pañcikāpradīpaya des Śrī Rāhula angeführten Sanskrit-Texte sind folgende: Anunyāsa, Abhidharmakoṣa, Amarakoṣa, Aṣṭāṅgahṛdaya, Kātantra, Kāśikāvṛtti, Kirātārjunīya, Gaṇitaśāstra, Candravyākaraṇa, Cāndrapañcikā, Cāndrapañcikālaṅkāra, Tārkikarakṣā, Trikāṇḍāśeṣa, Durgasiṃhavṛttipañjikā, Daivajñamukhamaṇḍana, [ein Werk von] Dharmakīrti, Nyāyadarśana, Nyāyasārapadapañcikā, Nyāyasūtrabhāṣya, Nyāsa, Pāṇinivyākaraṇa, Pātrīkaraṇaṭīkā [oder Līnārthadīpa], Bharataśāstra, Bhāgavṛtti, Bhāgavṛttipañjikā, Bhāṣyapradīpa, Manusmṛti, Mahābhāṣya, Yādavaprakāśa, Rāmāyaṇa, Rūpāvatāra, Laghuvṛtti, Vākyapadīya, Vārttika, Śabdārthacintā, Śākaṭāyanavyākaraṇa, Sarasvatīkaṇṭhābharaṇa, Sārasvatavyākaraṇa, Halāyudhakoṣa. Eine unvollständige Liste der im Pañcikāpradīpaya zitierten Werke findet man bei W. Subhūti, Namamālā (hevat Nāmavaranägilla), Ceylon 1876, S. XXXV; eine andere Liste bei Rä. Tennakōn, Siri Rahal Pabaňda, Colombo 1957, S. XVIII–XX. Subhūti führt auch Prākṛtaprakāśa und Medinīkośa an, die ich jedoch im Text nicht nachweisen kann.

[6] Kolophon zum Sannaya zum Sūryaśataka.

Meghasandeśa.[7] Aber hier überwiegt bei den Singhalesen das Bestreben, ihre eigene Sprache bei der Ausgestaltung dieser auf den Formen der Sanskrit-Kāvyas beruhenden Gedichtgattung zur Geltung zu bringen: In Sri Lanka sind fast alle Sandeśa-Dichtungen singhalesisch geschrieben, nur ganz wenige in Pāli, in Kerala dagegen die meisten in Sanskrit.

Im 16. Jahrhundert erlebte Sri Lanka eine Periode blutiger Konflikte und kulturellen Niedergangs. Das singhalesische Königreich wird nach langen kriegerischen Auseinandersetzungen ins Innere der Insel zurückgedrängt und die Küste war seither von den Kolonialmächten beherrscht. Ein beträchtlicher Teil der vorher auf der Insel überlieferten Sanskrit-Literatur ist in dieser Periode verlorengegangen. Die Verluste sind nicht nur als unmittelbare Folge der Zerstörung von Bibliotheken durch Kriegsereignisse zu erklären, sondern auch durch den Verfall der Bildung, den die wirre Zeit mit sich brachte. Da, ungleich den Verhältnissen in unseren Breiten, nicht konservierte und nicht neu abgeschriebene Texte im allgemeinen in kurzer Zeit Opfer der Freßgier von Insekten und Ratten werden oder mangels Konservierung durch Öle zu Staub zerfallen, ist verständlich, daß sich nur wenige Sanskrit-Werke über eine Zeit retteten, die sich den Luxus rein literarischer und philologischer Studien nicht leisten konnte.

Aus dem 16. Jahrhundert sind zwar Werke der volkstümlichen Versdichtung in singhalesischer Sprache überkommen, aber keinerlei Sanskrit-Werke oder auch nur Nachrichten über das Studium von Sanskrit-Werken. Erst unter König Vimaladharmasūrya I. (1592–1604) setzte mit dem Beginn der sog. Kandy-Periode eine Wiederbelebung der gelehrteren Literatur ein, deren bedeutendste Leistung die singhalesischen Dichtungen von Alagiyavanna sind. Kandy (Mahanuvara) war nun der Mittelpunkt eines singhalesischen Königreiches, das sich staatliche Unabhängigkeit und kulturelle Eigenständigkeit bewahren konnte. Mit dem Vordringen des Kultes des Viṣṇu, der mit der singhalesischen Gottheit Upulvan (Utpalavarṇa) identifiziert wurde, erwachte unter der Förderung der Könige auch ein allerdings einseitiges Interesse an Sanskrit. Vor allem das Gītagovindakāvya wurde gelesen und die Tanzkunst gepflegt. Im Stil dieser Zeit wurde auch ein Buddhastotra, das Buddhagadya, gedichtet. Das vermutlich größte

[7] Über die singhalesische Sandeśa-Literatur siehe Puñcibaṇḍāra Sannasgala, Siṃhala sandeśa sāhityaya, 3. Aufl., Colombo 1962; vgl. auch Herbert Günther, „Die singhalesische Sandeśa-Dichtung des 14. und 15. Jahrhunderts", Wiener Zeitschrift für die Kunde des Morgenlandes 49 (1942), S. 71–117. Zu den Sandeśakāvyas oder Dūtakāvyas („Botengedichten") in der indischen Sanskrit-Literatur siehe Siegfried Lienhard, Classical Poetry, Wiesbaden 1984 (A History of Indian Literature, Vol. III, fasc. 1), S. 113–127. Zur Sandeśa-Dichtung in der Sanskrit-Literatur von Kerala siehe K. Kunjunni Raja, Contribution of Kerala to Sanskrit-Literature, Madras 1958 (Madras University Sanskrit Series, 23), S. 225–237.

Verdienst dieser Epoche um die Sanskrit-Bildung ist jedoch die Schaffung oder wenigstens die Ausgestaltung des Kanons der Schultexte.

Die Zeit der von Saraṇaṃkara eingeleiteten Reform des Buddhismus um die Mitte des 18. Jahrhunderts, d.h. der spätere Abschnitt der sog. Kandy-Periode, führte zu einer Zurückdrängung der hinduistischen Kulturelemente. Mit der Wiederbelebung der buddhistischen Tradition erneuerte sich auch die Pflege der älteren in Sri Lanka überlieferten Literatur. Dies kam aber fast nur den Pāli-Studien zugute. Für die sog. Mātara-Periode, eine Übergangszeit zwischen der Kandy-Periode und der modernen Zeit, in der sich der Schwerpunkt des literarischen Schaffens in den südlichen Teil der Insel verlagerte, und die auf dem Gebiet der singhalesischen Literatur sehr fruchtbar war, gilt Ähnliches. Als Kenner des Sanskrit ist Karatoṭa Śrī Dharmārāma (1734–1826) zu nennen, der in Sanskrit Preislieder auf Könige und Zeitgenossen verfaßt hat. Im ganzen gesehen fehlte im 18. und zu Beginn des 19. Jahrhunderts das Interesse an tiefer eindringenden Sanskrit-Studien und die Singhalesen machten auch noch keine Versuche, ihre Kenntnisse der Sanskrit-Literatur durch Kontakte mit indischen Gelehrtentraditionen zu ergänzen.

Die moderne sog. Colombo-Periode brachte in dieser Hinsicht einen grundlegenden Wandel. Seit etwa 1840 begann eine umfassende Wiederbelebung der Sanskrit-Bildung in Sri Lanka. Sanskrit-Texte aus Indien und auch solche in europäischen Editionen wurden den singhalesischen Gelehrten nun zugänglich und auch in die Studien- und Lehrprogramme aufgenommen. Hervorragende Verdienste um diese Entwicklung haben vor allem folgende Mönche: Hikkaḍuvē (Sipkaḍuvē) Śrī Sumaṅgala (1826–1911), Väligama Sumaṅgala (1825–1905), Vaskaḍuvē Subhūti (1835–1917), Ratmalānē Dharmakīrti Śrī Dharmārāma (1853–1919),Ambalamgoḍa Śrī Dharmādhāra (1858–1936), Kahavē Ratanasāra (1872–1936), Välipaṭanvila Dīpaṅkara (1872–1944), Moraṭuvē Medhānanda (1878–1929) und als ein Mönchsgelehrter, der sich besonders auf die Sanskrit-Literatur konzentrierte, Doḍanduvē Alutgama Sīlakkhandha (C.A. Śīlaskandha) im Śailabimbārāma in Doḍanduva (1848–1924). Vor allem Sīlakkhandha, aber auch mehrere andere dieser Mönchsgelehrten, unterhielten persönliche und briefliche Verbindungen zu zahlreichen indischen und europäischen Sanskritisten und wurden durch ihre wissenschaftlichen Arbeiten über die Grenzen Sri Lankas hinaus bekannt.

Unter den Laien sind vor allem Pandit Devarakṣita (Don Andris Silva) Baṭuvantuḍāvē (1819–1892), James de Alwis (1823–1878) und Dharmasena Vidyāsāgara (1861–1924) zu nennen.[8] Diese Gelehrten haben zahlreiche Editionen von Sanskrit-Werken

---

[8] Biographien dieser Gelehrten siehe Polvattē Buddhadatta, Samīpātītayehi Bauddhācāryayō, Colombo 1950. Für zahlreiche dieser Autoren liegen Einzelbiographien mit ausführlicher Würdigung ihrer Werke vor. Hier ist vor allem die Biographie des H. Sumangala

in singhalesischer Schrift, teilweise auch in Indien erschienene Ausgaben in Nāgarī-Schrift besorgt, und einige von ihnen haben auch selbst Werke in Sanskrit oder neue Kommentare zu älteren Sanskrit-Werken verfaßt. Von den singhalesischen Gelehrten des 20. Jahrhunderts sei hier noch Munidāsa Kumāraṇatuṅga (1887–1944) genannt, der sich zwar nicht durch die Edition von Sanskrit-Werken verdient gemacht hat, in seinen zahlreichen Kommentaren zu klassischen singhalesischen Literaturwerken aber ein erstaunliches Maß an Belesenheit auf dem Gebiet der Sanskrit-Literatur zeigt und fruchtbar werden läßt.

Auch in der sog. Vāda-Literatur, also den großen öffentlichen Streitgesprächen in der zweiten Hälfte des 19. Jahrhunderts, wird häufig auf Sanskrit-Quellen Bezug genommen. Dabei werden Werke aus der singhalesischen Sanskrit-Überlieferung, aber auch Werke zitiert, die erst im Laufe des 19. Jahrhunderts aus indischen Quellen nach Sri Lanka gelangt sind.[9] In der zweiten Hälfte des 20. Jahrhunderts haben einige singhalesische Dichter zum Teil sehr anspruchsvolle Werke der Sanskrit-Literatur geschaffen. Für den Sanskrit-Unterricht in den Schulen und Universitäten Sri Lankas sind Lehrbücher zur Geschichte der Sanskrit-Überlieferung erschienen.[10]

Diese Entwicklungen seit dem 19. Jahrhundert werden in der vorliegenden Arbeit nur in Auswahl berücksichtigt; insbesondere werden einige herausragende Werke moderner Sanskrit-Dichtung aus Sri Lanka zu erwähnen sein.

---

zu nennen: Yagira Śrī Prajñānanda, Śrī Sumaṅgala caritaya, Teil 1, Colombo 1947 [Teil 2 liegt mir nicht vor]. Über D. A. Sīlakkhanda siehe Ananda W. P. Guruge, From the Living Fountains of Buddhism, Colombo 1984, S. 373–462.

[9] Vgl. Paṃcamahāvādaya, Bauddha-Kristiyāni depakṣaya atara vū mahāvādaya pasa, ed. T. S. Dharmabandhu, 2. Aufl., Colombo (Maradāna) 1956. Eine Liste der 24 im Ūrugoḍāvattē vādaya (1899) angeführten Texte ist auf S. II (= S. 188 des Buches) zusammengestellt; darunter sind 12 Sanskrit-Werke (Bṛhatsaṃhitā, Siddhāntaśiromaṇi, Viṣṇupurāṇa, *Vyāsakāra, *Suśruta[saṃhitā], Rasakalpadruma, Rājataraṅginī, *Bhaiṣajyakalpa, *Varāhamihira [d.h. Bṛhajjātaka], Nītiśataka, *Raghuvaṃśa, Śāntiśataka), von denen nur die mit * bezeichneten 5 Werke in singhalesischen Manuskripten überliefert sind.

[10] Die ausführlichsten mir bekannten Darstellungen der Geschichte der Sanskrit-Literatur in Indien in singhalesischer Sprache sind G.S.B. Sēnānāyaka, Saṃskṛta sāhityaya, Colombo 1955; 2., erweiterte Aufl., Colombo 1960 (664 Seiten) und für die Dichtung (einschließlich einiger Werke der wissenschaftlichen Literatur) Jayadēva Tilakasiri, Saṃskṛta kāvya sāhityaya, Colombo 1961 (242 Seiten). Jedoch ist ein größerer Teil der in Sri Lanka verfaßten Sanskrit-Werke in diesen Werken nicht berücksichtigt wie z.B. Anuruddhaśataka, Bhaktiśataka, Pratyayaśataka usw.

II. Buddhistische Sanskrit-Literatur

1. Kanonische und „semi-kanonische" Werke des Hīnayāna in Sanskrit

Die Sprache der kanonischen buddhistischen Texte der in Sri Lanka vorherrschenden, zum Hīnayāna-Buddhismus gehörigen Schule der Theravādin war und blieb stets Pāli. Daran änderte sich nichts, als sich im 1. Jahrh. v.Chr. die Sekte der Abhayagirivāsin (auch Dharmaruci-Sekte genannt) und im 4. Jahrh. n.Chr. die der Jetavanavāsin (oder Sāgalika) bildete, die nun der Richtung der Mahāvihāravāsin gegenüberstanden, bis König Parākramabāhu I. (1153-1186) durchsetzte, daß alle Mönche in Sri Lanka die Tradition der Mahāvihāravāsin als die maßgebliche anerkannten, und damit die Spaltung beseitigte. Die beiden aus der Sicht der späteren Autoren als nicht-orthodox geltenden Richtungen der Abhayagirivāsin und der Jetavanavāsin sind ihrem Ursprung nach lediglich Abspaltungen des Theravāda gewesen. Schon deshalb ist davon auszugehen, daß ihre kanonischen Texte im wesentlichen dieselben waren wie die Texte der den orthodoxen Theravāda repräsentierenden Schule der Mahāvihāravāsin, also die Texte des Pāli-Kanons.[1]

E.W. Adikaram hat aus einer Stelle der *Samantapāsādikā* des Buddhaghosa (5. Jahrh.) schließen wollen, daß schon bald nach der Bildung der Sekte der Abhayagirivāsin die kanonischen Texte bei der Abhayagiri-Schule in Sanskrit überliefert worden seien. König Bhātiya (19 v.Chr.- 9 n.Chr.) übertrug nämlich einem Minister, dem Brahmanen Dīghakārāyaṇa, die Aufgabe, den Streit über die Auslegung einer Regel der Mönchsdisziplin zwischen den Mönchen des Mahāvihāra und des Abhayagirivihāra zu schlichten. Von diesem Minister heißt es, daß er *bhāsantarakusala* sei.[2] Adikaram übersetzt dies als „versed in other languages" und schließt daraus, daß die

---

[1] Siehe Heinz Bechert, „Buddha-Feld und Verdienstübertragung: Mahāyāna-Ideen im Theravāda-Buddhismus Ceylons", Académie royale de Belgique, Bulletin de la Classe des Lettres et des Sciences morales et politiques, 5e série 62 (1976), S. 28 f.; vgl. auch ders., „On the Identification of Buddhist Schools in Early Sri Lanka", Indology and Law: Studies in Honour of Prof. J. D. M. Derrett, ed. G.-D. Sontheimer and P. K. Aithal, Wiesbaden 1982, S. 69.

[2] Buddhaghosa, Samantapāsādikā, ed. J. Takakusu u. M. Nagai, vol. 3, London 1930, S. 582 f.

Überlieferung der heiligen Texte in zwei Sprachen, nämlich in Pāli und in Sanskrit, in Frage stand.[3] Diese Auffassung dürfte jedoch irrig sein. *Bhāsantarakusala* bedeutet an dieser Stelle vermutlich „kundig des Inneren (d.h. der wahren Bedeutung) der Sprache".

An dieser Stelle ist zunächst auf einen verbreiteten Irrtum einzugehen. Dieser Irrtum besteht in der Annahme, aus dem Nachweis von Texten des Mahāyāna-Buddhismus in Sanskrit bei bestimmten Mönchsgruppen ergebe sich, daß diese Mönche auch die Texte des frühen Buddhismus in Sanskrit überlieferten. Bekanntlich ist es aber so, daß Mönche, die sich zum Mahāyāna-Buddhismus bekehrten, im allgemeinen unverändert die kanonischen Texte der Hīnayāna-Richtung beibehielten, der sie angehört hatten. Sie fügten nun lediglich Mahāyāna-Texte hinzu. Auch verließen sie mit der Übernahme des Mahāyāna keineswegs die „Schule" (*nikāya*) oder sog. Sekte, der sie vorher angehört hatten; denn nur durch diese war ihnen die bis auf den Buddha zurückreichende Tradition der Mönchsweihe überkommen. Es ist also davon auszugehen, daß auch die sich zum Mahāyāna bekennenden Mönchsgruppen im mittelalterlichen Ceylon die kanonischen Texte des Theravāda weiter in Pāli überlieferten; die Mahāyāna-Texte waren wie bei den indischen Buddhisten fast immer Sanskrit-Texte.

Keinen Hinweis auf den Gebrauch von Sanskrit-Versionen des buddhistischen Kanons kann man auch aus dem Gebrauch des Terminus *āgama* für die Teile des Suttapiṭaka ableiten, während diese Texte in der Pāli-Überlieferung bekanntlich als *nikāya* bezeichnet werden. Dies erklärt sich vielmehr aus der allgemeinen Neigung zu Sanskritisierungen in der mittelalterlichen singhalesischen Überlieferung. Beispiele für den Gebrauch des Wortes *āgama* in diesem Sinn sind bereits an einzelnen Stellen der klassischen Kommentarliteratur in Pāli zu finden.[4] In späteren singhalesischen Kommentarwerken sind diese terminologischen Sanskritisierungen häufig anzutreffen.[5]

---

[3] E.W. Adikaram, Early History of Buddhism in Ceylon, 2nd ed., Colombo 1953, S. 88.

[4] Siehe A Critical Pāli Dictionary, vol. 1, s.v. Aṅguttarāgama; vol. 3, s.v. *āgama* (7). An zwei Stellen des Dīpavaṃsa (IV 16 und VII 30) wird das Suttapiṭaka als *Āgamapiṭaka* bezeichnet.

[5] In späterer Zeit, als die Anwendung von Sanskrit-Lehnwörtern in singhalesischen Texten besonders dem Zeitgeschmack entsprach, ist dieser Wortgebrauch häufig zu beobachten. So werden die 5 Nikāyas im Juṇhajātakapadārthavarṇanāva (ed. Randoṁbē Sāsanālaṅkāra, Colombo 1912, S. 8) des Ripusiṃha Vīramāpā (13. Jahrh.) als Dīrghāgama, Madhyamāgama, Saṃyuktāgama, Aṅgottarāgama und Kṣudrāgama angeführt. Es ist jedoch völlig ausgeschlossen, daß der Verfasser dieses singhalesischen Kommentars diese kanonischen Texte in Sanskrit-Fassungen gekannt hat. Er hat die Reihe der Namen als solche nicht einem buddhistischen Sanskrit-Werk entnommen, weil er sonst für den vierten Nikāya den Namen Ekottarāgama anstelle des einfach aus dem Pāli übertragenen Aṅgottarāgama gewählt hätte. Vielmehr hat er, dem Geschmack der Zeit entsprechend, die Pāli-Namen durch mehr oder weniger gelungene Sanskritisierungen ersetzt.

Der chinesische Pilger Fa-hsien, der in den Jahren 399 bis 414 n. Chr. eine Reise nach Indien unternahm und nach buddhistischen Texten suchte, besuchte auch Ceylon. Dabei fand er dort 411/12 n.Chr. das Vinayapiṭaka der Schule der Mahīśāsaka sowie die Werke Dīrghāgama, Saṃyuktāgama und Saṃyukta-sañcaya-piṭaka (oder Sannipāta)[6].

Die Schule der Mahīśāsaka ist unter der Bezeichnung Mahiṃsāsaka auch an zwei Stellen der ceylonesischen Pāli-Überlieferung bezeugt;[7] die textgeschichtliche Einordnung der übrigen von Fa-hsien genannten Werke kann nicht eindeutig geklärt werden. Man hat früher als gesichert angesehen, daß es sich bei den von Fa-hsien in Sri Lanka beschafften Werken um Sanskrit-Texte handelte. Wie jedoch K.R. Norman[8] und J.W. de Jong[9] dargelegt haben, ist aus dem Wortlaut des Berichtes mit Sicherheit nur zu entnehmen, daß es sich um Texte in einer indischen Sprache handelt, ohne daß sich diese Sprache genau bestimmen läßt.

Die Schule der Dharmaguptaka, deren Kanon zunächst in einem Prakrit-Dialekt abgefaßt war und dann ins Sanskrit übersetzt wurde, hatte möglicherweise ebenfalls im 5. Jahrhundert Anhänger auf der Insel. Man hat sogar vermutet, daß eine Legende im Pāli-Kommentar zum Dhammapada durch den Text des Vinayapiṭaka dieser Schule beeinflußt ist.[10] Jedoch war die Bedeutung auch der Dharmaguptaka-Schule für den Buddhismus Sri Lankas kaum sehr groß.[11]

Auf verschiedenen in Sri Lanka gefundenen Votivtafeln aus Ton ist der oft als „Glaubensbekenntnis der Buddhisten" bezeichnete Vers

ye dharmā hetuprabhavā hetuṃ teṣām Tathāgato hy avocat
tesāṃ ca yo nirodha evaṃvādī mahāśramaṇaḥ

---

[6] Vgl. James Legge, A Record of Buddhistic Kingdoms being an Account by the Chinese Monk Fa-hsien of his Travels in India and Ceylon, Oxford 1886, S. 111; A Record of the Buddhist Countries by Fa-hsien, ed. by The Chinese Buddhist Association, Peking 1957, S. 87; H. A. Giles, The Travels of Fa-hsien, 3. Aufl., London 1959, S. 76.

[7] Jātaka (hrsg. Fausbøll), I, 1, Vers 9 und Mahāvaṃsa 50.68 unter Berücksichtigung der von mir in Geiger, Culture of Ceylon in Mediaeval Times, ed. H. Bechert, Wiesbaden 1960, S. 208, Anm. 1, vorgeschlagenen Textberichtigung.

[8] K.R. Norman, „The Role of Pāli in Early Sinhalese Buddhism", Buddhism in Ceylon and Studies on Religious Syncretism in Buddhist Countries, ed. H. Bechert, Göttingen 1978, S. 40.

[9] J.W. de Jong, „Fa-hsien and Buddhist Texts in Ceylon", Journal of the Pali Text Society 9 (1981), S. 105–115.

[10] Sylvain Lévi et Edouard Chavannes, „Les seize Arhats", Journal Asiatique 1926, II, S. 258.

[11] Vgl. auch Jean Przyluski, Le Concile de Rājagṛha, Paris 1926, S. 327 f.

in einer alten Form der nordindischen Nāgarī-Schrift geschrieben[12]. Diese Tafeln sollen etwa aus dem 9. Jahrhundert stammen. Ganz ähnliche Tafeln hat man auch in Indien und darüber hinaus sogar in Südostasien gefunden. Es handelt sich um Erinnerungsstücke, die sich Pilger von ihrem Besuch bei den heiligen Stätten des Buddhismus in Nordindien mitbrachten und die auch in Ceylon selbst nachgeahmt wurden. Obwohl diese Votivtafeln einen berühmten Vers aus den kanonischen Schriften in Sanskrit enthalten, können sie demnach nicht als echtes Zeugnis für die Verbreitung der kanonischen Schriften des Buddhismus in Sanskrit auf der Insel angeführt werden.

C. E. Godakumbura bezeichnet einen in zwei mittelalterlichen singhalesischen Texten zitierten Vers als einen Vers aus einer Sanskrit-Fassung des Mahamaṅgalasūtra, also als ein Zitat aus dem buddhistischen Sanskrit-Kanon[13]. Der Vers lautet:

pratirūpeṣu deśeṣu vāsaḥ paṇḍitasaṅgatiḥ
śravaṇaṃ kṛtapuṇyatvam catuścakrakam[14] *īritam.*

Zwar entspricht diesem Vers ungefähr die erste Hälfte eines Pāli-Verses im Mahāmaṅgalasutta (Suttanipāta 260 = Khuddakapāṭha V 4): *patirūpadesavāso ca pubbe ca katapuññatā* und der zweite Versfuß des vorhergehenden Verses (259 bzw. V 3): *paṇḍitānañ ca sevanā*, doch dürfte es sich kaum um ein unmittelbares Zitat aus dem entsprechenden kanonischen Sanskrit-Text handeln, sondern vielmehr um eine Entlehnung aus einem anderen buddhistischen Sanskrit-Text, der die Reihe der vier guten Bedingungen in einem Merkvers zusammenfaßte. Die teilweise Übereinstimmung mit dem Mahāmaṅgalasutta ist daher zufällig. Sie ergibt sich aus der Vorliebe buddhistischer Werke, Versteile aus berühmten Texten neu zusammenzustellen und in Texte einzubauen.[15]

---

[12] S. Paranavitana, „Mahāyānism in Ceylon", Ceylon Journal of Science, Section G, vol. 2 (1928–1933), S. 47 f.; Moraṭuvē Sāsanaratana, Lakdiva Mahāyāna adahas, Pānadurē 1952, S. 390 f.

[13] Die Stellen sind Abhidharmārthasaṅgraha-sannaya von Śāriputra, ed. Toṭagamuvē Paññāmoli Tissa, 4. Ausg., Colombo 1950, S. 25, und Sāmaṇerapraśnaya mit vistara-sannaya (Verfasser unbekannt), ed. Bentara Ānanda Dharmmadeśī Saraṇaṅkara, Alutgama 1926, S. 20. Die gesamte Textpassage von S. 24, Z. 27 bis S. 26, Z. 13 bzw. S. 20, Z. 5 bis S. 21, Z. 22 ist in beiden Werken gleichlautend. Vgl. C. E. Godakumbura, Sinhalese Literature, Colombo 1955, S. 43.

[14] Diese hier *catuścakraka* genannte Gruppe guter Bedingungen ist auch in Pāli-Texten genannt; vgl. T. W. Rhys Davids and William Stede, The Pāli Text Society's Pāli-English Dictionary, s.v. *cakka* (2). Siehe ferner Unrai Wogihara, The Sanskrit-Chinese Dictionary of Buddhist Technical Terms, based on the Mahāvyutpatti, Repr. Tokyo 1959, § 83 und Anāgatavaṃśaya, ed. Vaṭaddara Medhānanda, Vaṭaddara 1934, S. 20.

[15] Dem ersten Pāda von Suttanipāta 260 entspricht z.B. auch Lalitavistara (ed. P. L. Vaidya, Darbhanga 1958) S.27, Z. 3 (Vers 17 b). Über die Technik der Entlehnung von

Soweit wirklich Teile kanonischer oder semi-kanonischer Sanskrit-Texte in die Literatur Ceylons auf die Dauer Eingang gefunden haben, ist dies in der Form von Pāli-Übersetzungen dieser Texte geschehen. Die Vermutung, daß sie aus Sanskrit-Texten in ihre vorliegende Pāli-Form übertragen worden seien, ist für Teile verschiedener Texte aus dem Pāli-Kanon geäußert worden, so für einige Suttas des Suttanipāta von É. Lamotte.[16] Sicher beweisen läßt sich die Aufnahme aus buddhistischen Sanskrit-Schriften stammender Textabschnitte in den Pāli-Kanon jedoch bislang nur für einige Abschnitte von Werken der sog. „semikanonischen“ Literatur. Dies sind Texte, deren Zugehörigkeit zum Kanon auch innerhalb der entsprechenden Traditionslinien nicht einheitlich beurteilt wurde. In Sri Lanka hat es solche Unterschiede nach Angaben in den Kommentaren zum Pāli-Kanon zwischen der Überlieferungstradition der Dīghabhāṇaka und der Tradition der Majjhimabhāṇaka gegeben: Erstere betrachteten die von letzteren als kanonisch angesehenen Werke Cariyāpiṭaka, Apadāna und Buddhavaṃsa nicht als Teile des Kanons.[17]

Das Apadāna enthält Berichte des Buddha und buddhistischer Heiliger über ihre früheren Existenzen. Es handelt sich mit Sicherheit um einen der jüngsten Bestandteile des Pāli-Kanons, in den es schließlich von der Hauptüberlieferung aufgenommen worden ist. Es ist eine Textsammlung, die möglicherweise erst in Sri Lanka zusammengestellt wurde, mit Sicherheit aber dort großen Veränderungen ausgesetzt war und früher in mehreren Rezensionen tradiert wurde.[18]

Im Apadāna finden sich mehrere Textabschnitte, die aus einem Sanskrit-Werk namens Anavataptagāthā[19] übernommen und ins Pāli übertragen worden sind. Das

---

Versteilen vgl. z.B. H. Bechert, Bruchstücke buddhistischer Verssammlungen, Berlin 1961, S. 27 f.

[16] Étienne Lamotte, Histoire du Bouddhisme indien, Louvain 1958, S. 731.

[17] Vgl. E.W. Adikaram, Early History of Buddhism in Ceylon, 2nd ed., Colombo 1953, S. 24-27. Über die Varianten der Kanonlisten der Bhāṇaka-Traditionen siehe auch Oliver Abeynayaka, A Textual and Historical Analysis of the Khuddaka Nikāya, Colombo 1984, S. 33-40. In einer in der Sāratthadīpanī von Sāriputta enthaltenen Variante der Kanonliste der Majjhimabhāṇakas fehlt Apadāna; dagegen ist es in die Liste der Aṅguttarabhāṇakas aufgenommen worden; auch in singhalesischen Texten gibt es Abweichungen (siehe ebenda, S. 40). Ein etwas anderes Verständnis der Bhāṇaka-Tradition vertritt Sodo Mori, Pāli Chūsaku-bunken no Kenkyū (A Study of the Pāli Commentaries), Tokyo 1984, S. 274-282 (Engl. Übers. in: Ānanda, Papers on Buddhism and Indology, A Felicitation Volume Presented to Ananda Weihena Palliya Guruge ..., ed. Y. Karunadasa, Colombo 1990, S. 123-129).

[18] H. Bechert, „Über das Apadānabuch“, Wiener Zeitschrift für die Kunde Süd- und Ostasiens 2 (1958), S. 3-23.

[19] É. Lamotte, Histoire du Bouddhisme indien, Louvain 1958, S. 767, führt dieses Werk

Apadāna des Pabhaṅkara (Therāpadāna Nr. 336), das des Soṇa Koṭivīsa (Nr. 389) und das Apadāna von den unheilvollen Karma-Resten des Buddha mit dem Titel Pubbakammapiloti (Nr. 390) sind Pāli-Versionen des in den Anavataptagāthā enthaltenen Textes. Dieses Werk läßt sich in der Überlieferung zweier Schulen nachweisen, nämlich bei den Sarvāstivādin und bei den Mūlasarvāstivādin.[20] Die Pāli-Überlieferung dieser Stücke steht der Form besonders nahe, die sie in der Überlieferung im Vinayavastu der Mūlasarvāstivādin haben, ist also aus der Tradition der letztgenannten Schule entlehnt. Die Übernahme läßt sich nicht mit Sicherheit datieren; vieles spricht jedoch dafür, daß sie vor dem vierten Jahrhundert n.Chr. erfolgt ist.

Aus dem eben genannten Sanskrit-Werk Anavataptagāthā sind auch zehn Verse (aus dem Avadāna des Aniruddha) in den kanonischen Pāli-Text Theragāthā als Verse 910 bis 919 übernommen worden.[21] Außerdem finden sich einige Verse aus den Anavataptagāthā (und zwar aus dem Avadāna des Kāśyapa) in dem frühen nachkanonischen Pāli-Text Nettippakaraṇa, der vermutlich indischen Ursprungs ist und als dessen Entstehungszeit man etwa den Beginn unserer Zeitrechnung vermutet.[22] Ferner sind ein Vers des Thera Sumana und ein Vers aus dem Avadāna des Thera Sobhita in der Form, in der sie im Nettippakaraṇa stehen, als Anleihen aus der buddhistischen Sanskrit-Literatur, und zwar vermutlich wieder aus den Anavataptagāthā, anzusehen.[23]

Die aus diesen Texten gewonnene Erkenntnis, daß in einer frühen Epoche der Entwicklung des Buddhismus in Sri Lanka literarische Einflüsse der vor allem im Norden Indiens verbreiteten Schule der Mūlasarvāstivādin vorliegen, wird durch einige

---

unter dem Titel Pañcaśatasthavirāvadāna an. Die tibetische Übersetzung des Textes ist ediert und übersetzt von Marcel Hofinger, Le Congrès su Lac Anavatapta, 2 Bde., Louvain bzw. Louvain-la-Neuve 1954–1990 (vgl. meine Rezension zu Band 2 in Zeitschrift der Deutschen Morgenländischen Gesellschaft 142 [1993], S. 393–395). Der erhaltene Teil des Sanskrit-Textes ist ediert in H. Bechert, Bruchstücke buddhistischer Versammlungen, Bd. 1: Die Anavataptagāthā und die Sthaviragāthā, Berlin 1961. Damals war nur die Edition von N. Dutt zugänglich. Neuedition aufgrund der Handschrift von Klaus Wille, die handschriftliche Überlieferung des Vinayavastu der Mūlasarvāstivādin, Stuttgart 1990, S. 65–107.

[20] Neuerdings sind entsprechende Verse auch in einer weiteren Sammlung aufgefunden worden, die allerdings einem anderen Überlieferungszweig angehört; siehe Richard Salomon, Ancient Scrolls from Gandhāra: The British Library Kharoṣṭhī Fragments, London 1999, S. 30–33, 43, 53.

[21] H. Bechert, Bruchstücke (Anm. 19), S. 30 f. und 170–174.

[22] The Netti-Pakaraṇa, ed. Edmund Hardy, London 1902, S. 141 f. Siehe Bechert, Bruchstücke (Anm. 19), S. 81 f.; zum indischen Ursprung dieses Textes vgl. Ludwig Alsdorf, Les Études Jaina, Paris 1965, S. 71. Siehe Oskar von Hinüber, Handbook of Pāli Literature, Berlin 1996, S. 77–80 (§§ 158–166).

[23] Bechert, Bruchstücke (Anm. 19), S. 107 Anm. 7 und 110.

andere Beobachtungen erhärtet. So ist das Apadāna der Mahāpajāpati Gotamī im Apadāna-Buch (Therī-apadāna 17) wahrscheinlich ebenfalls einem Mūlasarvāstivāda- (oder Sarvāstivāda-)Text entnommen.[24]

Wir kommen nun zu einigen Textabschnitten, die den besprochenen Texten ähnlich, bisher aber noch in keiner kanonischen Sammlung nachgewiesen worden sind. Einer dieser Texte ist das Nāgita-apadāna, ein kurzer Text im Stil der Apadānas, der aber nicht in den kanonischen Pāli-Text des Apadāna-Buches aufgenommen worden ist. In diesem aus 46 Versen bestehenden Text erzählt ein Thera namens Nāgita, wie er einst in einer früheren Existenz Kaṭhina-Gewänder gespendet hatte und wieviel Glück und Segen ihm im Laufe zahlreicher darauf folgender Existenzen als Folge dieser guten Tat zuteil wurde, bis er schließlich erlöst wurde und dies bei der Versammlung von Heiligen am See Anavatapta (Anotatta) in Gegenwart des Buddha berichtet. Der Text ist in die in der Regierungszeit des Königs Parākramabāhu VI. (1410–1468) entstandene Kompilation Kaṭhinānisaṃsaya[25] aufgenommen worden[26] und auch in einer Einzelhandschrift überliefert.[27] Er gehört in den Zusammenhang der bei den Sarvāstivādin und den Mūlasarvāstivādin sowie in den oben erwähnten Apadānas bezeugten Legende von der Mönchsversammlung am See Anavatapta, der auch die anderen erwähnten Apadāna-Abschnitte zuzuordnen sind; wann die Pāli-Version entstanden ist, läßt sich nicht feststellen.

In der Sanskrit-Überlieferung Nepals, und zwar in einem Text, der der Tradition der Mūlasarvāstivādin zuzuordnen ist, findet sich im Kaṭhināvadāna[28] eine Parallele zu diesem Nāgita-apadāna. Dort stehen ziemlich genaue Entsprechungen zu einigen Versen dieses Pāli-Textes, und zwar als Aussagen eines Sthavira namens Nāgila.[29] Die Erzählung ist hier ebenfalls in den Rahmen eines Berichts über die Versammlung am See Anavatapta eingefügt; dieser Bericht ist der Prosa-Einleitung zu den Anavataptagāthā der Mūlasarvāstivāda-Überlieferung nachgebildet.

---

[24] Bechert, „Über das Apadānabuch“ (Anm. 18), S. 22.

[25] Siehe C. E. Godakumbura, Sinhalese Literature, Colombo 1955, S. 80.

[26] Das Nāgita-apadāna findet sich in der Ausgabe des Kaṭhinānisaṃsaya von N. M. P. Vijayaratna Appuhāmi, Välitara 1925, S. 57–60; eine erweiterte Version von 65 Versen findet man in Kaṭhinānisaṃsa, ed. N. Saccānanda, Colombo 1931, S. 1–5.

[27] LPP I 48.

[28] Almut Degener, Das Kaṭhināvadāna, eingeleitet, herausgegeben und übersetzt, Bonn 1990 (Indica et Tibetica 16).

[29] Degener (Anm. 28), S. 30 f., Verse 1–7 und 9; vgl. ebenda, S. 15. Die Parallelverse zum Sanskrit-Text in der Pāli-Version finden sich in den Versen 47–53 und 63, wobei einige Verse im ersten Teil der Pāli-Version dupliziert und die Verse 53 und 52 umgestellt sind. Vgl. Degener, Kaṭhināvadāna, S. 83.

Eine weitere interessante Parallelüberlieferung in Pāli aus Sri Lanka und in Sanskrit-Quellen aus Nepal stellen auch die Verse des Stotra namens Narasīhagāthā bzw. Śrī-Śākyasiṃhastotra dar.[30]

Eine Reihe von Werken, die nicht-orthodoxen Schulen (d.h. nicht dem Theravāda angehörigen Richtungen) des Buddhismus als kanonische Werke galten, wird in den Kommentaren des Buddhaghosa angeführt.[31] Solche Werke sind unter anderem Vaṇṇapiṭaka, Aṅgulimālapiṭaka, Gūḷhavessantara, Raṭṭhapālagajjita und Ālavakagajjita. Ergänzend zu den Angaben der Kommentarwerke berichtet Jayabāhu Dharmakīrti im Nikāyasaṅgrahaya (Ende des 14. Jahrh.), einem singhalesischen Werk über die Geschichte des Buddhismus, daß diese Texte, die er in halb-sanskritischer Form Varṇapiṭaka, Aṅgulimālapiṭaka, Gūḍhavessantara, Raṭṭhapālagarjita, Ālavakagarjita nennt, ihren Ursprung bestimmten, dem Hīnayāna angehörigen Schulen verdankten (nämlich den Hemavataya, Rājagiriya, Siddhārthaka, Pūrvaśailīya und Aparaśailīya).[32] Dazu bemerkt Dharmakīrti jedoch ausdrücklich, daß diese „Fälschungen der Religion" nur in Indien, nicht aber in Sri Lanka verbreitet waren.[33] Daraus ergibt sich, daß diese Werke, die vermutlich in Sanskrit abgefaßt waren, niemals Teil der auf der Insel überlieferten Sanskrit-Literatur gewesen sind. Außerdem ist anzunehmen, daß der Verfasser des Nikāyasaṅgrahaya auf keine sichere Tradition über die Zugehörigkeit dieser Texte zu bestimmten Sekten zurückgreifen konnte, sondern daß er die Texte der Textliste aus den Pāli-Kommentaren einfach an die im Mahāvaṃsa (5.12) stehenden Sekten- oder Schulbezeichnungen anknüpfte.[34]

Hinsichtlich des nicht erhaltenen Werkes Mahādhammahadaya, das die Vitaṇḍavādin, d.h. die beiden Schulen der Abhayagirivāsin und der Jetavanavāsin in Ceylon anstelle des Kathāvatthu in das Abhidhammapiṭaka ihres Kanons aufnahmen, ist nicht sicher bekannt, ob es in Pāli oder in Sanskrit abgefaßt war.[35] Da diese beiden Schulen sonst

---

[30] Vgl. H. Bechert, „Narasīhagāthā und Śrī-Śākyasiṃhastotra", Adyar Library Bulletin 31/32 (1967/68), S. 567-579.

[31] Siehe E.W. Adikaram, Early History of Buddhism in Ceylon, 2nd ed., Colombo 1953, S. 98-100; B. M. Barua in: A. P. Buddhadatta, Corrections of Geiger's Mahāvaṃsa etc., Ambalangoda 1957, S. 183-185.

[32] Nikāyasaṅgrahaya hevat Śāsanāvatāraya von Devarakṣita Dharmakīrti, ed. Simon de Silva, A. Mendis Gunasekera, W.F. Gunawardhana, Colombo 1922, S. 8 f.; vgl. R. Saṅkṛtyāyana, „Recherches bouddhiques", Journal Asiatique 1934, II, S. 202-217; H. Bechert, „Zur Geschichte der buddhistischen Sekten in Indien und Ceylon", La Nouvelle Clio 7-9 (1955-57), S. 339-341.

[33] Nikāyasaṅgrahaya (Anm. 32), S. 9.

[34] Vgl. Bechert, „Zur Geschichte" (Anm. 32), S. 338.

[35] Vgl. Bechert, „Zur Geschichte" (Anm. 32), S. 342. Ob hier ein Zusammenhang mit dem Werk Abhidharmahṛdaya besteht, das als Text der Sarvāstivāda-Schule angesehen

ihre kanonischen Schriften in Pāli überlieferten, ist nicht unwahrscheinlich, daß auch dieser Text ein Pāli-Text gewesen ist.

Eine Anzahl von buddhistischen Termini und Begriffsreihen, die in älteren buddhistischen Sanskrit-Texten geläufig, aber erst in nachkanonischer Pāli-Literatur und in singhalesischen Texten belegt sind wie z.B. die 80 *anuvyañjana*, also die sekundären körperlichen Merkmale des Buddha, können hier außer Betracht bleiben. Solches Überlieferungsmaterial ist durch die Kontakte der Buddhisten in einer Periode nach Sri Lanka gelangt, in der der Buddhismus auch im festländischen Indien noch weit verbreitet war. Das gleiche gilt auch für einige ursprünglich der Pāli-Tradition fremde Legendenüberlieferungen und für die Übernahme einzelner Verse aus anderen Traditionen,[36] aber auch für philosophische Thesen z.B. der Sarvāstivāda-Tradition, die Pāli-Kommentaren und buddhistischen Sanskrit-Texten, die als kanonisch gelten, gemeinsam sind. Das Studium bestimmter buddhistischer Sanskrit-Texte in Sri Lanka läßt sich daraus nicht mit Sicherheit erschließen.

Wir wissen nicht genau, auf welche Weise solche Entlehnungen zustande kamen und welche Rolle dabei mündliche Überlieferung gespielt hat. Viele derartige Texte und Legendentraditionen mögen auch von den bis ins Mittelalter hinein noch sehr häufigen Pilgerfahrten zu den heiligen Stätten des Buddhismus in Nordindien nach Ceylon mitgebracht worden sein. Bekanntlich unterhielten singhalesische Mönche ein Kloster an der heiligsten Stätte der Buddhisten, in Bodh Gaya. Schon Erich Frauwallner erklärte den starken Einfluß der Literatur der Mūlasarvāstivādin aus den dadurch

wird, ist unbekannt.

[36] Schon Julius Dutoit hat Übereinstimmungen der von ihm so genannten „nördlichen" Quellen, d.h. buddhistischer Sanskrit-Texte, mit Darstellungen in der aus der Periode der klassischen Pāli-Kommentare stammenden Nidānakathā, also der Einleitung zum Jātaka-Kommentar für die von ihm vergleichend untersuchten Berichte über die *duṣkaracaryā*, also die extreme Askese des Bodhisattva, festgestellt. (Julius Dutoit, Die *duṣkaracaryā* des Bodhisattva in der buddhistischen Tradition, Strassburg 1905, S. 89 f.). Dutoit schloß damals eine Beeinflussung des Jātaka-Kommentars durch diese Quellen wegen „der späteren vollständigen Isolierung des ceylonesischen Buddhismus" völlig aus und versuchte eine andere Erklärung. Nach heutigem Wissensstand wird man die Möglichkeit einer solchen Beeinflussung ebenso wenig ausschließen wie die Übernahme eines Verses des Mahāvadānasūtra durch den Pāli-Kommentator Buddhaghosa aus Sanskrit-Quellen. Dieser Vers steht fast gleichlautend in der Sumaṅgalavilāsinī, also dem Buddhaghosa zugeschriebenen Kommentar zum Dīghanikāya in Pāli und im Mahāvadānasūtra der Sarvāstivādin in Sanskrit. (Siehe Ernst Waldschmidt, Das Mahāvadānasūtra, Teil 2, Berlin 1956, S. 79 mit Anm. 2.)

gegebenen Kulturbeziehungen und Austauschmöglichkeiten, weil diese Schule die größte Verbreitung unter den nicht-mahāyānistischen Buddhisten Nordindiens gefunden hatte.[37]

Texte des Abhidharmapiṭaka in Sanskrit sind in Sri Lanka nicht überliefert worden. Die Ausgabe und Übersetzung des zu den Abhidharma-Werken der buddhistischen Sarvāstivāda-Schule gehörigen Jñānaprasthāna von Hēnpiṭagedara Ñāṇasīha (Jñānasiṃha) in singhalesischer Schrift beruht auf der Rückübersetzung dieses im Original verloren gegangenen Textes von Śāntibhikṣu Śāstrī.[38]

So kann festgestellt werden, daß kein kanonischer oder semikanonischer buddhistischer Text in Sanskrit dauerhaft Eingang in die Sanskrit-Literatur bei den Singhalesen gefunden hat, sondern solche Texte, soweit sie zur Kenntnis genommen wurden, ins Pāli übertragen worden sind.[39]

2. Kommentarliteratur, philosophische und scholastische Schriften des Buddhismus in Sanskrit

Nach der im Cūlavaṃsa, der im 13. Jahrhundert verfaßten Fortsetzung der Chronik Mahāvaṃsa enthaltenen (und in der späteren Pāli-Literatur übernommenen) Tradition soll Buddhaghosa, der bedeutendste unter den Verfassern der maßgeblichen Kommentare zu den Texten des Pāli-Kanons, von Geburt ein Brahmane aus der Gegend von Buddhagayā in Nordindien gewesen sein, der nach Ceylon kam, um dort seine Kom-

[37] Erich Frauwallner, The Earliest Vinaya and the Beginnings of Buddhist Literature, Roma 1956 (Serie Orientale Roma 8), S. 187–189. Vgl. auch H. Bechert, „Zur Geschichte" (Anm. 32), S. 355 f.; P. V. B. Karunatilaka, „Journeys to the Diamond Throne: Sri Lankan Buddhist Monks and Pilgrims at Buddhagaya", Sri Lanka and the Silk Road of the Sea, ed. Senake Bandaranayake, Lorna Dewaraja u.a., Colombo 1990, S. 141–146. Einen kurzen Überblick über die Geschichte des Heiligtums mit Zusammenstellung der einschlägigen Literatur dazu findet man bei Rainer Knopf, „Bodh-Gaya: Ein internationales Zentrum des Buddhismus in nicht-buddhistischer Umgebung", Internationales Asienforum 31 (2000), S. 289–314. Siehe auch Kap. I.7, Anm. 4 (S. 37).

[38] Jñānaprasthānaya, hrsg. und übers. von Hēnpiṭagedara Ñāṇasīha, Colombo 1973.

[39] Dies gilt auch für die Erzählung von der Bändigung des Nāgarāja Nandopananda, die zu einer der bekanntesten Legenden des Buddhismus bei den Singhalesen geworden ist. Man findet sie als Übersetzung aus dem Sanskrit im chinesischen Ekottarāgama sowie als Sondertext im chinesischen Kanon, wobei dort zwei Nāgarājas Nanda und Upananda genannt werden. In der singhalesischen Tradition ist daraus Nandopananda geworden, von dem in den Pāli-Werken Visuddhimagga, Theragāthā-Kommentar, Apadāna-Kommentar, in den mittelalterlichen singhalesischen Werken Amāvatura und Butsaraṇa sowie dem volkstümlichen Pāli-Gedicht Jayamaṅgalagāthā berichtet wird.

mentarschriften mit Hilfe der altehrwürdigen Überlieferungen des Mahāvihāra zu vollenden.[1] Die Glaubwürdigkeit dieser Überlieferung ist jedoch mit Recht angezweifelt worden. Buddhaghosa hat keines der uns bekannten Systeme der Sanskrit-Grammatik für seine grammatische Terminologie zugrundegelegt, sondern offenbar ein in Ceylon oder in Südindien heimisches System einer Pāli-Grammatik.[2] Seine Heimat lag wahrscheinlich nicht in Nordindien, sondern entweder in Sri Lanka selbst oder möglicherweise auch in Südindien, wo in der damaligen Periode der Theravāda-Buddhismus ebenfalls noch verbreitet war. Die Frage ist bisher noch nicht eindeutig geklärt worden, und es ist auch unsicher, welche der ihm zugeschriebenen Werke er wirklich selbst verfaßt hat. Über ein im Cūlavaṃsa erwähntes, angeblich von ihm in Indien verfaßtes Werk namens Ñāṇodaya ist nichts weiter bekannt. Die Lebenszeit dieses großen Kommentators wird unterschiedlich angesetzt; sie ist vermutlich ins 5. Jahrhundert zu datieren. Auch ist nichts darüber bekannt, wie weit und auf welchem Wege Buddhaghosa und die anderen großen Pāli-Kommentatoren dieser Periode den Inhalt buddhistischer Sanskrit-Werke kennengelernt haben. Dabei dürfte es sich vor allem um Werke der in dieser Periode schon weit verbreiteten Mūlasarvāstivāda-Tradition gehandelt haben.[3]

Etwas genauer wissen wir über die Kenntnis buddhistischer Sanskrit-Texte im sog. Mittelalter Sri Lankas Bescheid. Einer der bedeutendsten umfassenden philosophischen Texte des Hīnayāna-Buddhismus ist der Abhidharmakośa von Vasubandhu, der die Lehren der philosophischen Schule der Sarvāstivādin darstellte. Vasubandhu lebte wahrscheinlich um etwa 400–480 n. Chr.[4] Der Sanskrit-Text der Verse, der lange als verloren galt und aufgrund der chinesischen und tibetischen Übersetzungen des Werkes und der im Kommentar von Yaśomitra enthaltenen Bruchstücke von Louis de La Vallée Poussin nach Möglichkeit rekonstruiert wurde,[5] wurde erst 1936 in einem tibetischen

---

[1] Mahāvaṃsa 37.215–247. Die Bezeichnung Cūlavaṃsa für die Fortsetzungen des alten Mahāvaṃsa ist alt und z.B. im Nikāyasaṅgrahaya (14. Jahrh.) oft belegt.

[2] R. O. Franke, Geschichte und Kritik der einheimischen Pali-Grammatik und Lexikographie, Straßburg 1902, S. 3 f.

[3] Über Buddhaghosa siehe u.a. A. P. Buddhadatta, Corrections of Geiger's Mahāvaṃsa etc., Ambalangoda 1957, S. 142–157; K. R. Norman, „The Role of Pāli in Early Sinhalese Buddhism“, Buddhism in Ceylon and Studies on Syncretism in Buddhist Countries, ed. H. Bechert, Göttingen 1978, S. 41 f.; O. v. Hinüber, A Handbook of Pāli Literature, Berlin 1996, S. 100–103 (§§ 202–207). Über den Einfluß älterer buddhistischer Sanskrit-Werke auf die Kommentare zu den Pāli-Texten siehe Bemerkungen im vorigen Kapitel (S. 51).

[4] Siehe E. Frauwallner, On the Date of the Buddhist Master of the Law Vasubandhu, Roma 1951; vgl. jedoch Hajime Nakamura, Indian Buddhism: A Survey with Bibliographical Notes, Tokyo 1980, S. 109.

[5] Louis de La Vallée Poussin, L'Abhidharmakośa de Vasubandhu, 6 Bde., Paris

Kloster wiederentdeckt und 1947 in Indien gedruckt.[6] Die 1948 erschienene singhalesische Ausgabe des Abhidharmakośa mit singhalesischem Kommentar beruht jedoch auf der erwähnten Rekonstruktion, nicht auf der indischen Ausgabe des Verstextes.[7]

In der singhalesischen Literatur des Mittelalters sind vier Verse aus dem Abhidharmakośa zitiert. Das früheste Zitat im Dharmapradīpikāva des Guruḷugōmin (12. Jahrh.) weist erhebliche Abweichungen von dem uns in Tibet überlieferten Text des Werkes auf und enthält auch keine Quellenangabe.[8] Dagegen sind die beiden im Viśuddhimārgga-mahāsanyaya des 1236–1270 regierenden Königs Parākramabāhu II. angeführten Verse ausdrücklich als Anführungen aus dem Abhidharmakośa bezeichnet und stimmen mit dem sonst bekannten Wortlaut der Verse fast vollständig überein.[9] Das gleiche gilt für den vierten Vers, der im Pañcikāpradīpaya des Śrī-Rāhula (15. Jahrh.) zitiert wird.[10] Derselbe Vers steht schon in einem auch sonst von Śrī-Rāhula benützten grammatischen Sanskrit-Werk ceylonesischen Ursprungs aus dem 12. bis 14. Jahrhundert, dem bisher nicht edierten Līnārthadīpa des Buddhanāga.[11] Es ist also zweifelhaft, ob Śrī-Rāhula der Abhidharmakośa noch vorlag. Die Anführungen dieses Verses in zwei noch späteren singhalesischen Werken sind bloße Übernahmen aus dem Pañcikāpradīpaya.[12]

1923–1931.

[6] V. V. Gokhale, „The Text of the Abhidharmakośakārikā of Vasubandhu", Journal of the Bombay Branch of the Royal Asiatic Society, New series, Vol. 22 (1946), S. 73–102.

[7] Abhidharmakośaya von Bodhisattva Vasubandhu mit Paramārttha-ratnāvali-vyākhyā von Moraṭuvē Sāsanaratana, Teil I, Pānadura 1948. Der rekonstruierte Sanskrit-Text ist darin vollständig enthalten; der singhalesische Kommentar reicht nur bis III 44. Bibliographische Hinweise siehe Hajime Nakamura (Anm. 4), S. 109.

[8] Dharmapradīpikāva von Guruḷugōmin, ed. Ratmalānē Dharmakīrti Śrī Dharmārāma, 6. Aufl., Pāliyagoḍa 1951, S. 59, Vers 44; vgl. Abhidharmakośa, ed. V. V. Gokhale (Anm. 6), II 102.

[9] Viśuddhimārggaya von Buddhaghosa mit Mahāsanyaya on Parākramabāhu II., ed. Bentara Śraddhātiṣya, Kaḷutara 1949–1954, S. 1043 und 1187 : Abhidharmakośa I 21 und II 5.

[10] Pañcikāpradīpaya von Toṭagamuvē Śrī Rāhula in: Siri Rahal pabaňda, ed. Rä. Tennakōn, Colombo 1957, S. 278: Abhidharmakośa IV 113.

[11] Siehe Dehigaspe Pannasara, Sanskrit Literature, Colombo 1958, S. 95.

[12] Attaragama Baṇḍāra, Kārakapuṣpamañjarī, vyākhyā sahita, ed. D. Dhammānanda, Colombo 1899, S. 169; Bālappabodhana, ed. with a Sinhalese paraphrase by R. Sudhammālaṅkara, Colombo 1913, S. 43. Ein weiteres im Sannaya zum Bālappabodhana, S. 44, als Vers aus dem Abhidharmakośa bezeichnetes Zitat stammt nicht aus diesem Werk, sondern aus einem grammatischen Text. Dieses Zitat findet sich auch im Sannaya zum Kaccāyanabheda von Yasa, ed. M. Dhammavaṃsa und L. Somaratana, Aḷutgama 1906, S. 89; dort wird es richtig als Zitat aus einem grammatischen Werk bezeichnet.

Ein längeres Prosazitat im Viśuddhimārgga-mahāsanyaya steht, wie J. Imanishi dargelegt hat, in engem Zusammenhang mit den im Abhidharmakośa dargelegten Lehrmeinungen.[13] Dies gilt auch für ein Zitat aus einem sonst unbekannten Sanskrit-Werk namens Jñeyasampatti-ṭīkā oder Jñeyasaptati-ṭīkā, aus dem mehrere Zitate im Viśuddhimārgga-mahāsanyaya zu finden sind.[14]

Einer der bedeutendsten und berühmtesten buddhistischen Philosophen war ohne Zweifel Diṅnāga (Dignāga, um 480–540), der Begründer der logisch-erkenntnistheoretischen Schule des Buddhismus. Er galt auch in Sri Lanka als großer Meister der Logik. So werden in einem panegyrischen Gedicht auf den singhalesischen König Parākramabāhu VI. (1412–1467), dem Pärakumbāsirita, Vers 77, die Kenntnisse des Königs auf dem Gebiete der Logik (*takusata*, d.h. tarkaśāstra) gepriesen, indem sie mit denen des Diṅnāgapāda verglichen werden. Im Viśuddhimārgga-mahāsanyaya ist ein Vers aus dem Pramāṇasamuccaya des Diṅnāga angeführt.[15]

Der neben Diṅnāga berühmteste Vertreter der logisch-erkenntnistheoretischen Schule des Buddhismus, Dharmakīrti (7. Jahrh.), war ebenfalls im mittelalterlichen Sri Lanka bekannt. Aus seinem Hauptwerk Pramāṇavārttika sind vier aufeinanderfolgende Verse im Dharmapradīpikāva angeführt und aus diesem Werk samt dem den Versen vorangehenden singhalesischen Satz in das Kārakapuṣpamañjarī-sannaya (18. Jahrh.) übernommen worden.[16] In dem letztgenannten Werk ist Dharmakīrti der Beiname *sakalatārkikacakracūḍāmaṇi* „das Juwel aus dem Kreise aller Logiker" beigelegt, der ebenfalls einem Werk der mittelalterlichen singhalesischen Literatur entlehnt ist. Śrī-

---

[13] J. Imanishi, „Fragmente des Abhidharmaprakaraṇabhāṣyam in Text und Übersetzung", NAWG 1975, Nr. 1, S. 28 Anm. 55. Das Zitat steht ohne Herkunftsangabe im Mahāsanyaya zum Viśuddhimārga (Anm. 9), S. 59.

[14] Zum Zitat in Viśuddhimārgga-mahāsanyaya (Anm. 9), S. 1170, siehe Imanishi (Anm. 13), S. 25, Anm. 48. Weitere Zitate ebenda, S. 1042, 1044 und 1069. Der Text wird in den Ausgaben teils als Jñeyasampatti-ṭīkā, teils als Jñeyasaptati-ṭīkā bezeichnet. P. Sannasgala, Siṃhala sāhitya vaṃśaya, Colombo 1964, S. 227, schreibt Jñeyasaptati-ṭīkā, C. E. Godakumbura, Sinhalese Literature, Colombo 1955, S. 40 jedoch Jñeyasampatti-ṭīkā. Die Herkunft der Sanskrit-Zitate aus „Bhāṣya" und „Bhāṣya-ṭīkā", die auf das Zitat aus dieser Ṭīkā im Viśuddhimārgga-mahāsanyaya (Anm. 9), S. 1069 folgen, ist nicht bekannt.

[15] Viśuddhimārgga-mahāsanyaya (Anm. 9), S. 1053: Dignāga, Pramāṇasamuccaya I 40. Siehe Erich Frauwallner, Materialien zur ältesten Erkenntnislehre der Karmamīmāṃsā, Wien 1968, S. 73. Die erste Verszeile ist zu berichtigen in *sarvārthasamprayoge ca yad dṛṣṭaṃ rūpaśabdayoḥ*. Die Identifikation der Textstelle verdanke ich Prof. Ernst Steinkellner.

[16] Dharmapradīpikāva (Anm. 8), S. 2 und Kārakapuṣpamañjarī-vyākhyāva (Anm. 12), S. 101: Pramāṇavārttikā von Dharmakīrti, ed. Rāmacandra Pāṇḍeya, Delhi 1989, IV 190–193 (S. 401 f.).

Rāhula führt nämlich einen weiteren Vers aus dem Pramāṇavārttika des Sakalatārkikacakracūḍāmaṇi-Dharmakīrti in seinem Pañcikāpradīpaya an,[17] der auch im Abhisamayālaṅkārāloka des Haribhadra (10. Jahrh.) zitiert wird, der also offenbar zu den mit Vorliebe zitierten Versen gehört.[18] Auch im vorhin schon erwähnten Līnārthapradīpa des Buddhanāga ist die Strophe zitiert.[19] Śrī-Rāhula dürfte sie daher nicht unmittelbar dem Werk des Dharmakīrti entnommen haben. Śrī-Rāhulas Pañcikāpradīpaya ist dagegen mit Sicherheit die Quelle, aus der der Vers im Kārakapuṣpamañjarī-sannaya stammt.[20]

Die mittelalterliche singhalesische Literatur enthält noch Anführungen aus einigen weiteren Werken der scholastischen buddhistischen Sanskrit-Literatur mit Angabe von Werktiteln oder Verfassernamen. Es handelt sich jedoch durchwegs um Werke, über die sonst nichts bekannt ist. Ein Teil dieser Werke könnte zur Literatur von Mahāyāna-Schulen gehören. Ich habe diese Texte jedoch hier genannt, weil es sich offenbar um Werke handelt, die um ihres philosophischen Gehaltes willen studiert wurden, wobei völlig unwesentlich war, ob ihre Verfasser sich zum Hīnayāna oder zum Mahāyāna bekannten.

Zunächst ist hier ein Vers zu nennen, der mit der Quellenangabe „Āryasatyāvatāra" im Viśuddhimārgga-mahāsanaya angeführt ist.[21] Ausdrücklich als ein „buddhistisches Werk über Logik" (*Bauddha-tarkaya*) ist der Text Ṣaḍdarśanasaṅgraha bezeichnet, aus dem ein Vers im singhalesischen Vimuktisaṅgrahaya (14. Jahrh.) angeführt und daraus wiederum in das Sārārthasaṅgrahaya, ein enzyklopädisches buddhologisches Werk des 18. Jahrhunderts, übernommen wurde.[22] Nur der Name des Verfassers ist als Quellen-

---

[17] Pañcikāpradīpaya (Anm. 10), S. 227: Pramāṇavārttika, ed. Pandeya (Anm. 16), III 215 (S. 282) bzw. in Raniero Gnoli, The Pramāṇavārttikam of Dharmakīrti, The First Chapters with the Autocommentary, Roma 1960, Vers 214 (S. 108). Der in den singhalesischen Texten enthaltene Anfang des Verses ist zu berichtigen in *sambaddhānuguṇopāyaṃ*. Die Identifikation auch dieser Textstelle verdanke ich Prof. Ernst Steinkellner.

[18] The Abhisamayālaṅkārāloka of Haribhadra (The Commentaries on the Prajñāpāramitās, I), ed. Giuseppe Tucci, Baroda 1932, S. 3.

[19] Pannasara, Sanskrit Literature (Anm. 11), S. 93.

[20] Kārakapuṣpamañjarī-vyākhyāva (Anm. 12), S. 39. Ebenda, S. 4, findet man eine Variante dieses Verses, die nur im dritten Pāda abweicht.

[21] Viśuddhimārgga-mahāsanyaya (Anm. 9), S. 1042. Vermutlich sind auch der nach den darauf folgenden vier singhalesischen Sätzen stehende Halbvers und der nachfolgende Sanskrit-Satz in Prosa diesem Text entnommen.

[22] Skandādīn gē vibhāga hā nava arahādi Buduguṇa vibhāgaya sahita vū ... Vimuktisaṅgrahava, ed. Hōmāgama Sīlaratana, Colombo 1954, S. 50; Sārārtthasaṅgrahaya von Väliviṭa Saraṇaṅkara, ed. Kolonnāvē Suguṇasāra und Arukvattē Somānanda, Colombo 1912, S. 283 und (aus diesem Werk einen Auszug bildend) Caturāryyavibhāgaya von

angabe für drei Verse des Jotipāla,[23] für einen Vers des Rāhulapāda[24] und für zwei Verse des Nāgabodhi[25] angegeben. Alle diese Verse stehen im Viśuddhimārgga-mahāsanyaya, einer der Verse auch im ebenfalls aus dem 13. Jahrhundert stammenden Nāmarūpasāmasa-sannaya. Die zuletzt genannten beiden Verse des Nāgabodhi werden im Abhidharmārthasaṅgraha-sannaya von Śāriputra (12. Jahrh.) als Verse der „purātana" („alte Autoritäten") angeführt, und zwar in einer Pāli-Übertragung.[26]

Diese Werke und Autoren lassen sich sonst nicht nachweisen; es ist auch nicht festzustellen, ob sie indischen oder ceylonesischen Ursprungs sind. Jedoch ist es möglich, daß Jotipāla mit dem in der Autorenliste des Nikāyasaṅgrahaya genannten Jotipāla identisch ist, also vielleicht in Sri Lanka gelebt hat. Ein Text namens Āryasatyāvatāra ist unter der Pāli-Form des Titels als Ariyasaccāvatāra auch in einer inschriftlichen Bücherliste aus dem Jahre 1442 in Pagan in Birma erwähnt,[27] in der späteren birmanischen Überlieferung jedoch nicht mehr bekannt. Ob es sich dabei um dasselbe Werk handelt, muß offen bleiben. In singhalesischen Werken des Mittelalters werden außerdem noch einige Verse im Sanskrit-Wortlaut, zum Teil aber daneben auch in Pāli-Übertragung angeführt, die offenbar aus der gleichen Gruppe von Literaturwerken entlehnt sind wie die im vorigen Absatz erwähnten Zitate.[28] Aus einem kosmologischen Sanskrit-Text dürften drei Verse stammen, die im Dharmapradīpikāva zu dem Stichwort *Himavat parvata* zitiert werden.[29] Der erste dieser Verse ist in einer

---

Välivița Saraṇaṅkara, ed. Arukvattē Sōmānanda, Colombo 1913, S. 23.

[23] Viśuddhimārgga-mahāsanyaya (Anm. 9), S. 1060 und 1098; der erste dieser Verse auch im Silipiṭapata, dem alten Sannaya zum Nāmarūpasamāsa, ed. B. Dhammapāla, Ambalangoda 1908, S. 66.

[24] Viśuddhimārgga-mahāsanyaya (Anm. 9), S. 479.

[25] Ebenda, S. 1075. Vgl. auch H. Saddhatissa, Upāsakajanālaṅkāra: A Critical Edition and Study, London 1965, S. 106 und 110.

[26] Abhidharmārthasaṅgraha-sannaya von Śāriputra, ed. Toṭagamuvē Paññamoli Tissa, 3. Ausg., Colombo 1926, S. 153.

[27] Siehe Mabel Haynes Bode, The Pali Literature of Burma, London 1909, S. 107, Nr. 211.

[28] Viśuddhimārgga-mahāsanyaya (Anm. 9), S. 1083: in Pāli-Übertragung in Sāmaṇēra-praśna-sannaya, ed. B. Śrī Saraṇaṅkara, Colombo 1926, S. 21 und Abhidharmārtha-saṅgraha-sannaya (Anm. 26), S. 22; ferner Sāmaṇēra-praśna-sannaya, S. 74 und Abhidharmārthasaṅgraha-sannaya, S. 96 („Mango-Gleichnis" zur Erklärung von *bhavaṅgapāta*); zu diesem Vers vgl. Saddhatissa, Upāsakālaṅkāra (Anm. 25), S. 106 (dort irrtümlich als Zitat aus dem Āryasatyāvatāra angesehen).

[29] Dharmapradīpikāva (Anm. 8), S. 140 f.

Pāli-Entsprechung im Visuddhimagga des Buddhaghosa,[30] in der Atthasālinī[31] und der Paramatthajotikā[32] und einigen späteren Werken der Pāli-Literatur[33] zu finden. Die Herkunft der Sanskrit-Version ist nicht bekannt.

Die Pāli-Werke Chagatidīpanī und Pañcagatidīpanī, in Birma entstandene Bearbeitungen des Sanskrit-Traktates Ṣaḍgatikārikā,[34] können hier außer Betracht bleiben, da ihre Überlieferung in Sri Lanka nicht nachgewiesen werden kann.

Sämtliche in diesem Abschnitt genannten Sanskrit-Texte der buddhistischen Philosophie und Scholastik sind der späteren Texttradition in Sri Lanka verloren gegangen; d.h. sie sind nicht dauerhaft Bestandteil der singhalesischen Regionalüberlieferung geworden. Soweit solche Texte heute wieder in singhalesischer Schrift zugänglich sind, beruhen diese auf indischen oder europäischen Textausgaben des 20. Jahrhunderts.[35]

Im Jahre 1979 erschien in lateinischer Schrift eine philosophische Sanskrit-Dichtung eines im Washington Buddhist Vihara als Missionar lebenden Mönches aus Sri Lanka, Dikvela Piyananda (geb. 1901), mit dem Titel Cittatattvasaṅgraha oder Vijñaptimātratāsiddhipañcāśikā, in dem in 50 Versen die psychologischen Grundthesen der Theravāda-Schule dargelegt werden.[36] Der Verfasser ließ sich von der berühmten Vijñaptimātratāsiddhitriṃśikā des Vasubandhu anregen, hält sich aber streng an die Lehrtradition der Theravādin. Von dem Werk erschien auch eine Ausgabe in singhalesischer Schrift mit singhalesischem Kommentar.[37]

---

[30] Visuddhimagga of Buddhaghosâcariya, ed. Henri Clarke Warren, Cambridge, Mass. 1950 (Harvard Oriental Series 41), S. 170.

[31] Buddhaghosa, Atthasālinī, ed. Edward Müller, London 1897, S. 298.

[32] Sutta-Nipāta Commentary II being Paramatthajotikā II, 2, ed. Helmer Smith, London 1917, S. 443.

[33] Āraññaka Medhaṅkara, Lokappadīpakasāra, ed. Haburugala Piyaratana, Alutgama 1928, S. 180; Sārasaṅgaha, ed. Genjun H. Sasaki, Oxford 1992, S. 332 f.

[34] Vgl. v. Hinüber, Handbook (Anm. 3), §§ 393 f. (S. 182).

[35] Ausgabe des Abhidharmakośa siehe oben Anm. 7; Ausgaben des Nyāyabindu von Dharmakīrti mit singhalesischen Kommentaren: Nyāyabindudīpikā mit singhalesischer Übersetzung von Nyāyācārya Abhayasiṃha, [Colombo] 2488 (1945); Nyāyabindu von Dharmakīrti mit Sumanasāra-vyākhyā von Karahampiṭigoḍa Sumaṇasāra, Kaḷutara 1953.

[36] Dickwela Piyananda, Cittatattvasaṅgrahaḥ, Manual on the Nature of Mind, Washington, D.C. 1979.

[37] Dikvela Piyānanda, Cittatattvasaṅgrahaya, Colombo o.J.

3. Werke der Mahāyāna- und der Vajrayāna-Literatur

Wir wissen aus den singhalesischen Chroniken, daß sich Lehren des Mahāyāna-Buddhismus, dort meist als Vetullavāda bezeichnet, in Sri Lanka spätestens seit der Mitte des 3. Jahrhunderts n.Chr. verbreitet haben. Diese Lehren wurden auf Betreiben der orthodoxen Theravāda-Mönche immer wieder unterdrückt. Jedoch haben einige Vorstellungen des Mahāyāna-Buddhismus dauerhaften Eingang in die religiösen Traditionen des Landes gefunden, und zwar sowohl durch Beeinflussung der religiösen Vorstellungen und Praktiken der Theravāda-Tradition selbst wie auch in den Götterkulten, insbesondere im Kult des Gottes Nātha. Den Einfluß des Mahāyāna-Buddhismus während einer verhältnismäßig langen Periode bestätigen auch inschriftliche Zeugnisse sowie zahlreiche in Ceylon gefundene Mahāyāna-Bildwerke. Nachrichten darüber verdanken wir ferner den Berichten von Reisenden, die Ceylon auf ihrem Weg von Indien nach China oder umgekehrt besucht haben. Ganz offenbar haben sich Mönchsgemeinden, die dem Mahāyāna anhingen, in Sri Lanka vereinzelt bis ins 12. Jahrhundert erhalten können, so daß noch im Bericht über die Reform des buddhistischen Ordens unter Parākramabāhu I. von Vetullavāda-Lehren die Rede ist.[1] Bei dieser Sāsana-Reform wurde die Jahrhunderte alte Gliederung des singhalesischen Sangha in die drei Schulen der Mahāvihāravāsin, der Abhayagirivāsin und der Jetavanavāsin beseitigt. Die orthodoxe Tradition des Mahāvihāra setzte sich nun als allein gültige durch, also die Tradition der Schule, die Mahāyāna-Lehren am schärfsten ablehnte. So kommt es, daß sich für die Zeit nach Parākramabāhu I. keine organisierten Mönchsgruppen auf der Insel nachweisen lassen, die sich zum Vetullavāda bekannten.

Die Geschichte des Mahāyāna-Buddhismus in Sri Lanka und sein Einfluß auf die Entwicklung der singhalesischen Kunst sind unter unterschiedlichen Aspekten ausführlich erörtert worden von Senerat Paranavitana,[2] Moraṭuvē Sāsanaratana,[3] John Clifford Holt,[4] von Sodō Mori[5] und insbesondere im Hinblick auf den Einfluß des

---

[1] Mahāvaṃsa 78, 22.

[2] Senerat Paranavitana, „Mahāyānism in Ceylon“, Ceylon Journal of Science, Section G, 2 (1928), S. 35–71; Zusammenfasung daraus in Présence du Bouddhisme, ed. René de Berval, France-Asie 16, No. 153–157 (1959), S. 515–529.

[3] Moraṭuvē Sāsanaratana, Lakdiva Mahāyāna adahas, Pānadura 1952.

[4] John Clifford Holt, Buddha in the Crown: Avalokiteśvara in the Buddhist Traditions of Sri Lanka, New York 1991; vgl. dazu ergänzend die Rezension von Gananath Obeyesekere in History of Religions 32 (1992), S. 368–373.

[5] Sodō Mori, Mahāyāna Buddhism in Sri Lanka, Nagoya 1999.

Mahāyāna auf Kunst und Architektur von Nandasena Mudiyanse[6] und von Diran Kavork Dohaniyan.[7] Außerdem ist noch auf zahlreiche relevante Einzelstudien[8] sowie auf die entsprechenden Abschnitte in den Standardwerken über die Kultur und Geschichte von Sri Lanka[9] hinzuweisen. In der vorliegenden Studie soll nur auf solche Literaturwerke der Mahāyāna-Tradition und des tantrischen Buddhismus eingegangen werden, deren Überlieferung in Sri Lanka festgestellt werden kann.

Eine Überlieferung solcher Werke ist nur für die Zeit vor der Ordensreform des Königs Parākramabāhu I. im Jahre 1154[10] nachweisbar. In den vorhergehenden Perioden sind Mahāyāna-Texte von den sich zum „Großen Fahrzeug" bekennenden Mönchsgruppen innerhalb der beiden Nikāyas (Schulen) der Abhayagirivāsin (oder Dharmarucika) und der Jetavanavāsin (oder Sāgalika) überliefert worden. Nur Teile dieser Mönchsgemeinschaften hatten die Lehren des Mahāyāna übernommen; die Mehrheit der Mönche dieser Nikāyas scheint am Hīnayāna festgehalten zu haben. Wie Louis de La Vallée Poussin schon 1930 dargelegt hat, gab es in den alten Nikāyas seit der Ausbreitung des Mahāyāna zwei Gruppen: einerseits eine Richtung, von der die neue Heilslehre akzeptiert wurde, und andererseits konservative Mönche, die sie ablehnten und als Verfälschung der Lehren des Buddha betrachteten.[11] Hsüan-Tsang berichtet in seinem großen Reisebericht auch, daß zwar die Mahāvihāravāsin in Sri

---

[6] Nandasena Mudiyanse, Mahayana Monuments in Ceylon, Colombo 1967; siehe auch ders., „A Bodhisattva Figure from Giridara, Ceylon", Spolia Zeylanica 31, Part 2 (1969), S. 1–3.

[7] Diran Kavork Dohaniyan, The Mahāyāna Buddhist Sculpture of Ceylon, New York 1977.

[8] Insbesondere die Publikationen von D. K. Dohaniyan (Anm. 7), J. C. Holt (Anm. 4) und Sodō Mori (Anm. 5) bieten ausführliche Literaturhinweise. Siehe jetzt ferner Mahinda Deegalle, „A Search for Mahāyāna in Sri Lanka", Journal of the International Association of Buddhist Studies 22 (1999), S. 343–357; A. D. T. E. Perera, „Upulvan, the Patron God of the Sinhalese: An Attempt to Rediscover the God's Identity through Literary and Archaeological Evidence", Vidyodaya, Journal of Arts, Science and Letters 4 (1971), S. 88–104.

[9] Siehe insbesondere die einschlägigen Abschnitte in University of Ceylon History of Ceylon, ed. H. C. Ray, vol. I, Colombo 1959; Wilhelm Geiger, Culture of Ceylon in Mediaeval Times, Wiesbaden 1960; M. B. Ariyapala, Society in Mediaeval Ceylon, Colombo 1956; Senake Bandaranayake, Sinhalese Monastic Architecture, Leiden 1974.

[10] Zur Datierung der Ordensreform siehe S. Paranavitana in University of Ceylon History of Ceylon (Anm. 9), S. 569.

[11] Louis de La Vallée Poussin, „Notes bouddhiques XVIII", Académie Royale de Belgique, Bulletin de la Classe des Lettres et des Sciences politiques, 5e sér., 16 (1930), S. 20–29; vgl. H. Bechert, „Einleitung", Zur Schulzugehörigkeit von Werken der Hīnayāna-Literatur, ed. H. Bechert, 1. Teil, Göttingen 1985, S. 52 f.

Lanka Anhänger nur des Hīnayāna gewesen seien, die Mönche der Abhayagiri-Schule aber beide Richtungen vertraten. Nach seinem Bericht waren die meisten der damals etwa 20.000 Mönche auf der Insel Mahāyāna-Sthaviravādin, also Mönche der Sthaviravāda- bzw. Theravāda-Tradition, die Mahāyāna-Lehren übernommen hatten.[12] Daß dies nicht in jedem Fall die Verwendung von Sanskrit-Texten für die Tradition von Mahāyāna-Lehren implizieren muß, sondern auch in einzelnen Pāli-Texten deutlich mahāyānistische Elemente erkennbar sind, habe ich an anderer Stelle dargelegt.[13]

Die von den Mahāyāna-Buddhisten im alten Sri Lanka tradierten Mahāyāna-Texte werden in unseren Quellen zusammenfassend als Vetullapiṭaka (Vaitulyapiṭaka) bezeichnet.[14] Man kennt die Termini Vaipulyasūtra und Vaitulyasūtra bekanntlich aus indischer Überlieferung als Gattungsbezeichnung von bestimmten Texten des Mahāyāna-Buddhismus.

Keiner dieser Mahāyāna-Texte ist dauerhaft in die Sanskrit-Tradition der Singhalesen aufgenommen worden. Abgesehen von indirekten Zeugnissen und Inschriftenfunden ist jedoch in neuerer Zeit ein wichtiges Textzeugnis entdeckt worden, nämlich sieben Blätter eines Prajñāpāramitā-Textes in einer Goldblatthandschrift. Diese Goldblätter wurden bei Ausgrabungen im Rahmen eines UNESCO-Projekts am 18. Dezember 1982 in Anurādhapura gefunden. Die Handschrift dürfte nach paläographischen Gesichtspunkten etwa ins 9. Jahrhundert zu datieren sein.

Der Text wurde zunächst in Faksimile in einer Projektveröffentlichung publiziert[15] und dann von Oskar von Hinüber,[16] von Tsutomu Yamaguchi[17] sowie unabhängig davon auch von M. H. F. Jayasuriya[18] ediert. Es handelt sich um Blätter der

---

[12] Si-Yu-Ki, Buddhist Records of the Western World, India, translated from the Chinese of Hiuen Tsiang by Samuel Beal, London 1884, Nachdr. Delhi 1969, vol.2, S. 247.

[13] H. Bechert, „Buddha-Feld und Verdienstübertragung: Mahāyāna-Ideen im Theravāda-Buddhismus Ceylons", Académie Royale de Belgique, Bulletin de la Classe des Lettres et des Sciences morales et politiques, 5e sér., 62 (1976), S. 27–51.

[14] Siehe Mahāvaṃsa 78.22; Nikāyasaṅgrahaya von Devarakṣita Jayabāhu Dharmakīrti, ed. Simon de Silva u.a., Colombo 1922, S. 9; Saddharmaratnākaraya von Palābatgala Vanavāsī Vimalakīrti, ed. Väliviṭiyē Sorata, Hōmāgama 1930, S. 293.

[15] Jetavana Gold Plates, ed. Hema Ratnayaka, M. H. Sirisoma und Siri Heenpella, Colombo 1983 (Publication No. 11, UNESCO-Sri Lanka Project of the Cultural Triangle).

[16] Oskar von Hinüber, „Sieben Goldblätter einer Pañcaviṃśatisāhasrikā Prajñāpāramitā aus Anurādhapura", NAWG 1983, Nr. 7, S. 189–207.

[17] Tsutomu Yamaguchi, „On the Pañcaviṃśatisāhasrikā Prajñāpāramitā discovered in Sri Lanka", Bukkyo-Gaku (Journal of Buddhist Studies) 18 (1984), S. 1–25, mit der Liste der gegenüber der Erstausgabe von O. von Hinüber verbesserten 63 bzw. 62 Stellen auf S. 21 f.

[18] M. H. F. Jayasuriya, „A Fragmentary Sri Lankan Recension of the Pañcaviṃśati-

Pañcaviṃśatisāhasrikā Prajñāpāramitā, eines Textes, dessen Sanskrit-Original auch in nepalesischer Überlieferung und in den sog. Gilgit-Funden überliefert ist und der aus chinesischen und tibetischen Übersetzungen bekannt ist.[19] Yamaguchi hat in seiner Studie die genaue Stellung dieses Textzeugnisses innerhalb der Texttradition dieser Prajñāpāramitā ermittelt. Außerdem sind in Mihintale zahlreiche kurze Fragmente dieses Textes auf Kupferplatten, die sog. Iṅdikaṭusǟya Copper Plates, entdeckt worden; auch sie stammen aus dem 8. oder 9. Jahrhundert.[20]

Einer der bedeutendsten Texte der Ratnakūṭa genannten Gruppe von Mahāyāna-Werken ist der Kāśyapaparivarta.[21] Dieses Werk gehört zu den frühen Mahāyāna-Texten und wurde im 3. oder 4. Jahrhundert ins Chinesische übersetzt. Fragmente des Kāśyapaparivarta hat S. Paranavitana auf 15 der eben genannten, in Mihintalē im Jahre 1923 entdeckten Kupferplatten identifiziert.[22] Ratnakūṭa-Texte sind auch in der mittelalterlichen Literatur Sri Lankas wiederholt erwähnt. So wird im Nikāyasaṅgrahaya und im Saddharmaratnākaraya, wo diese Passagen aus dem Nikāyasaṅgrahaya entlehnt sind, darüber berichtet, daß das Ratnakūṭaśāstra auf die Insel gelangt sei.[23] Dies sei zur Zeit des Königs Matvalasena oder Sena I. (833–853) geschehen.[24] Damit sind die erwähnten Kupferplatten eine Bestätigung der Zuverlässigkeit dieser historischen Überlieferung.

Im Nikāyasaṅgrahaya (und daraus übernommen im Saddharmaratnākaraya) ist eine Liste von Texten enthalten, die von Anhängern der Vajraparvata-Schule, d.h. des Vajrayāna-Buddhismus, in Indien verfaßt wurden. Dieses Textverzeichnis ist einer Liste von nicht-orthodoxen Werken beigefügt, deren Namen aus den alten Pāli-Kommentarwerken entnommen sind. Beide Textlisten sind aber deutlich voneinander getrennt.[25]

---

sāhasrikā Prajñāpāramitā Sūtra", Sri Lanka Journal of Buddhist Studies 2 (1988), S. 175–209.

[19] Siehe Edward Conze, The Prajñāpāramitā Literature, 2nd ed., Tokyo 1978, S. 34–40.

[20] Siehe S. Paranavitana, „Iṅdikaṭusǟya Copper Plaques", Epigraphia Zeylanica 3 (1931), S. 199–212. Die Textstücke sind zuerst von Tokumyo Matsumoto, Die Prajñāpāramitā-Literatur, Stuttgart 1932, S. 33–35 identifiziert worden. Siehe auch Conze, The Prajñāpāramitā Literature (Anm. 19), S. 35.

[21] Edition des Textes: Kāśyapaparivarta, a Mahāyānasūtra of the Ratnakūṭa Class, ed. in Sanskrit, Tibetan and Chinese by Baron A. von Staël-Holstein, Shanghai 1926.

[22] S. Paranavitana, „A Notice on the Iṅdikaṭusǟya Copper Plaques", in: Epigraphia Zeylanica 4 (1943), S. 238–242.

[23] Nikāyasaṅgrahaya (Anm. 14), S. 9; Saddharmaratnākaraya (Anm. 14), S. 293.

[24] Nikāyasaṅgrahaya (Anm. 14), S.17; Saddharmaratnākaraya (Anm. 14), S. 302.

[25] Nikāyasaṅgrahaya (Anm. 14), S. 8–9; Saddharmaratnākaraya (Anm. 14), S. 293. Zu der den Kommentarwerken entnommenen Liste nicht-orthodoxer Texte siehe oben Kap. II.1, S. 50.

Es ist anzunehmen, daß der Verfasser des Nikāyasaṅgrahaya für die Namen der Vajraparvata-Texte auf alte Tradition zurückgreifen konnte. Die Textnamen erweisen sich nämlich größtenteils als Namen von Werken, die in chinesischer, tibetischer und vereinzelt sogar in nepalischer Überlieferung erhalten sind.[26] Ob und inwieweit diese Werke tatsächlich nach Sri Lanka gelangt sind und ob sie dort weiter verbreitet wurden, muß dahingestellt bleiben.

Während von keinem der in der eben genannten Aufzählung tantrischer Texte mehr als der bloße Name in Sri Lanka erhalten blieb, kennen wir aus einem tantrischen Buch namens Nīlapaṭadarśana („Lehranschauung der Blaugewandeten") den Wortlaut von zwei Versen, die im Nikāyasaṅgrahaya und (daraus übernommen) in der Chronik Rājaratnākaraya zitiert werden.[27] Nach diesen Versen waren in der Lehre der blaugewandeten Tantriker an die Stelle der drei Kleinodien des Buddhismus (Buddha, Dharma, Sangha) hier drei andere Kleinodien (Dirne, Branntwein, Liebesgott) getreten. Man darf annehmen, daß in der historischen Überlieferung der orthodoxen Mönche, der wir dieses Zitat verdanken, gerade solche Verse ausgewählt wurden, mit denen die Unmoral der von ihnen bekämpften Anschauung besonders deutlich gezeigt werden konnte. Über den tieferen Sinn der śaktistischen Kulte und die oft raffinierte Vieldeutigkeit der tantrischen Texte berichtet die ceylonesische Überlieferung aus naheliegenden Gründen nicht.

Der Verfasser des Nikāyasaṅgrahaya teilt noch mit, daß diese besondere tantrische Sekte der Mönche „mit blauem Gewand", deren Werk dieses Buch war, unter König Sena I. (833–853) nach Ceylon gelangt sei. Ihr Ursprung wird in die Zeit des im südindischen Mathurā (jetzt Madurai) herrschenden Königs Śrī-Harṣa verlegt, der ein Zeitgenosse des singhalesischen Königs Kumāradāsa oder Kumāradhātusena (512–520) gewesen sein soll. Ob die Sekte von Tantrikern mit blauem Gewand tatsächlich ins 6. Jahrhundert zurückreicht, ist zweifelhaft. Jedoch läßt sich eine Sekte blaugewandeter Tantriker in derselben Zeit, in der sie in Sri Lanka Eingang fand, auch in Kaschmir nachweisen. In dem hinduistischen philosophischen Werk Nyāyamañjarī des Jayanta-

[26] Über diese Textliste und zur Identifikation der dort genannten Texte siehe Rāhula Sāṅkṛtyāyana, „Recherches bouddhiques", Journal Asiatique 225 (1934, II), S. 202–217; S. Paranavitana, „Mahāyānism in Ceylon" (Anm. 2), S. 68 f.; ders. in Présence du Bouddhisme (Anm. 2), S. 526 f.; B. C. Law, On the Chronicles of Ceylon, Calcutte 1947, S. 69 f.; N. Mudiyanse, Mahayana Monuments in Ceylon (Anm. 6), S. 16–18.

[27] Nikāyasaṅgrahaya (Anm. 14), S. 18; Rājaratnākaraya, ed. P. N. Tisēra, Mābodala 1929, S. 29. Diese Texte schreiben ausdrücklich *Nīlapaṭadarśana nam vū grantha* „das Buch namens Nīlapaṭadarśana". Gäbe es diese Angabe nicht, so läge es nahe, in dem Namen ausschließlich den der Sekte zu sehen und zu vermuten, daß die Verse einem anderen tantrischen Text entnommen sind.

bhaṭṭa wird nämlich die Unterdrückung einer solchen Lehre durch König Śaṅkaravarman von Kaschmir (883–902) bezeugt.[28]

Wir haben es hier mit Anhängern bestimmter tantrischer Geheimlehren mit sexuellem Kult zu tun, die sich in der zweiten Hälfte des 9. Jahrhunderts über ganz Indien verbreiteten. Wahrscheinlich geht auch die Sekte der sog. Ari oder Samaṇakuṭṭaka, die sich seit der Mitte des 10. Jahrhunderts in Birma verbreitet hatte, auf diesselbe religiöse Bewegung zurück. Diese Aris waren in dunkle Gewänder gekleidet, benützten in ihrem Kult alkoholische Getränke und sexuelle Rituale, und sie nahmen das Ius primae noctis über alle Frauen des Landes für sich in Anspruch.[29]

Im Mahāvaṃsa und in anderen historischen Texten wird berichtet, daß im 12. Jahre der Regierungszeit des Königs Silākāla (522–535) ein Kaufmann namens Pūrṇa ein Vaitulyasūtra mit dem Titel Dhammadhātu (Dharmadhātu) aus Benares (Kāsi) nach Ceylon brachte. Der König erwies diesem Buche großen Respekt, während dieser Kult von den Mönchen des Mahāvihāra als Verfälschung der Religion bekämpft wurde.[30] Es dürfte sich um einen Mahāyāna-Text in Sanskrit gehandelt haben, dessen Kult sich in Ceylon längere Zeit erhielt, wie eine Kupferplatte beweist, die in der Gegend von Anurādhapura gefunden wurde. Sie trägt die Inschrift *Dahamdā de patek* „zwei Blätter aus dem Dharmadhātu“ in singhalesischer Schrift des 10. Jahrhunderts und, darüber geschrieben, die gleiche Inschrift in einer derselben Zeit angehörigen Vorform der nordindischen Nāgarī-Schrift.[31] Die Nāgarī-Schrift war, soviel wir wissen, für die Niederschrift solcher aus Indien stammender Texte im Gebrauch, denen man besondere magische Wirksamkeit zuschrieb. Die Kupferplatte diente also wahrscheinlich als

---

[28] Nyāyamañjarī of Jayantabhaṭṭa, ed. Gangādhara Śāstri Tailanga, Benares 1895, S. 271. Siehe Paul Hacker, „Jayantabhaṭṭa und Vācaspatimiśra“, Beiträge zur indischen Philologie und Altertumskunde, W. Schubring dargebracht, Hamburg 1951, S. 161 (auch in: Paul Hacker, Kleine Schriften, hrsg. L. Schmithausen, Wiesbaden 1978, S. 111) sowie Exkurs zur „Observanz der Blaugewandeten“ (*nīlāmbaravrata*) in Albrecht Wezler, „Zur Problematik religiös-weltanschaulicher Toleranz bei dem indischen Philosophen Jayantabhaṭṭa“, Saeculum 27 (1976), S. 346 f. Die Frage der Identität dieser „Observanz“ ist ausführlich erörtert von Günter Grönbold, „Blaugekleidet oder Schwarzgekleidet“, Bauddhavidyāsudhākaraḥ, Studies in Honour of Heinz Bechert on the Occasion of his 65th Birthday, Swisttal-Odendorf 1997, S. 185–194.

[29] Siehe Nihar-Ranjan Ray, Sanskrit Buddhism in Burma, Amsterdam 1936, S. 62–71. Vgl. auch Helmuth von Glasenapp, Buddhistische Mysterien, Stuttgart 1940, S. 61.

[30] Mahāvaṃsa 41.37–40; Pūjāvaliya von Mayūrapāda [Buddhaputra], 34th Chapter, ed. Mābōpiṭiyē Medhaṅkara, Colombo 1932, S. 47; Nikāyasaṅgrahaya (Anm. 14), S. 15; Saddharmaratnākaraya (Anm. 14), S. 300.

[31] S. Paranavitana, „Mahāyānism in Ceylon“ (Anm. 2), S. 46.

Deckblatt zweier in einem Tempel oder in einem Stupa aufbewahrter Blätter eines als Dharmadhātu bezeichneten Textes.

Der gleiche Buchtitel begegnet uns (unter der singhalesischen Bezeichnung *daha-mdaya*) auf einer Inschrift des Königs Abhā Salamevan (Kassapa V., 914–923, oder von Dappula IV., 924–935) in Puliyankuḷam, östlich von Anurādhapura. Dort wird unter anderem auch von einer Stiftung für tägliche Gaben von Reis an eine Person berichtet, die irgendeine diesen Text betreffende Handlung zu vollziehen hatte. Die Inschrift ist sehr lückenhaft, so daß wir nicht erfahren, um was für eine Zeremonie es sich dabei handelt. Auch eine andere sehr fragmentarische Inschrift aus derselben Gegend erwähnt das *daham-daya.*[32] Schließlich wird uns im Saddharmaratnākaraya berichtet, daß ein König Kassapa den Dharmadhātu (in der Reliquienkammer) im Abhayagiri-Dagoba niederlegen ließ, als er diesen Stupa vergrößern ließ.[33]

Es ist nicht möglich, sicher zu bestimmen, welches Mahāyāna-Werk sich unter der Bezeichnung Dharmadhātu verbirgt. Von verschiedenen Gelehrten – so insbesondere von S. Paranavitana[34] – ist die Vermutung geäußert worden, es könne sich um das Saddharmapuṇḍarīkasūtra handeln. Auch im Saddharmapuṇḍarīkasūtra spielt Buchkult nämlich eine große Rolle, aber bisher ist die Überlieferung dieses Textes in Sri Lanka nicht nachgewiesen. Ich halte es daher für wahrscheinlicher, daß es sich um einen Prajñāpāramitā-Text gehandelt hat; denn diese Textgattung genoß bei den Mahāyāna-Buddhisten der Insel so großes Ansehen, daß man Goldblätter für die oben erwähnte, im Jahre 1982 entdeckte Handschrift benutzt hat.[35] Diese Vermutung wurde unabhängig davon auch von M. H. F. Jayasuriya vorgetragen,[36] und zwar unter Hinweis auf die Tatsache, daß die Prajñāpāramitā-Texte von südindischen Buddhisten als *dharmadhātu* bezeichnet werden.[37] Auch tragen mehrere Abschnitte in Prajñāpāramitā-Texten die Bezeichnung *dharmadhātu.*[38]

Hinweise auf den Gebrauch des Sanskrit bei Mahāyāna-Buddhisten Sri Lankas geben auch einige Sanskrit-Inschriften. Die früheste dieser Inschriften und zugleich die älteste bisher bekannte Sanskrit-Inschrift Sri Lankas überhaupt ist die Felsinschrift in

---

[32] Ebenda S. 45.

[33] Saddharmaratnākaraya (Anm. 14), S. 350 f.

[34] Paranavitana in University of Ceylon History of Ceylon (Anm. 9), I, S. 380 f.

[35] Meine Vermutung wird zitiert von O. v. Hinüber, „Sieben Goldblätter ..." (Anm. 16), S. 192.

[36] Jayasuriya, „A Fragmentary ..." (Anm. 18), S. 177.

[37] Conze, The Prajñāpāramitā-Literature (Anm. 19), S. 1.

[38] Freundl. Hinweis von Dr. Chung Jin-il. Die Namen einiger anderer Mahāyāna-Texte enthalten ebenfalls die Bezeichnung *dharmadhātu* im Texttitel; doch gibt es keine Hinweise darauf, daß diese Texte in Sri Lanka bekannt gewesen wären.

Kuccavēli im Nordosten der Insel, 21 Meilen nördlich von Trincomalee. Die dafür verwendete Schrift ist der frühen Grantha-Schrift Südindiens verwandt, ist aber nicht mit dieser identisch, sondern stellt einen besonderen, bisher nur aus einigen ceylonesischen Inschriften bekannten Schrifttyp dar. Nach Ansicht des Herausgebers der Inschrift, S. Paranavitana, ist sie nach dem 5. und vor dem 8. Jahrhundert geschrieben worden. Die Inschrift enthält ein Bodhisattva-Gelübde, nämlich den von ihrem Verfasser ausgesprochenen Wunsch, aufgrund einer verdienstlichen Tat (wahrscheinlich der Stiftung eines Reliefs mit Abbildungen von Stūpas, neben dem die Inschrift steht) Buddha zu werden und der Welt als Buddha Glück und Befreiung aus dem Saṃsāra bringen zu können. Dies ist in zwei Versen ausgedrückt.[39]

In die zweite Hälfte des 7. oder die erste Hälfte des 8. Jahrhunderts datiert man aus paläographischen Erwägungen die in einem ähnlichen Schrifttyp geschriebene Felsinschrift von Tiriyāy. Tiriyāy liegt in der Nähe des eben genannten Ortes Kuccavēli. Die Inschrift enthält ein Preislied in 11 Versen auf den Stūpa von Tiriyāy, der darin als Girikaṇḍicaitya (auch Girirkaṇḍikacaitya) bezeichnet wird. Das Girikaṇḍicaitya wurde nach alter Überlieferung von den Kaufleuten Tapassu und Bhalluka gegründet, die in dieser Inschrift die Namen Trapussaka und Vallika tragen. Dieser Reliquienschrein soll Haarreliquien des Buddha enthalten und gehört zu den berühmtesten buddhistischen Stūpas. Es gibt außer diesem Stūpa in Tiriyāy noch andere, die den Anspruch erheben, das echte Girikaṇḍikacaitya zu sein. Die Inschrift in Tiriyāy ist mit Sicherheit ein Zeugnis des Mahāyāna-Buddhismus. In den Versen 5 und 6 heißt es, daß die Bodhisattvas Avalokiteśvara und Mañjuvāk (d.h. Mañjuśrī) an diesem Heiligtum anwesend seien.[40]

In einer Inschrift auf einem Felsen in Mihintalē hat man ein Stotra des Mahāyāna-Buddhismus entdeckt, nämlich das auch aus chinesischen und tibetischen Übersetzungen sowie aus Sanskrit-Blockdrucken in chinesischen Zeichen und in tibetischer Schrift bekannte Trikāyastava, also einen Lobpreis der drei „Körper des Buddha" (*dharmakāya, sambhogakāya* und *nirmāṇakāya*).[41]

---

[39] S. Paranavitana, „Kuccavēli Rock Inscription", Epigraphia Zeylanica III, S. 158–161; auch besprochen in Dehigaspe Pannasara, Sanskrit Literature, Colombo 1958, S. 35–37; Mäḍauyangoḍa Vimalakīrti, Śilā lekhana saṅgrahaya, IV, Moraṭuvē 2500, S. 89–91; Mudiyanse, Mahayana Monuments (Anm. 6), S. 85 f.

[40] S. Paranavitana, „Tiriyāy Rock Inscription", Epigraphia Zeylanica IV, S. 151–160. Eine etwas abweichende Lesung des Textes der Inschrift stammt von B. Ch. Chhabra, „Text of the Tiriyāy Rock-Inscription", Epigraphia Zeylanica IV, S. 312–319. Siehe auch B. Ch. Chhabra, Expansion of Indo-Aryan Culture during Pallava Rule, Delhi 1965, S. 109–114; Pannasara, Sanskrit Literature (Anm. 39), S. 37–45; Mudiyanse, Mahayana Monuments (Anm. 6), S. 86–88.

[41] S. Paranavitana, „The Trikāyastava in an Inscription at Mihintalē", Epigraphia

Einige berühmte Vertreter des Mahāyāna und des tantrischen Buddhismus wie der Philosoph Āryadeva (Anfang des 3. Jahrh.), die tantrischen Meister Vajrabodhi (Ende des 7. bis Anfang des 8. Jahrh.) und Amoghavajra (8. Jahrh.) sowie manche andere sollen aus Sri Lanka stammen oder dort Besuche gemacht haben. Sie haben in Indien, Ostasien oder in Tibet gewirkt. In der vorliegenden Studie können sie außer Betracht bleiben, da in Sri Lanka selbst keine Zeugnisse dafür überliefert sind. Auch der mögliche Einfluß von philosophischen Lehren der Mahāyāna-Schulen auf Texte des Theravāda soll hier nicht erörtert werden. Dagegen seien die Dhāraṇī-Texte erwähnt, die man auf Granitplatten beim Abhayagiri-Dagoba in Anurādhapura entdeckt hat und die von Nandasena Mudiyanse ediert wurden. Sie stammen etwa aus dem 9. Jahrhundert und sind in einem nordindischen Schrifttyp geschrieben.[42] Gregory Schopen hat nachgewiesen, daß diese Texte indischen Ursprungs sind.[43]

Die in diesem Kapitel besprochenen Werke des Mahāyāna und des tantrischen Buddhismus sind sämtlich nur in den Zeitraum zwischen der ersten Einführung von Mahāyāna-Lehren auf der Insel zur Zeit des Königs Vohārikatissa (209-231) und der Reform des Sangha unter König Parākramabāhu I. (1153-1186) in Sri Lanka nachweisbar. Bei den auch noch später in Sri Lanka bekannten, vom Mahāyāna beeinflußten Literaturwerken handelt es sich um Werke der Philosophen Diṅnāga und Dharmakīrti (siehe voriges Kapitel) und um Werke der buddhistischen Kunstdichtung (siehe nächstes Kapitel). Auch in einigen Werken des in Sri Lanka lebenden Dichters Rāmacandra Bhāratin (15. Jahrh.) lassen sich Einflüsse des Mahāyāna-Buddhismus feststellen. Diese Werke wurden von Mönchen der orthodoxen Schule gelesen und überliefert. Die Aufhebung der Spaltung des Sangha in drei Nikāyas und die damit vollzogene Beseitigung ausgesprochener Mahāyāna-Richtungen im Sangha durch Parākramabāhu I. hatte nämlich in den folgenden Jahrhunderten auch orthodoxen Mönchen das Studium philosophisch und dichterisch wertvoller Literatur ermöglicht, auch wenn sie Mahāyāna-Lehren enthielt, während die primäre Literatur des Mahāyāna, d.h. die Mahāyānasūtras sowie die Tantras, Kalpas usw., vernichtet worden oder verloren gegangen waren. Dagegen haben sich, wie zu Beginn dieses Kapitels erwähnt,

---

Zeylanica IV, S. 242-246. Vgl. Mudiyanse, Mahayana Monuments (Anm. 6), S. 89 f. Über einige andere, teilweise fragmentarische inschriftliche Zeugnisse und Funde von Kupferplatten aus Sri Lanka mit kurzen mahayanistischen Textzeugnissen und Dhāraṇīs ebenda, S. 92-105.

[42] Mudiyanse, Mahayana Monuments (Anm. 6), S. 99-105.

[43] Gregory Schopen, „The Text of the Dhāraṇī Stones from Abhayagiriya: A Minor Contribution to the Study of Mahāyāna Literature in Ceylon", Journal of the International Association of Buddhist Studies 5, No. 1 (1982), S. 100-108.

einige Elemente des Mahāyāna in den Götterkulten der Insel bis in die Gegenwart erhalten können.

Das von Buddha nach mahāyānistischer Überlieferung in Sri Lanka gelehrte Laṅkāvatārasūtra wird in keiner singhalesischen Quelle erwähnt, obwohl es zu den bekanntesten Mahāyāna-Texten gehörte. Es liegt nahe zu vermuten, daß dies aus den in Kap. III.2 zu besprechenden Umständen zu erklären ist, weil Rāvaṇa in dem Text eine wichtige Rolle spielt.

Singhalesische Gelehrte der Neuzeit haben einige Werke der Mahāyāna-Tradition für singhalesische Leser durch Ausgaben des Sanskrit-Textes mit singhalesischer Übersetzung zugänglich gemacht, so z.B. Moraṭuvē Sāsanaratana die Mūlamādhyamikakārikā von Nāgārjuna,[44] oder sie in Sammelwerke aufgenommen wie z.B. das Prajñāpāramitāstotra.[45]

4. Buddhistische Kunstdichtung indischer Herkunft

Von den im Mittelalter in Sri Lanka bekannten Werken der buddhistischen Kunstdichtung indischen Ursprungs in Sanskrit ist kein einziges bei den Singhalesen in ununterbrochener Tradition weiterüberliefert worden.[1] Erhalten haben sich nur Werke ceylonesischen Ursprungs, von denen im nächsten Kapitel die Rede sein wird. Unter den im mittelalterlichen Ceylon verbreiteten buddhistischen Sanskrit-Werken dürfen wir beinahe mit Selbstverständlichkeit die beiden Hauptwerke des Aśvaghoṣa (2. Jahrh.) erwarten, nämlich Buddhacarita und Saundarānandakāvya, die aufgrund ihrer überragenden Bedeutung als buddhistische Mahākāvyas über die gesamte buddhistische Welt Verbreitung gefunden hatten. Aus dem die Lebensgeschichte des Buddha darstellenden Buddhacarita ist im Mahārūpasiddhi-sannaya (12. Jahrh.) ein Vers zitiert

---

[44] Mūlamādhyamikakārikā von Nāgārjuna, hrsg. mit sgh. Übers. von Moraṭuvē Sāsanaratana, Colombo 1963.

[45] „Prajñāpāramitāsūtraya", in Cāls da Silvā, Stotra maṇi mālāva, Colombo 1955, S. 18–20. Es handelt sich um das Prajñāpāramitāstotra, das häufig am Anfang von Handschriften der Prajñāpāramitā-Texte steht. Verfasser ist Rāhulabhadra; Edward Conze vermutet, daß der singhalesische Text der in Ahmedabad 1916 oder der in Calcutta 1912 erschienenen Ausgabe entnommen ist, da die singhalesische Edition den unkorrekten Titel Prajñāpāramitāsūtra trägt. (Mitteilung von Prof. E. Conze vom 28.6.1963).

[1] Bei der in LPP I 65 unter dem Titel Buddhacarita angeführten Handschrift handelt es sich nicht um das Werk des Aśvaghoṣa, sondern um eine Handschrift des in Sri Lanka verfaßten Anuruddhaśataka, wie sich bei Konsultation dieser Handschrift im Kandē vihāraya herausstellte.

und zwar ohne Angabe des Verfassers und in einer von der indischen Überlieferung ziemlich abweichenden Form.[2] Auch das Saundarānandakāvya des Aśvaghoṣa wird in der älteren singhalesischen Literatur zitiert, nämlich im Viśuddhimārgga-mahāsanyaya[3] sowie im Kārakapuṣpamañjarī-sannaya.[4]

Erheblichen Einfluß auf die mittelalterliche Literatur der Singhalesen hat die Jātakamālā des Āryaśūra (bzw. Śūra) ausgeübt. Dieses aus dem 1. oder 2. Jahrhundert stammende Werk[5] ist vor allem vom Verfasser des Hatthavanagallavihāravaṃsa, einer Klosterchronik aus der Zeit zwischen 1234 und 1266,[6] ausgiebig benützt worden.[7] Mehrere Verse sind im Sanskrit-Original im Dharmapradīpikāva[8] zitiert und ein Vers in die Spruchsammlung Vyāsakāra[9] aufgenommen worden.

Auf das in der Pāli-Sammlung von Jātakas nicht enthaltene Vyāghrījātaka, die erste Erzählung in der Jātakamālā, wird in dem aus dem 12. Jahrhundert stammenden singhalesischen Kunstgedicht Sasadāvata und im Saddharmālaṅkāraya des Jayabāhu Dharmakīrti angespielt sowie auf das ebenfalls der Pāli-Überlieferung unbekannte, aber in der Jātakamālā enthaltene Hastijātaka im Sasadāvata.[10] Man kann jedoch aus diesen

---

[2] Mahārūpasiddhi-sannaya, ed. Baddēgama Kīrtiśrī Dhammaratana, Pāliyagoḍa 1926, S. 3; offenbar zitiert aus Buddhacarita (ed. E. H. Johnston, Lahore 1936) Kap. I 15 (aber mit unterschiedlichem Versanfang).

[3] Viśuddhimārggaya von Buddhaghoṣa mit Mahāsanyaya von Parākramabāhu II., ed. Bentara Śraddhātiṣya, Kaḷutara 1949-1954, Teil 1, S. 34, zitiert aus Saundāranandakāvya (ed. E.H. Johnston, Lahore 1928) Kap. XVI 34.

[4] Attaragama Baṇḍāra, Kārakapuṣpamañjarī, vyākhyā sahita (Kārakapuṣpamañjarī-sannaya), ed. D. Dhammānanda, Colombo 1899, S. 174 mit Quellenangabe „Sundarānanda-caritayehi“, zitiert aus Saundarānandakāvya (Anm. 3) Kap. I 24. Es dürfte sich um ein Sekundärzitat handeln, dessen Primärquelle ich jedoch nicht gefunden habe.

[5] Zur Datierung der Jātakamāla siehe Ludwig Alsdorf, „Śaśa-Jātaka und Śaśa-Avadāna“, Wiener Zeitschrift für die Kunde Süd- und Ostasiens 5 (1961), S. 1-17; nachgedr. in Ludwig Alsdorf, Kleine Schriften, hrsg. Albrecht Wezler, Wiesbaden 1974, S. 347-363.

[6] Siehe Hatthavanagallavihāravaṃsa, ed. C.E. Godakumbura, London 1956, S. X. Vgl. auch Siegfried Lienhard, A History of Classical Poetry, Sanskrit — Pāli — Prakrit, Wiesbaden 1984, S. 269 f.

[7] Über die Anleihen des Hatthavanagallavihāravaṃsa aus der Jātakamālā siehe Hatthavanagallavihāravaṃsa (Anm. 6), S. XI-XIV, und mit Verweis auf die entsprechenden Stellen der Jātakamālā ebenda S. 5, 6, 11, 12, 15-21, 23.

[8] Dharmapradīpikāva von Guruḷugōmin, ed. Dharmakīrti Śrī Dharmārāna, 6. Aufl., Pāliyagoḍa 1951, S. 123 f.: Jātakamālā by Ārya Śūra (ed. P.L. Vaidya, Darbhanga 1959) Kap. XVII 18, 22, 24, 28, 29 (S. 106-108).

[9] Vyāsakāra (in Sanskrittexte aus Ceylon, hrsg. Heinz Bechert, 1. Teil) Vers 88 (S. 39): Jātakamālā Kap. I 17 (S. 3).

[10] Siehe C. E. Godakumbura, Sinhalese Literature, Colombo 1956, S. 148 und 91.

inhaltlichen Anspielungen nicht mit Sicherheit auf die Benutzung der Jātakamālā schließen, da diese Erzählungen in diesen wie in ähnlich gelagerten Fällen auch auf anderen Wegen in die singhalesische Tradition gelangt sein könnten. Ein solcher Schluß ist nur zwingend, wenn – wie in den oben genannten Beispielen – entsprechende wörtliche Übereinstimmungen oder Hinweise auf den Verfasser des entsprechenden Literaturwerkes vorhanden sind.[11]

Eines der zahlreichen Sanskritwerke, die im 11. und 12. Jahrhundert in Ceylon studiert wurden, ist das Śiṣyalekhadharmakāvya des Candragomin.[12] In diesem Werk hat der auch durch seine Grammatik berühmt gewordene Candragomin im Kāvya-Stil in Form eines Briefes an einen Schüler buddhistische Lehren dargestellt. Die Form der Lehr-Epistel erfreute sich in der buddhistischen Literatur der ersten nachchristlichen Jahrhunderte einiger Beliebtheit. Das Śiṣyalekhadharmakāvya ist in erster Linie den von allen buddhistischen Schulen anerkannten Grundwahrheiten gewidmet. Die Anführungen aus dem Śiṣyalekhadharmakāvya erscheinen in den singhalesischen Texten sämtlich ohne Herkunftsbezeichnung. Guruḷugōmin zitiert im Dharmapradīpikāva (12. Jahrh.) 15 Verse aus dem Śiṣyadharmalekhakāvya.[13] Zwei dieser Verse sind in die singhalesische Chronik Rājaratnākaraya (Mitte des 16. Jahrh.) übernommen worden,[14] ein dritter diente als Vorlage für einen Vers des Subhāṣitaya (verfaßt 1611).[15] Während diesen beiden späteren Texten das Dharmapradīpikāva als vermittelnde Quelle für die Verse diente, hat der unbekannte Verfasser des Pālibodhivaṃśa-gäṭapadaya (11. oder 12. Jahrh.) den ersten Vers des Śiṣyalekhadharmakāvya vermutlich unmittelbar dem Text entlehnt.[16] Vilgammula hat diesen Vers in den

---

Godakumbura vermutet, daß der Verfasser des Sasadāvata auch den Jātakastava von Jñānayaśas gekannt hat.

[11] Dies gilt auch für die von E. Godakumbura (Anm. 10), S. 90 f. vermuteten Anleihen aus der Avadānakalpalatā von Kṣemendra im Saddharmālaṅkāraya von Jayabāhu Dharmakīrti.

[12] Hierzu siehe Siglinde Dietz, Die buddhistische Briefliteratur Indiens, Wiesbaden 1984 (Asiatische Forschungen 84), S. 31–37. Edition des Śiṣyalekhadharmakāvya von I. Minayev, in Zapiski Vostočnago Otdelenija Imperatorskago Russkago Archeologičeskago Obščestva 1889 (St. Petersburg 1890), S. 29–82.

[13] Dharmapradīpikāva (Anm. 8), S. 85–87 sind die Verse 42–51 des Śiṣyalekhadharmakāvya zitiert, auf S. 157 die Verse 71–73 und 76 sowie auf S. 271 der Vers 104.

[14] Rājaratnākaraya, ed. P.N. Tisēra, Mābodala 1929, S. 13 (Śiṣyalekhadharmakāvya Vers 50) und 16 (ebenda, Vers 49).

[15] Subhāṣitaya von Alagiyavanna mit Subhāṣita varṇanā von W. F. Guṇavarddhana, Pānadura 1917, S. 118 (Vers 88): Übersetzung des Verses aus Dharmapradīpikāva (Anm. 8), S. 271; in der Ausgabe von Charles de Silva, Colombo 1938 als Vers 89.

[16] Pālibodhivaṃśa-gäṭapadaya, ed. Ratmalānē Dharmakīrti Śrī Dharmārāma, o. O. 1910, S. 63; zitiert aus Śiṣyalekhadharmakāvya Vers 1.

Siṃhala-Bodhivaṃśaya (14. Jahrh.) übernommen,[17] höchstwahrscheinlich aus dem Pālibodhivaṃśa-gäṭapadaya.

Ähnlicher Beliebtheit wie das eben besprochene Werk erfreute sich im mittelalterlichen Ceylon auch der Bodhicaryāvatāra des Śāntideva (um 700 n.Chr.).[18] Śāntideva, der wahrscheinlich aus dem Gebiet des heutigen Gujarat stammt, gehörte der Schule der Mādhyamika oder Śūnyavādin an, der ersten philosophischen Schule des Mahāyāna-Buddhismus, die von Nāgārjuna um 200 n.Chr. begründet worden war. Jedoch wurde Śāntidevas Bodhicaryāvatāra, ein Werk, das ohnehin mehr durch seinen dichterischen Schwung als durch seinen philosophischen Gehalt hervorragt, in Ceylon nicht als eine Bekenntnisschrift einer Schule des Mahāyāna-Buddhismus betrachtet und studiert, sondern als eine bedeutende buddhistische Dichtung. Aus dem Bodhicaryāvatāra sind zwei Verse im Dharmapradīpikāva zitiert.[19] Der zweite dieser Verse wurde auch in die in Sri Lanka kompilierte Sanskrit-Spruchsammlung Pratyayaśataka[20] aufgenommen und liegt einem singhalesischen Vers im Subhāṣitaya des Alagiyavaṇṇa[21] zugrunde. Auch in der ebenfalls in Sri Lanka kompilierten Sanskrit-Spruchsammlung Vyāsakāra findet man einen Vers aus dem Bodhicaryāvatāra.[22] Zitate in neueren singhalesischen Werken[23] sind diesen älteren singhalesischen Quellen entnommen.

Außerdem ist hier noch der Padyacūḍāmaṇi zu erwähnen. Diese einem Verfasser namens Buddhaghoṣa zugeschriebene buddhistische Kunstdichtung ist — entgegen der von einigen singhalesischen und indischen Gelehrten vertretenen Ansicht — nicht von dem großen Pāli-Kommentator Buddhaghosa, sondern von einem späteren Autor dieses Namens verfaßt worden. Inhalt ist die Lebensgeschichte des Buddha; im allgemeinen stimmt die Darstellung mit der Lebensbeschreibung des Buddha in der dem Buddhaghosa zugeschriebenen Nidānakathā überein, also mit der orthodoxen Pāli-Tradition. In Einzelheiten kann man jedoch auch einige, wenn auch unbedeutende Abweichungen

---

[17] Siṃhala Bodhivaṃśaya von Vilgammula Saṅgharāja, ed. Baddēgama Kīrtiśrī Dhammaratana, Väligama 1933, S. 60.

[18] Über Leben und Werk des Śāntideva siehe Amalia Pezzali, Śāntideva, mystique bouddhiste des VIIe et VIIIe siècles, Firenze 1968.

[19] Dharmapradīpikāva (Anm. 8), S. 172 zitiert aus Bodhicaryāvatāra (ed. P. L. Vaidya, Darbhanga 1960), Kap. VI. 41 (S. 92) und Kap. V. 12 (S. 53).

[20] Pratyayaśataka, hrsg. Heinz Bechert, NAWG 1985, S. 272, Vers 79.

[21] Subhāṣitaya mit Subhāṣita varṇanā (Anm. 15), S. 92 f. (Vers 66) bzw. ed. Ch. de Silva (Anm. 15) als Vers 67.

[22] Vyāsakāra in Sanskrittexte aus Ceylon, hrsg. Heinz Bechert, München 1962, S. 34 (Vers 45), zitiert aus Bodhicaryāvatāra (Anm. 19), Kap. IV. 5 (S. 44).

[23] z.B. Paragoḍa Sīlānanda, Daśa-akusalakarmadīpanī, Kōṭṭē 1932, S. 74.

feststellen. Das Werk ist in Sri Lanka nicht überliefert worden, also nicht Teil der Sanskrit-Tradition der Singhalesen geworden. Handschriften dieses Werkes sind in südindischen Sammlungen entdeckt worden. Die meisten dieser Manuskripte sind auch in südindischen Schriften (Grantha-Schrift, Malayalam-Schrift, Telugu-Schrift) geschrieben; für eines der in Trivandrum befindlichen Manuskripte ist Devanāgarī-Schrift verwendet worden. Singhalesische Autoren haben Einflüsse des Padyacūḍāmaṇi auf singhalesische Literaturwerke erkennen wollen, doch ist dies nicht mit Sicherheit nachzuweisen. Es ist zu vermuten, daß der Autor ein in Südindien lebender Theravāda-Mönch gewesen ist.[24]

An dieser Stelle sind noch die Buddhastotras des berühmten buddhistischen Dichters Mātṛceṭa zu erwähnen, die im mittelalterlichen Sri Lanka bekannt gewesen sein müssen. Mātṛceṭa hat spätestens im 4. Jahrhundert gelebt; seine Werke sind in erster Linie aus zentralasiatischen Funden zugänglich geworden.[25] In Sri Lanka ist nur ein einziger Vers unter seinem Namen überliefert, nämlich ein Vers im Mahārūpasiddhi-sannaya,[26] der daraus auch ins Kārakapuṣpamañjarī-sannaya übernommen wurde.[27] Man findet ihn mit kleinen Varianten im Varṇārhavarṇastotra Kap. II.10.[28]

---

[24] Ausgaben in Nāgarī-Schrift: The Padyacūḍāmaṇi of Buddhaghoṣācārya, ed. M. Ranga Acharya u. S. Kuppuswami Sastri, Madras 1921; Siddhārthacarita (Padyacūḍāmaṇi-kāvya) of Ācārya Buddhaghoṣa, ed. Swāmi Dvārikadāsa Śāstrī, Varanasi 1994 (Bauddha Bharati Series, 31) [mit Hindi-Übersetzung und der aus der Edition von 1921 entnommenen Einleitung]. Singhalesische Ausgaben s. unten Anm. 34. Siehe B.C. Law, The Life and Work of Buddhaghosa, Calcutta 1923, S. 85–91; M. Krishnamachariar, History of Classical Sanskrit Literature, Poona 1937, S. 129–131 (§ 36); Puñcibaṇḍāra Sannasgala, Siṃhala sāhitya vaṃśaya, Colombo 1961 (2. Ausg. 1964), S. 93 und 265 f.; Kuppuswami Sastri, „The Padyacūḍāmaṇi of Buddhaghosa", Mm. Professor Kuppuswami Sastri Birth-Centenary Commemoration Volume, Part 1, Madras 1981, S. 154–157 [Nachdruck des Vorwortes zu der oben angegebenen Edition von 1921]; Mahesh Chandra Sharma, „Ācārya Buddhaghoṣa and His Padyacūḍāmaṇi", Glimpses of the Sanskrit Buddhist Literature, ed. Kameshwar Nath Mishra, vol. 1, Varanasi 1997, S. 97–100; Siegfried Lienhard, A History of Classical Poetry, Sanskrit – Pāli – Prakrit, Wiesbaden 1984, S. 201; zur Metrik H.D. Velankar, „Prosodical Practice of Sanskrit Poets", Journal of the Bombay Branch of the Royal Asiatic Society 24/25 (1948/49), S. 57 f. u. 74. Ein verhältnismäßig spätes Datum für die Abfassung des Padyacūḍāmaṇi vermutet L.D. Barnett in seiner Rezension zur Ausgabe von 1921 in Journal of the Royal Asiatic Society 1923, S. 431 f.

[25] Siehe insbesondere Jens-Uwe Hartmann, Das Varṇārhavarṇastotra des Mātṛceṭa, herausgegeben und übersetzt, Göttingen 1987. Zur Biographie des Dichters ebenda, S. 12–22; Verzeichnis seiner Werke S. 22–34; Datierung S. 36 f.

[26] Mahārūpasiddhi-sannaya (Anm. 2), S. 3.

[27] Kārakapuṣpamañjarī-sannaya (Anm. 4), S. 4.

[28] Hartmann, Das Varṇārhavarṇastotra (Anm. 25), S. 94. Siehe auch ebenda, S. 31 und Anm. 83.

Guruḷugōmin schiebt in das Kapitel „Nālāgiridamana" seines Amāvatura einen Stotra-Vers ein, den er als Zitat aus dem aus anderen Quellen nicht bekannten Pādapaṅkajastava bezeichnet und in dem der Buddha als Bändiger des von Devadatta gegen ihn losgeschickten wilden Elefanten, der später den Namen Dhanapālaka erhielt, gefeiert wird.[29] Ein weiterer einzelner Stotra-Vers in Sanskrit wird im Dharmapradīpikāva dieses Autors zum Preis der die wilden Tiere zähmenden allumfassenden Liebe des Buddha zitiert, ohne daß eine Quelle genannt ist.[30] Aus unbekannter Quelle stammt ferner ein Stotra in Sanskrit, das in dem Bericht über das Buddha-Gelübde des Bodhisattva vor dem vorzeitlichen Buddha Nārada im Dahamsaraṇa (12. Jahrh.) zitiert ist.[31] In diesen und ähnlichen Fällen muß offen bleiben, ob die Verse indischer Herkunft sind oder in Sri Lanka verfaßt wurden.

Schließlich ist hier noch ein Werk namens Śrīghanānandakāvya zu nennen. Dieses Werk ist in dem alten Sannaya zum Säḷalihini sandeśaya (vermutlich 15. Jahrhundert) erwähnt,[32] ist aber sonst nicht bekannt. Die in sog. Interlinearinschriften angeblich von S. Paranavitana entdeckten Angaben, wonach das Werk von Kumāradāsa stammen soll, können hier außer Betracht bleiben.[33]

Wie schon zu Beginn dieses Kapitels gesagt, ist keines der hier erwähnten Werke in heute noch nachweisbaren singhalesischen Handschriften bezeugt. Die in Sri Lanka erschienenen Textausgaben und Übersetzungen buddhistischer Kāvyas indischen Ursprungs in singhalesischer Schrift beruhen sämtlich auf indischen und europäischen Editionen dieser Texte.[34]

---

[29] Amāvatura von Guruḷugōmī, ed. Polvattē Buddhadatta, 2. Aufl., Colombo 1958, S. 210; Amāvatura, Chapters IX–XIV, Text with Translation, Colombo 1953, p. 83. Siehe auch Dehigaspe Pannasara, Sanskrit Literature, Colombo 1958, S. 177 f.

[30] Dharmapradīpikāva (Anm. 8), S. 175.

[31] Dahamsaraṇa von Vidyācakravartin, ed. Kiriällē Ñāṇavimala, Colombo 1955, S. 60 f.

[32] Purāṇa sanna sahita Säḷalihiṇi sandeśa varṇanāva, ed. Bōmuvē Ñāṇānanda, Colombo o.J. S. 2. Vgl. Godakumbura, Sinhalese Literature (Anm. 10), S. 208 f. In der Erstausgabe des alten Sannaya (in Sella lihini sandese, The Sella's Message by Sri Rahula of Totagamua, ed. William Charles Macready, Colombo 1865) findet sich der Passus nicht.

[33] S. Paranavitana, „The Poet", in: The Jānakīharaṇa of Kumāradāsa, ed. S. Paranavitana and C. E. Godakumbura, Colombo 1967, S. XLV-XLVII. und C.E. Godakumbura, „The Life of Kumāradāsa and his Poetry", Journal of the Ceylon Branch of the Royal Asiatic Society, N.S. 15 (1971), S. 24 f. Hierzu siehe oben Kapitel I.6, S. 34.

[34] Singhalesische Textausgaben: (1) Buddhacarita von Aśvaghoṣa: Teilausgaben von Sarga 1 und 2 von Baḷangoḍa Ānandamaitreya, 2. Aufl., Colombo (1954); dass., mit Dharmaśrīvyākhyā von Kataluvē Dharmaśrī, Colombo 1956. — (2) Saundāranandakāvya von Aśvaghoṣa: Saundāranandakāvyaya, übers. und ed. Āriyapāla Guṇasēna, Nugēgoḍa

5. Buddhistische Sanskrit-Dichtung aus Sri Lanka

In diesem Kapitel sollen sowohl die Werke der buddhistischen Kunstdichtung aus Sri Lanka wie die in Versform abgefaßten buddhistischen Stotras und ähnliche Texte besprochen werden.

Das wahrscheinlich früheste uns erhaltene buddhistische Kunstgedicht ceylonesischen Ursprungs ist das Anuruddhaśataka[1], von dem es zahlreiche singhalesische Handschriften[2] und Ausgaben[3] sowie eine indische Druckausgabe in Nāgarī-Schrift[4] gibt

---

2510 (1966); Saundāranandamahākāvyaya [Text und singhalesische Übersetzung] von Mātara Śrī-Jñānārāma und Pahatamullē Priyadarśī, Balapiṭiya 1946. — (3) Jātakamālā von Āryaśūra: Jātakamālā, ed. Ānanda Maitreya, Colombo 1950; Teilausgabe der Jātakamālā mit Maṃgalya vyākhyānaya von Keramiṇiyē Jinānanda, Ambalangoḍa (1951) [nur Viśvantarajātaka und Yajñajātaka]; dass., Ambalaṅgoḍa (1958) [Vyāghrajātaka bis Maitribalajātaka]; ferner ed. T. Āryavaṃsa und T. Amaravaṃsa, Fasz. 1, Alutgama 1907 [bis Viśvantarajātaka; alles Erschienene]; Jātakamālā mit Saṃbodhinī vyākhyā ed. Gaṅkēvala Ratanajoti, Gampola 2451 (1947). — (4) Śiṣyalekhadharmakāvya: keine singhalesische Ausgabe bekannt. — (5) Bodhicāryāvatāra von Śāntideva: Bodhicaryāvatāra mit Pramuditā von Śrī Dharmānanda, Colombo 1953; Śāntideva, Bodhicaryāvatāra(ya), ed. Moratuvē Sāsanaratana, Colombo 1966; singhalesische Übersetzung von Dävamoṭṭāve Somasiri, Colombo 1946 [freie Wiedergabe in singhalesischer Prosa]. — (6) Padyacūḍāmaṇi: Padyacūḍāmaṇi von Buddhaghoṣa, ed. Śrī Āryavaṃsa und Śrī Amaravaṃsa, Colombo 1908 [Sarga 1-9, Vers 16]; Padyacūḍāmaṇi mahākāvyaya von Buddhaghoṣa [mit singhalesischer Übersetzung] von Kuḍuvällē Śrī Suguṇānanda, 1. Teil, Alutgama 1939 [Sarga 1-6]; Padyacūḍāmaṇī Maṃgala vyākhyāva von Keramiṇiyē Jinānanda, Colombo 1954 [nur Sarga 1-2]; Padyacūḍāmaṇi vivaraṇaya von Kataluvē Dharmaśrī, Colombo 1954 [nur Sarga 1-2]; siehe auch Āñdagala Sīlānanda, Padyacūḍāmaṇī pradīpikā, Mahanuvara 1940. - Auch das der buddhistischen Göttin Tārā gewidmete kunstvolle Sragdharāstotra des kaschmirischen Dichters Sarvajñamitra (8. Jahrh.) wurde in Sri Lanka mit ausführlicher Einleitung und singhalesischem Kommentar veröffentlicht von Kahañdāmōdara Candrakīrtiśrī Piyaratana, Mātara 1953.

[1] Siehe Dehigaspe Pannasara, Sanskrit Literature, Colombo 1958, S. 152-165; James de Alwis, A Descriptive Catalogue of Sanskrit, Pali and Sinhalese Literary Works of Ceylon, Vol. I, Colombo 1870, S. 168-172; Cecil Bendall, Catalogue of the Sanskrit Manuscripts in the British Museum, London 1902, No. 260, S. 101-102. Die Angaben zum Anuruddhaśataka im Katalog von James d' Alwis sind nachgedruckt in The Maha-Bodhi and the United Buddhist World 10, Nr. 10 (Febr. 1892), S. 117. Siehe ferner Ryūkai Mano „Anuruddha-śataka ni tsuite / On Anuruddha-śataka" [japan.], Journal of Indian and Buddhist Studies (Indogaku Bukkyogaku Kenkyu) 11 (1963), S. 110-114.

[2] Handschriften: Wickr., Cat.14; BL Or. 6602 (1), 6602 (3); Cabaton 656; CM 746-753; God. Cat. SAS (Sinh.) 4; SAS (Sinh.) 7 (b) [Seite 137]; LPP I 4 (56 Hss.); II 4

und das angeblich auch in Kambodscha bekannt sein soll.[5] Über den Verfasser gibt uns der letzte Vers (101) des Gedichtes Auskunft; danach ist es von einem Sthavira namens Anuruddha verfaßt, der Upasthavira (d.h. stellvertretendes Oberhaupt) der Uttaramūla-Gemeinde[6] war, aus der auch zahlreiche andere bedeutende Dichter, vor allem Toṭagamuva Śrī Rāhula (15. Jahrh.), hervorgegangen sind. Der üblich gewordene Textname Anuruddhaśataka enthält also den Namen des Verfassers (ähnlich der Bezeichnung Mayūraśataka für das Sūryaśataka).

Ein Thera namens Anuruddha ist aus der Geschichte der Pāli-Literatur wohlbekannt. Er gilt als Verfasser des Abhidhammatthasaṅgaha, des Nāmarūpapariccheda und des Paramatthavinicchaya. Die moderne ceylonesische Überlieferung, die auch das Anuruddhaśataka demselben Thera zuschreibt, konstruiert aus den Angaben in den Kolophonen dieser Werke seine Lebensgeschichte folgendermaßen: Er sei in Sri Lanka geboren, habe einen Teil seines Lebens in Kāñcipura (Conjeevaram) in Südindien verbracht und dort den Paramatthavinicchaya geschrieben. In Ceylon sei er Upasthavira und später Mahāsthavira oder Mahānāyaka der Uttaramūla-Gemeinde geworden.[7] Diese Identifikation ist jedoch unwahrscheinlich; in der Autorenliste des Nikāyasaṅgrahaya sind zwei Autoren namens Anuruddha genannt.[8]

(41 Hss.); Somadasa, Wellcome Inst. WS 24, 295, 446; Singh. Hss. 117–119, 301; NCC I 213.

[3] Anuruddhaśataka, sanna sahita, hrsg. Don Andris da Silvā Baṭuvantuḍāvē, in zahlreichen Auflagen (1866, 1879 und 1888; 13. Aufl., veröff. von R. Baṭuvantuḍāvē, Colombo 1922; 20. Aufl. und 21. Aufl., revised by Robert Baṭuvantuḍāvē, publ. by Ratnakara Book Depot, Colombo 1948 bzw. 1952; 23. Aufl., Colombo 1973); auch in Siṃhala granthārṇavaya hevat Sihaḷa gatsayura, Library of Sinhalese Classics, ed. A. M. G[unasekera], Colombo o.J., S. 61–86; ferner Anurut mahaterun visin racita Anuruddha-śatakaya, ed. L. Guṇaratna, Colombo o.J. und andere Einzelausgaben.

[4] Anuruddhaśataka by Anuruddha Mahā Thera with a Commentary by C.A. (alias D.A.) Seelakkhandha, Calcutta 1900 (Buddhist Texts of the Northern and Southern Schools, publ. by the Buddhist Text Society of India).

[5] Nach Louis Renou et Jean Filliozat, L'Inde classique, II, Hanoi 1953, § 195, S. 359 „de Ceylon jusqu'au Cambodge" (ohne nähere Angaben). In Birma und in Thailand ist der Text jedoch nach meinen Feststellungen unbekannt.

[6] Über die Bedeutung der Bezeichnung Uttaramūla siehe M.B. Ariyapala, Society in Mediaeval Ceylon, Colombo 1956, S. 233 f.

[7] G. P. Malalasekera, The Pāli Literature of Ceylon, London 1928, S. 169–171. Vgl. auch de Alwis, A Descriptive Catalogue (Anm. 1), S. 170 f.; Pannasara, Sanskrit Literatur (Anm. 1), S. 153 f. Siehe ferner Encyclopaedia of Buddhism, ed. G. P. Malalasekera, Vol. 1, S. 771 (s.v. Anuruddha [5]) und 772 (s.v. Anuruddhaśataka).

[8] Nikāyasaṅgrahaya or Śāsanāvatāraya von Devarakṣita Dharmakīrti, ed. Simon de Silva u.a., Colombo 1922, S. 22. Über verschiedene mögliche Identifikationen des Verfassers des Anuruddhaśataka siehe auch A Dictionary of the Sinhalese Language, Vol.

Durch die Erwähnung der Zugehörigkeit des Verfassers des Anuruddhaśataka zur Uttaramūla-Gemeinde ist ein Terminus post quem gegeben, da diese Gemeinde um 1050 gegründet wurde.[9] Im übrigen muß der Text einer Periode entstammen, in der die Sanskrit-Gelehrsamkeit Ceylons einen hohen Stand erreicht hatte, also jedenfalls vor der zweiten Hälfte des 15. Jahrhunderts.[10]

Zum Anuruddhaśataka ist in allen Handschriften ein Sannaya überliefert, das auch den singhalesischen Druckausgaben beigegeben ist. Das Sannaya besteht aus einfachen Worterklärungen und aus einem Schlußvers in Sanskrit mit Segenswünschen. Man darf es wohl ins 14. oder 15. Jahrhundert datieren, weil es in Sprache und Stil den Sannayas zum Vyāsakāra, zum Bhaktiśataka und anderen Sannayas dieser Periode nahesteht.[11] Ende des 19. Jahrhunderts verfaßte der gelehrte singhalesische Mönch Doḍanduvē A. Sīlakkhandha (1848–1924; siehe oben Kap. I.7, S. 40) einen Sanskrit-Kommentar zum Anuruddhaśataka, den er seiner in Indien erschienenen Ausgabe beifügte.[12]

Das Anuruddhaśataka ist ein buddhistisches Lehrgedicht, das stellenweise auch den Charakter eines Stotra hat. Nach drei Versen zum Preise Buddhas heißt es in Vers 4–10, die (mit ihren Bodhibäumen aufgezählten) 24 bekannten mythischen Vorläufer des historischen Buddha mögen die Welt beschützen. In den Versen 11–20 werden die zehn Pāramitās (Vollkommenheiten eines Bodhisattva) anhand von zehn berühmten Jātakas erläutert,[13] wobei sich Anuruddha weitgehend an die in der Nidānakāthā des Jātaka-Buches gegebene Auswahl von Jātakas zur Illustration der Pāramitās anlehnt.[14] In den nächsten Versen (21–24) wird auf die bedeutendsten Ereignisse im Leben des Buddha angespielt. Es folgt in 37 Versen (25–61) eine ins einzelne gehende

---

1, Part 7, Colombo 1957, S. 285.

[9] Mahāvaṃsa 57.20–22 (hier als Uttaromūla bezeichnet).

[10] Eine Datierung in der Polonnaruva-Periode schlagen u.a. vor O. H. de Wijesekera, „Pali and Sanskrit in the Polonnaruva Period", Ceylon Historical Journal 4 (1954/55), S. 96; Sirima Wickramasinghe, „The Sources for a Study of the Reign of King Parākramabāhu I", ebenda, S. 173; C. E. Godakumbura, Sinhalese Literature, Colombo 1955, S. 4; A. Mendis Gunasekara, Śrī Saddharma koṣaya, Balapiṭiya 1930, S. 211.

[11] Puñcibaṇḍāra Sannasgala, Siṃhala sāhitya vaṃśaya, Colombo 1964, S. 116 und die Herausgeber des Dictionary of the Sinhalese Language, vol. 1, Part 7, Colombo 1957, S. XV datieren auch das Sannaya in die Polonnaruva-Periode.

[12] Siehe Anm. 4.

[13] Die zehn Jātakas, auf die angespielt wird, sind Sivi-jātaka (Jātaka Nr. 499), Saṅkhapāla-jātaka (524), Cullasutasoma-jātaka (525), Sattubhasta-jātaka (402), Mahājanaka-jātaka (539), Khativādi-jātaka (313), Mahāsutasoma-jātaka (537), Mūgapakkha-jātaka (538), Ekarāja-jātaka (303) und Lomahaṃsa-jātaka (eigentlich Lomahaṃsasutta des Majjhima-nikāya).

[14] The Jātaka together with its Commentary, ed. V. Fausbøll, London 1877, S. 45–47.

Schilderung der leiblichen Erscheinung des Buddha mit den 32 Merkmalen eines „großen Mannes" unter Verwendung zahlreicher poetischer Vergleiche. Danach werden die aus zahlreichen kanonischen Textstellen bekannten neun wichtigsten Eigenschaften des Buddha erläutert, und zwar in Anlehnung an die berühmte *iti pi so*-Formel (62–71).[15] Im Stile eines Preisgedichtes folgen nun weitere Angaben über die außergewöhnlichen Eigenschaften und Fähigkeiten des Buddha (72–89), auch in früheren Existenzen (90–94). Menschen, die ihr Ohr der Lehre Buddhas verschließen, werden als Nichtsnutze bezeichnet (95) und nach Versen, in denen der Verfasser seine Ergebenheit dem Buddha gegenüber ausdrückt (96–99) und für sich Segen und die Begegnung mit dem zukünftigen Buddha Maitreya wünscht (100), folgt der Schlußvers (101), in dem der Verfasser seinen Namen nennt. Im Anuruddhaśataka werden sieben in der Sanskrit-Dichtung übliche Versmaße (Vasantatilakā, Śārdūlavikrīḍita, Mālinī, Sragdharā, Mandākrānta, Vaṃśastha und Upajāti) verwendet.

Das Anuruddhaśataka ist wohl der einzige ältere Lehrtext in Sanskrit, der ausschließlich Lehren der orthodoxen ceylonesischen Mahāvihāra-Schule (also des orthodoxen Zweiges der Theravāda-Schule) darlegt, ohne daß irgendwelche Einflüsse aus anderen buddhistischen Traditionen erkennbar wären. Daraus ergibt sich ein zusätzliches Argument dafür, daß der Text erst nach der Mitte des 12. Jahrhunderts verfaßt worden ist; denn vor der Zeit Parākramabāhus I., als der Buddhismus in mehrere Nikāyas gespalten war und Sanskrit als Sprache „häretischer" Schulen galt, hätte man vermutlich kaum Sanskrit für ein orthodoxes Lehrgedicht verwendet, während nach der Einigung des ceylonesischen Buddhismus dagegen keine Einwände mehr bestanden.

Das berühmteste unter den buddhistischen Sanskrit-Werken Sri Lankas ist das Bhaktiśataka, ein Preislied auf den Buddha in 107 Versen. Es wurde zur Zeit des Königs Parākramabāhu VI. (1412–1467) von Rāmacandra Bhāratin (auch als Candrabhāratin bezeichnet) verfaßt; die in älteren europäischen und indischen Werken enthaltene Angabe, daß dieser Dichter zur Zeit des Königs Parākramabāhu II. (1236–1270) gelebt habe,[16] ist unzutreffend. Rāmacandra Bhāratin ist aus Bengalen

---

[15] Die berühmte Pāli-Formel lautet *iti pi so bhagavā arahaṃ sammāsambuddho, vijjācaraṇasampanno sugato lokavidū anuttaro purisadammasārathi satthā devamanussānaṃ buddho bhagavā 'ti.* Im Anuruddhaśataka erscheinen diese Qualitäten als *arhat* (62), *sambuddha* (63), *vidyā-caraṇa-pūrṇṇa* (64-65), *sugata* (66), *lokavid* (67), *anuttara naradamyasārathi* (68), *śāstṛ* (69), *buddha* (70), *bhagavat* (71).

[16] Diese irrtümliche Datierung schon in Haraprasad Sastri, „An Account of a Bengali Brahmin who obtained a High Position in the Sinhalese Buddhist Hierarchy in the 11th Century", Journal of the Asiatic Society of Bengal, Proceedings 1890, S. 125–127; ders., „Discovery of Living Buddhism in Bengal, Calcutta 1897, S. 4 usw.; auch z.B. in M.

nach Sri Lanka gekommen, hat bei dem Oberhaupt des Śrīsaṅghabodhi-śrī-Vijayabāhu-pariveṇa die buddhistische Religion kennengelernt und sich zum Buddhismus bekehrt. Der König verlieh ihm in Anerkennung seiner literarischen Leistungen den Titel Bauddhāgamacakravartin. Das Bhaktiśataka wurde von Rudolf Otto ins Deutsche übersetzt.[17] Der Verfasser dieser Zeilen hat eine Edition des Textes besorgt, in der die älteren Ausgaben und einschlägige Literatur angeführt sind. Der Text des Bhaktiśataka ist ausschließlich in singhalesischer Tradition in zahlreichen Manuskripten überliefert.[18]

Das Bhaktiśataka ist eine von persönlicher Begeisterung durchdrungene Bekenntnisschrift. Rāmacandra hat im Buddhismus die Religion gefunden, die sein Leben erfüllte und sinnvoll machte. Die Götter seiner angestammten hinduistischen Religion sind ihm nicht mehr verehrungswürdig, weil sie Unwissende sind und einen falschen Weg weisen (Vers 2–4), ja er will mit denen, die dem Veda vertrauen, keine Gemeinschaft haben (Vers 96–97). Nur der Buddha ist seine Zuflucht, den er in überschwenglichen Worten preist. Aus der Zuflucht zum Buddha kommt alles Heil, seine gnädige Hilfe allein führt aus dem Elend dieser Welt heraus. Wenn man sich nicht dem Buddha zuwendet, so sind alle guten Werke und alle Askese nutzlos. Solche Menschen, die den Buddha nicht verehren, soll man meiden, auch wenn sie sonst viele Vorzüge haben.

Im Mittelpunkt des Gedichtes steht mithin die Bhakti zum Buddha, also Glaube, Liebe und demütige Hingabe dem Buddha gegenüber, wie sie die Mystiker des Viṣṇuismus ihrem Gotte Viṣṇu gegenüber empfanden. Von der Bhakti zum Buddha und von der Gnade und dem Mitleid (*kṛpā*), die Buddha den Hilfesuchenden erweist, ist immer wieder die Rede. Einige Beispiele: „Ich bin dein Bhakta", sagt der Dichter in Vers 31. Nicht einen Augenblick vermag er ohne den Buddha zu leben. Wenn er nur ihn hat,

---

Winternitz, Geschichte der indischen Litteratur, Leipzig 1920, S. 379; in R. Otto, Siddhānta des Rāmānuja (unten Anm. 17), S. 141.

[17] [Beilage zu] Siddhānta des Rāmānuja, übertragen von Rudolf Otto, Jena 1917 (Texte zur indischen Gottesmystik 2), S. 141–160.

[18] „Bhaktiśataka oder Bauddhaśataka von Gauḍadeśīya Śrī-Rāmacandra Bhāratin", herausgegeben von Heinz Bechert, Untersuchungen zur buddhistischen Literatur, hrsg. H. Bechert, S. Bretfeld und P. Kieffer-Pülz, Göttingen 1997 (Sanskrit-Wörterbuch der buddhistischen Texte aus den Turfan-Funden, Beiheft 8), S. 9–34. Über die singhalesischen, indischen und nepalischen Ausgaben siehe dort S. 10 f. Über Rāmacandra Bhāratin siehe auch M. Mēlissa Silvā, Śrī Rāhula Saṃgharāja caritaya, Colombo 1962, S. 65–67. Hss. des Bhaktiśataka: BL Or. 3538; Or. 6603(2); CM 805–816; LPP I 68 (120 Hss); II 52 (60 Hss.); God, Cat. SAS(Sinh.) 5; Somadasa, Wellcome Inst. WS. 204, 233, 238, 418; Singh. Hss. 135, 136. Die Ausgabe von Śīlaskandha in Nāgarī-Schrift 1893 ist eine Transliteration der Ausgabe von Baṭuvantuḍāvē in singhalesischer Schrift (vgl. Bechert, „Bhaktiśataka...", S. 11.

mögen ihn ruhig die Könige strafen, die Gelehrten tadeln und die Verwandten verstoßen (Vers 25). Von niemand anders als vom Buddha will er Glück begehren (26). Um der Liebe zum Buddha willen will er der Welt wohltun (33), weil der Buddha alles für das Heil der Welt hingegeben hat (34).

Es ist sicher kein Zufall, daß Rāmacandra von Haus aus Viṣṇu-Verehrer war. Er muß die ursprünglich in Südindien entwickelte viṣṇuitische Bhakti-Frömmigkeit gekannt haben, die sich zu seiner Zeit auch nach Bengalen verbreitet hatte, wo sie bekanntlich große Bedeutung erlangte. Gerade die viṣṇuitische Gottesliebe, die Rāmacandra in seinem Gedicht auf den Buddha überträgt, zeigt auch Anklänge an die christliche Mystik, eine Verwandtschaft, die man wohl mit Rudolf Otto als „Konvergenz", nicht als Entlehnung, erklären muß.

Es lag nahe, daß Rāmacandras Auffassung der buddhistischen Religion ihn dem Mahāyāna-Buddhismus nahebrachte. Zu seiner Zeit gab es zwar in Ceylon keine organisierten Gemeinden von Mahāyāna-Anhängern mehr, aber verschiedene Vorstellungen des Mahāyāna-Buddhismus hatten im ceylonesischen Buddhismus seiner Zeit durchaus Heimatrecht gefunden. Zudem wurden auch Literaturwerke aus dem Bereich des Mahāyāna wie der oben erwähnte Bodhicaryāvatāra damals noch in Ceylon gelesen. Das Bodhisattva-Ideal kommt deutlich im vorletzten Vers (106) zum Ausdruck, in dem der Wunsch ausgesprochen wird, daß alle Wesen die vollkommene Erleuchtung eines Buddha erlangen mögen. Im Gegensatz zur Lehre des alten Buddhismus erscheint der Buddha nirgends in dem Gedicht als Ratgeber, der nur den Weg weist. Immer ist er der Retter, der den hilflosen Menschen aus Gnade errettet, dessen Macht alles Übel vertreibt und der ihm sogar gutes Karman zukommen läßt. Wer zu den Füßen Buddhas niederfällt, entrinnt dadurch dem Schicksal, in der Hölle zu leiden (74). Schon die Betrachtung der Gestalt Buddhas (d.h. der Buddhabilder) und schon einmalige Verehrung der Füße Buddhas befreit von den Folgen vieler Übeltaten (67–72).

Die schon aus diesen Beispielen deutlich werdenden Übereinstimmungen der Gedanken Rāmacandras, die zunächst auf Anregungen der viṣṇuitischen Bhakti-Frömmigkeit beruhen, mit Lehren des Mahāyāna-Buddhismus erklären auch, daß Rāmacandra in seinem im Zusammenhang mit der metrischen Literatur zu besprechenden, etwas später verfaßten Werk Vṛttaratnākarapañjikā den Gott Avalokiteśvara oder Avalokitanātha preist. Bekanntlich ist der Kult dieses Gottes in Sri Lanka in Form der Verehrung des Gottes Nātha bis zum heutigen Tag erhalten geblieben.[19]

[19] Vgl. oben Kapitel II.3; siehe insbesondere John Clifford Holt, Buddha in the Crown: Avalokiteśvara in the Buddhist Traditions of Sri Lanka, New York 1991.

In sehr vielen Handschriften und in den singhalesischen Drucken ist das Bhaktiśataka zusammen mit einem Sannaya überliefert. Dieses ist von einem Mönch namens Maṅgala (nach einigen Handschriften Sumaṅgala) verfaßt, der sich als Schüler des Toṭagamuvē Śrī Rāhula bezeichnet, also des berühmtesten singhalesischen Dichters seiner Zeit. Er war demnach ein Zeitgenosse des Rāmacandra Bharatin. Dieses Sannaya beschränkt sich auf bloße Worterklärungen, wobei in hohem Maße Sanskrit-Lehnwörter benutzt werden.

Außer dem Bhaktiśataka und der Vṛttaratnākarapañjikā, die als Kommentar zur Metrik des Kedāra in Kapitel VI.1 besprochen werden wird, ist uns als drittes Werk des Rāmacandra Bhāratin noch die Vṛttamālākhyā überliefert. Dieses Werk trägt auch den Namen Mahānetraprāsādamūlamahāsthaviracarita. Die Vṛttamālākhyā ist ein Kāvya in 52 Versen, das die Lebensgeschichte eines Mönches namens Dīpaṅkara mit dem Beinamen Mahānetraprāsādamūla[20] enthält, und zwar unter Verwendung verschiedener Metren in der Weise, daß es zugleich als ein Beispielbuch für das Studium der Metrik dienen kann. Daher trägt es den Namen Vṛttamālākhyā[21] und wurde in den Kanon der Schultexte (vgl. oben Kapitel I.4) aufgenommen. Rāmacandra folgt in der Reihenfolge der von ihm verwendeten Metren der Reihenfolge, in der diese im Vṛttaratnākara des Kedāra behandelt werden, also in dem Werk, zu dem Rāmacandra selbst einen Kommentar geschrieben hat, ohne freilich zu allen von Kedāra beschriebenen Versmaßen Beispielverse zu geben. Die Vṛttamālākhyā ist in zahlreichen singhalesischen Handschriften überliefert, und zwar meist mit Sannaya[22]. Außerdem ist der Text einige Male gedruckt worden[23]. Das zu dem Text überlieferte Sannaya ist wahrscheinlich

---

[20] Über diesen Thera siehe A. P. Buddhadatta, Theravādī Bauddhācāryayō, Ambalangoḍa 1960, S. 146–148 (Nr. 24); R. A. L. H. Gunawardhana, Robe and Plough, Tucson 1979, S. 298; P. E. E. Fernando, „Kandy District Court Him-Patraya of Pātra-Ābō Śatrurāja", Paranavitana Felicitation Volume, ed. N. A. Jayawickrama, Colombo 1965, S. 151.

[21] Der Text ist zu unterscheiden von dem Pāli-Werk Vuttamālāsandesasataka, der ebenfalls gelegentlich auch als Vṛttamālākhyā bezeichnet wird. Die beiden Werke wurden häufig verwechselt, so z.B. von R. Spence Hardy, Eastern Monarchism, London 1850, S. 317.

[22] BL Or. 6611 (180); Liyanaratne, Cat. 42; LPP I 89 f. (59 Hss. und 10 Hss. mit Sannaya; hier offenbar teilweise mit Vuttamālāsandesasataka verwechselt; vgl. oben Anm. 21); II 68 (15 Hss. und 16 Hss. mit Sannaya); Somadasa, Wellcome Inst. WS. 447. Vgl. auch James de Alwis, A Descriptive Catalogue (Anm. 1), S. 175–177.

[23] Ausgaben von 1867 und 1890 siehe Don Martino de Zilva Wickremasinghe, Catalogue of the Sinhalese Printed Books in the Library of the British Museum, London 1901, S. 166; Vṛttamālākhyāva von Candrabhāratin (mit Sannaya), ed. Baṭuvantuḍāvē Śrī Devarakṣita, 5. Aufl., Colombo 1928; dass., 6. Aufl., Colombo 1956; mit Sannaya auch in Siṃhala granthārṇavaya (Anm. 3), S. 190–201; Text in Nāgarī-Schrift ohne Sannaya ed. C. A. Seelakkhandha, Journal and Text of the Buddhist Text Society of India 2, Part 1

nicht sehr viel jünger als der Text.

Das Nāmāṣṭaśataka ist ein kleines Sanskrit-Gedicht, das seinen Namen deswegen trägt, weil darin 108 Namen des Buddha aufgeführt werden. Es besteht aus 15 Ślokas, in denen diese 108 Bezeichnungen für den Buddha enthalten sind, und drei weiteren Ślokas, in denen die Früchte der Rezitation dieser Verse aufgeführt werden: Wer das Nāmāṣṭaśataka täglich mit Hingebung (*bhakti*) rezitiert, der wird grenzenlosen irdischen und himmlischen Reichtum ernten, niemals krank werden usw. Dieser Text ist nur aus singhalesischer Tradition bekannt, in zahlreichen Handschriften, meist mit einem Sannaya, überliefert[24] und in mehreren singhalesischen Druckausgaben, meist zusammen mit dem Sanskrit-Text Navaratna, publiziert;[25] er gehört zu den in den Klosterschulen benützten Schultexten (s. oben Kapitel I.4). Verfasser und Entstehungszeit sind nicht bekannt. Singhalesische Gelehrte datieren den Text teils in die Polonnaruva-Periode, teils in die Koṭṭē-Periode.[26] Das Nāmāṣṭaśataka ist auch als Śānti-Text benützt worden, d.h. als magischer Text, der Glück und Segen bringt. So findet man ihn, leicht umgestaltet, z.B. in dem Zaubertext Mahā navanāthaya.[27]

(1894), S. 19-28 (dort Inhaltsangabe, S. 17 f.); Edition von Heinz Bechert, Sanskrittexte aus Ceylon, Teil 1, München 1962, S. 41-48. In der Musiktradition der Kandy-Periode diente die Rezitation der Vṛttamālākhyā für den Musikunterricht; siehe Mahawalatennē Bandār, „Kandyan Music“, Journal of the Ceylon Bronch of the Royal Asiatic Society 21, No. 61 (1908), S. 155 f.

[24] Siehe BL Or. 6601 (101) XVIII, Or. 6601 (102) V, Or. 6602 (4) IX; CM 1189-1197; God, Cat. SAS (Sinh.) 4; LPP I 49 (28 Hss.); II 37 (13 Hss.).

[25] Siehe meine Ausgabe in: Sanskrittexte aus Ceylon (Anm. 23), S. 23 f.; singhalesische Ausgaben sind dort angegeben auf S. 8; auch Nāmāṣṭaśatakaya hā Navaratnaya, ed. Ōpanāyake Karuṇāmūrti, Colombo 1967; „Nāmāṣṭaśatakastotraya“ in Cāls da Silvā, Stotra maṇi mālāva, Colombo 1955, S. 11 f. (ohne Sannaya); ältere Ausgaben siehe Wickremasinghe, Catalogue of the Sinhalese Printed Books (Anm. 23), S. 133; vollständig ediert und übersetzt auch bei Pannasara (Anm. 1), S. 166-170. Ausgabe mit Übersetzung ins Newari (Nepāla bhāṣā) von Bhikṣu Subodhānanda, Kathmandu 2500 B. E. (1956) (Dharmodaya granthamālā, 33).

[26] Datierung in die Polonnaruva-Periode (1055-1235) bei Pannasara, Sanskrit Literature (Anm. 1), S. 166; Wijesekera, „Pali and Sanskrit“ (Anm. 10), S. 96 f.; Wickramasinghe, „The Sources“ (Anm. 10), S. 173; in die Koṭṭē-Periode bei Sannasgala, Siṃhala sāhitya vaṃśaya (Anm. 11), S. 254. Die Datierung in die Mahanuvara- (d.h. Kandy-)Periode bei Moratuvē Sāsanaratana, Lakdiva Mahāyāna adahas, Pānadurā 1952, S. 399, ist wohl irrtümlich. Godakumbura, Sinhalese Literature, Colombo 1955, S. 142, führt das Sannaya an, gibt aber keine Datierung.

[27] Pālita Somakīrti, Mahā navanāthaya, Nugēgoḍa 2500 (1956), S. 74 f.; der Text ist hier als Buddhastotraśāntiya bezeichnet.

Das Buddhagadya, das in vielen Handschriften und Ausgaben mit der Pāli-Form seines Namens als Buddhagajja bezeichnet wird, ist das kunstvollste unter den in Ceylon in Sanskrit verfaßten Buddhastotras. Es besteht in der edierten Version aus 41 Versen und ist der erste der in Sanskrit verfaßten Texte in der Reihe der Schultexte. Jedoch wurde das Buddhagadya in den alten singhalesischen Schulen nur als Lese- und Ausspracheübung verwendet, ohne daß der Sinn des Textes erklärt wurde. Deshalb wurde es ohne Sannaya überliefert.[28] Außerdem wurde sein Text bei dieser rein mechanischen Überlieferung ohne Verständnis vielfach entstellt. Die strengen Formprinzipien lassen jedoch eine einigermaßen genaue Wiederherstellung des ursprünglichen Textes zu, wie ich sie in meiner Ausgabe versucht habe.[29] Edmund Hardy, der aufgrund einer einzigen Handschrift den Text herausgab,[30] erkannte ebenso wie W.A. de Silva[31] nicht, daß es sich um einen reinen Sanskrit-Text handelt, sondern bezeichnet es als „a strange mixture of a corrupted Sanskrit with Pali forms, having a few words of its own."

Neben der in den Druckausgaben publizierten Version des Textes hat es andere Versionen dieses Textes gegeben (so in Handschriften in der Colombo Museum Library, in der Hugh Nevill Collection, in der British Library und im Wellcome Institute for the History of Medicine in London), die textlich und in der Zahl der Verse zum Teil stark abweichen; aus den alternativen Titeln Vītarāgendra Buddhagajjaya und Buddhagajje nohot Sirinivāsaya wird in dem Katalog von Somadasa der Schluß gezogen, es handle sich um eine nach Kobbäkaḍuvē Rājaguru Sirinivāsa, dem Lehrer des Attaragama Rājaguru Banḍāra benannte Version des Textes.[32] Dies bleibt jedoch bloße Vermutung.

Über Verfasser und Alter des Buddhagadya besitzen wir keine zuverlässige Überlieferung. W. A. de Silva teilt aus einheimischer Tradition mit, daß es von

---

[28] Handschriften siehe BL Or. 6602 (9), Or. 6604 (204), Or. 6604 (205), Or. 6604 (206), Or. 12138; CM 845–858; LPP I 65 (18 Hss.); II 49 (13 Hss.); Somadasa, Wellcome Inst. WS 45 I, 179, 185, 255, 305. – Singhalesische Ausgaben siehe Bechert, Sanskrittexte aus Ceylon (Anm. 23), S. 8 und Wickremasinghe, Catalogue of Sinhalese Printed Books (Anm. 23), S. 26 f. und andere. In den meisten Editionen ist der Text zusammen mit dem Sakaskaḍaya gedruckt. Auch in Siṃhala granthārṇavaya (Anm. 3), S. 30–32 und in Cāls da Silvā, Stotra maṇi mālāva, Colombo 1955, S. 12–18.

[29] Bechert, Sanskrittexte aus Ceylon (Anm. 23), S. 15–22.

[30] Edmund Hardy, „On Some Stanzas in Eulogy of the Buddha", Journal of the Pali Text Society 1897–1901, S. 43–54.

[31] W. A. de Silva, „The Ancient System of Teaching Sinhalese", Journal of the Ceylon Branch of the Royal Asiatic Society No. 71 (1918), S. 94 f.

[32] Siehe K.D. Somadasa, Catalogue of the Hugh Nevill Collection of Sinhalese Manuscripts, Vol. 3, London 1990, S. 257.

Attaragama Baṇḍāra (18. Jahrh.) stammen soll.[33] Dies beruht wahrscheinlich auf einer Verwechslung mit dem von Attaragama Baṇḍāra verfaßten Vadankavipota, dem in der Reihe der Schultexte vorangehenden Werk. Weiter erklärt de Silva jedoch: „It is however believed to have been written at a much earlier period, that is, about the time of King Parākramabāhu the Great, of Polonnaruva".[34] Danach haben O. H. de A. Wijesekera,[35] Sirima Wickramasinghe[36] und D. Pannasara[37] ohne weitere Begründung die Polonnaruva-Periode als Enstehungszeit angegeben. Ohne nähere Begründung ist auch die Datierung von Don M. de Zilva Wickremasinghe: „about the 18th century".[38] A.M. Gunasekera teilt zwei Traditionen über das Buddhagadya mit; nach einer soll es aus der Polonnaruva-Zeit stammen, nach der anderen von Vīdāgama Maitreya Mahāthera (Mitte des 15. Jahrh.) verfaßt sein.[39] K. D. Somadasa datiert den Text versuchsweise in die Zeit des Königs Narendrasiṃha (1707-1739).[40] Eine andere Tradition über den Verfasser erwähnt P. Sannasgala. Danach steht im Kolophon einer Handschrift im Kloster von Kuṇḍasāla, das Buddhagadya sei von „Sarasvatī" verfaßt.[41] Während Sannasgala darin den Namen des Dichters sieht, scheint mir hier allenfalls ein Titel des Dichters vorzuliegen,[42] sofern damit nicht überhaupt die Göttin der Beredsamkeit als mythische Verfasserin bezeichnet werden soll.

Mit Ausnahme des einleitenden Namaskāra-Verses und des abschließenden Verses, in dem die Früchte des Abschreibens, der Rezitation und des Zuhörens beschrieben werden, besteht der Text aus Vokativen, die sich auf *jaya jaya dharmmarāja* in Vers 2 beziehen, und in denen Eigenschaften des Buddha aufgezählt sind. Dies erinnert an das Gītagovindakāvya von Jayadeva, in dem ebenfalls eine Gruppe von Versen von *jaya jaya* abhängig ist, in der Eigenschaften der Gottheit gepriesen werden. Dieses Werk der viṣṇuitischen Literatur ist während der Kandy-Periode in Sri Lanka offenbar viel gelesen und auch in singhalesischen Handschriften überliefert worden, wobei sich zum Teil erhebliche Textvarianten feststellen lassen.[43]

---

[33] de Silva, „The Ancient System" (Anm. 31), S. 95.
[34] Ebenda, S. 95.
[35] Wijesekera, „Pali and Sanskrit" (Anm. 10), S. 97.
[36] Wickramasinghe, „Sources" (Anm. 10), S. 173.
[37] Pannasara, Sanskrit Literature (Anm. 1), S. 171.
[38] Wickremasinghe, Catalogue (Anm. 23), S. 26.
[39] Siṃhala granthārṇavaya (Anm. 3), S. 33.
[40] K. D. Somadasa, Catalogue of the Sinhalese Manuscripts in the Library of the Wellcome Institute, London 1996, S. 165.
[41] Sannasgala, Siṃhala sāhitya vaṃśaya (Anm. 11), S. 488.
[42] Über Sarasvatī als Titel vgl. Sannasgala, Siṃhala sāhitya vaṃśaya (Anm. 11), S. 88.
[43] Zum Gītagovindakāvya vgl. Siegfried Lienhard, A History of Classical Poetry, Sanskrit — Pāli — Prakrit, Wiesbaden 1984, S. 204-208. Über Gītagovindakāvya in Sri

Die auffälligste Eigenheit des Buddhagadya ist der Innenreim (*yamaka*) neben dem Endreim. Außer den durch alle vier Verszeilen durchgehenden Gleichheiten und Anklängen gibt es häufig noch solche, die sich nur in zwei Verszeilen finden. Der Innenreim bildet bekanntlich das Charakteristikum eines bestimmten Zweiges der indischen Dichtung, des sog. Yamaka-kāvya.[44] Diese Verstechnik ist insbesondere in singhalesischer poetischer Literatur weit verbreitet. So finden wir Innenreime in nahezu allen klassischen Texten der Sandeśa-Literatur, und zwar schon im ältesten erhaltenen Werk dieser Art, dem Tisarasandēśaya (14. Jahrh.).[45]

Die Bezeichnung „*Buddhagadya*" ließe eigentlich einen Kunstprosatext über den Buddha erwarten. Nun sind nur wenige der Verse in Versmaßen abgefaßt, die der Sanskrit-Metrik geläufig sind (Vers 1 Śloka, 13 und 15 Dodhaka, 14 Svāgata, 19 Bhujaṅgaprayāta, 21 Toṭaka, 29, 32 und 33 Tūṇaka, 41 Mālinī); trotzdem kann jedoch kein Zweifel daran bestehen, daß das gesamte Buddhagadya in Versen abgefaßt ist. Die der Sanskrit-Metrik unbekannten Versmaße sind nämlich, ebenso wie die Reimtechnik, aus der singhalesischen Dichtung übernommen. Das Wort „*gadya*" im Titel des Werkes kann daher nicht die Bedeutung „Kunstprosa" haben; „*Buddhagadya*" bedeutet vielmehr „was über den Buddha rezitiert werden muß". Die Verstechnik ebenso wie die Anklänge an das Gītagovindakāvya legen die Vermutung nahe, daß das Buddhagadya aus der Kandy-Periode, und zwar wahrscheinlich aus dem 17. Jahrhundert stammt.

An dieser Stelle soll auch ein Text erwähnt werden, der streng genommen zur singhalesischen Literatur gehört, nämlich das Sakaskaḍaya,[46] auch Mahā-abhinikmansakaskaḍaya genannt. Es handelt sich um ein auch als Schultext verwendetes kurzes Werk, dessen Umfang etwa drei eng beschriebene Druckseiten in singhalesischer Schrift beträgt. Nach einem Einleitungsvers in Sanskrit, in dem das Mitleid des Buddha gepriesen wird, der um des Heiles anderer willen auf die schnelle persönliche Erlösung verzichtet hatte und den langen Weg zur Buddhaschaft gegangen war, folgt ein Lebenslauf des Buddha in Prosa mit einem kurzen Textabschnitt in singhalesischer Sprache am Ende. Der Text dieses Lebenslaufes besteht fast ausschließlich aus Sanskrit-Wörtern in langen Zusammensetzungen, die jedoch durch einzelne singhalesische Absolutive und Partikeln nach den Regeln der singhalesischen Grammatik

---

Lanka siehe unten Kap. IV.2, S. 119f.

[44] Vgl. Lienhard, A History (Anm. 43), S. 222 f.

[45] Zum Tisarasandēśaya siehe C. E. Godakumbura, „Midellava-kōrāḷa's Tisarasandeśaya", Journal of the Ceylon Branch of the Royal Asiatic Society N. S. 3 (1953), S. 53–67; zur Metrik des Textes S. 65.

[46] Die Bezeichnung *sakaskaḍa* entspricht skt. *satkṛtyakhāṇḍa*. Die Bedeutung von *sakas* ist im Singhalesischen jedoch „in Ordnung gebracht", „geeignet", „ausgezeichnet".

von Anfang bis Ende zu einem einzigen Satz zusammengeordnet werden. In dem Werk kommen zahlreiche Sanskrit-Wörter vor, die sonst nicht als Lehnwörter im Singhalesischen gebräuchlich sind, so daß nur ein Kenner des Sanskrit den Text verstehen konnte. Ähnlich wie das Buddhagadya diente es in den alten singhalesischen Schulen als Lese- und Ausspracheübung, ohne daß den Schülern der Sinn des Textes erklärt wurde.[47] Wir kennen die Entstehungszeit dieses Werkes nicht. Wenn der im Daṁbadeṇi-katikāvata als Lehrtext für Novizen vorgeschriebene Text namens *Sakaskaḍaya* tatsächlich mit dem jetzt unter diesem Namen überlieferten Werk identisch sein sollte, so hätten wir damit einen gesicherten Terminus ante quem, da diese Verordnung für die Regelung des Lebens der Mönche unter König Parākramabāhu II. (1236–1270) erlassen wurde.[48]

Es gibt eine ganze Anzahl ähnlicher Texte, die fast gänzlich aus Sanskrit-Wortschatz bestehen, aber durch ihre Syntax als singhalesische Texte anzusehen sind, z.B. Mahāvajrajñāna-Buddhavandanāva.[49] Da sie nicht eigentlich zur Sanskrit-Literatur gehören, können sie hier außer Betracht bleiben.

Außerdem ist eine größere Anzahl kurzer buddhistischer Stotras und verwandter Texte unbekannten Alters in singhalesischen Handschriften und Drucken überliefert. Sie werden teilweise als Segensverse im volkstümlichen Buddhismus, vielfach auch in Ritualen der singhalesischen Volksreligion verwendet; manche dienen als magische Texte. Die Mehrzahl dieser Texte ist voll von sprachlichen Ungenauigkeiten, durch die sie sich deutlich von der älteren Sanskrit-Literatur der Singhalesen unterscheiden. Oft

---

[47] Ediert in Siṃhala granthārṇavaya (Anm. 3), S. 35 f. und in zahlreichen Drucken zusammen mit dem Buddhagadya (Anm. 28). Handschriften: BL Or. 6602 (5); CM 1411–1417; God. Cat. SAS (Sinh.) 7; LPP I 93 (24 Hss.); II 71 (17 Hss.); Singh. Hss. 120–123. Vgl. auch Pannasara, Sanskrit Literature (Anm. 1), S. 174 f. Edition mit singhalesischen Worterklärungen: Sakas kaṭa, ed. Munidāsa Kumāraṇatuṃga, Colombo 2480 (1936).

[48] Siehe Nandasena Ratnapala, The Katikāvatas, Laws of the Buddhist Order of Ceylon from the 12th Century to the 18th Century, München 1971, S. 12 (Text), 140 (Übersetzung) und 199 (Kommentar). C. E. Godakumbura, Sinhalese Literature (Anm. 10), S. 281 vermutet, daß der uns vorliegende Text im 18. Jahrhundert an die Stelle eines älteren Textes ähnlicher Art namens Änavumsakaskaḍaya getreten sei. Der von ihm dazu zitierte Text (Änavum pirit sannaya, ed. Baddēgama Kīrti Śrī Dhammaratana, Colombo 1926) ist ein Einleitungstext zur Paritta-Zeremonie. Wahrscheinlich ist in dem von Godakumbura zitierten Vers aus dem Vadankavipota nur die aus der älteren Überlieferung bekannte Formulierung *änavum sakaskaḍa* übernommen; man findet sie auch in anderen Texten (z.B. im Sangharājasādhucariyāva von Āyitāliyäddē Muhamdiramrāḷa, ed. Hēnpiṭagedara Piyananda, Colombo 1954, S. 6, einem Text aus dem späten 18. Jahrhundert).

[49] Māligāvattē Visuddhārāmavāsi Siridhamma, Mahāvajrajñāna-Buddhavandanāva saha Visuddhibhāvanākramaya, Colombo 1951, S. 1–2.

werden auch Sanskrit- und Pāli-Wörter vermischt. Da es sich hier nicht um sog. Prakritismen, sondern um die Vermischung zweier bei den Singhalesen gebräuchlicher Schriftsprachen handelt, kann man davon ausgehen, daß diese Texte in Sri Lanka verfaßt worden sind.[50]

Die Beiträge singhalesischer Autoren zur Sanskrit-Literatur in der sog. Mātara-Periode (Ende des 18. Jahrh. bis ca. 1840) sind nicht sehr beeindruckend. Kurze Sanskrit-Dichtungen hat der buddhistische Mönch Karatoṭa Śrī Dharmārāma (1734–1826) verfaßt,[51] und zwar unter anderem Stotras auf den jüngsten Bruder des Königs Kīrtiśrīrājasiṃha namens Narendrasiṃha, auf den englischen König Georg III., der seit der Übernahme des Königreichs von Kandy durch die Briten in Personalunion König von Ceylon war, sowie eine Anzahl von Einzelversen.[52] Diese Gedichte folgen stellenweise nicht den Regeln der Sanskrit-Grammatik.[53]

Die Pflege der buddhistischen Sanskrit-Literatur bei den Singhalesen wurde, wie oben in Kap. I.7 erwähnt, in der sog. Colombo-Periode erneuert, und zwar insbesondere seit der zweiten Hälfte des 19. Jahrhunderts. Hier ist zunächst Hikkaḍuvē (oder

---

[50] Zu dieser Literatur gehören drei Verse im Sragdharā-Metrum, die im Verlauf der Einleitungszeremonie zum sog. Tovil-Ritual vorgetragen werden. Sie sind dem Lobpreis der drei Juwelen des Buddhismus (Buddha, Dharma, Sangha) gewidmet und unter dem Namen Te ruvan namaskāraya oder Ratnatrayaṭa namaskāra kirīma bekannt (z.B. in Tovil paṭan gänīmē mula saha Sūvisi vivaraṇa śāntiya von Mālapallē D. P. Vettasiṃha, Divulapiṭiya 1953, S. 1 und in Bhūtakaraṇaya von Pālita Sōmakīrti, Nugēgoḍa 2501 [1957], S. 10). Auch im Zusammenhang des Kultes der Zahnreliquie des Buddha werden Sanskrit-Verse rezitiert (Dhātuvistaraya, veröff. von P. G. Karuṇādāsa, Maradāna o.J., S. 1; der erste der dort angeführten Sanskrit-Verse auch in Raṃjit T. Heṭṭimulla, Daḷadā puvata, Mahanuvara 1960, S. 27). Unter den Titeln Daḷadā aṣṭaka und Dantadhātu aṣṭaka sind verschiedene Sanskrit-Hymnen auf die Zahnreliquie überliefert (und in den Handschriftenkatalogen vermerkt). Ähnliche Gedichte, zum Teil in einer Mischung aus Sanskrit, Pāli und Singhalesisch dienen dem Lob des Fußabdrucks des Buddha auf dem Śrīpāda (Adam's Peak), wieder andere werden als Schutzzauber und Segensverse verwendet. Sie sind zum Teil hinduistischen Stotras nachempfunden. Texte dieser Art in der Sammlung der British Library (BL) sind u.a. Buddharāja-aṣṭaka (Or. 6601 (11) XV, 6601 (98) XX), Daḷadā-aṣṭaka (in Gautama-aṣṭaka, Or. 6601 (101) XVII, 6602 (4) VIII), Lokaika-aṣṭaka (Or. 6601 (101) XVII, 6602 (4) VIII), Munīndrāṣṭaka (Or. 6601 (81) I) und mit Pāli-Wörtern vermischt Tiratna-aṣṭaka (Or. 6601 (21) II, 6601 (11) X). Vgl. auch BL Or. 6602 (6).

[51] Über Karatoṭa Śrī Dharmārāma (auch Kīrtiśrī Dharmārāma) siehe A. P. Buddhadatta, Samīpātītayehi Bauddhācāryāyo, Ambalangoda 1950, S. 5–9; Päḷāṇē Siri Vajirañāṇa, Mātara sāhitya vaṃśaya, Valasmulla 1951, S. 28–46; H. D. Kulatuṃga, Lakdiva itihāsa pravṛtti sahita Karatoṭa vata, Mātara 1940.

[52] Kulatuṃga, Karatoṭa vata (Anm. 51), S. 11 f., 13, 19, 29, 33 und 35; siehe auch Pannasara, Sanskrit Literature (Anm. 1), S. 179–188. Vgl. unten Kap. V (S. 137).

[53] Vgl. auch Pannasara, Sanskrit Literature (Anm. 1), S. 183 und 187 f.

Sipkaḍuvē) Śrī Sumaṅgala (1826-1911) zu nennen. Śīlaskandha (Sīlakkhandha) im Śailabimbārāma in Dodanduva (1848-1924) hat eine Lebensgeschichte des Buddha mit dem Titel Saddharmamakaraṇḍa in Sanskrit verfaßt.[54]

Zum Buddha-jayantī-Jahr (Jahr 2500) veröffentlichte Pandit N. Heṭṭiāracci, ein in Halgampiṭiyavatta in Vēyangoḍa in Ceylon lebender buddhistischer Laie, ein Kunstgedicht über die Lebensgeschichte Buddhas mit dem Titel Sambuddhacarita-kāvya.[55] Das Werk beginnt mit der bekannten Geschichte von dem Bodhisattva-Gelübde, das der Brahmane Sumedha vor dem vorzeitlichen Buddha Dīpaṅkara ablegt, erzählt sodann einige Jātaka-Geschichten als Beispiele für die Pāramitās (Vollkommenheiten) des Bodhisattva und danach die Lebensgeschichte des historischen Buddha bis zu seinem Parinirvāṇa in 8 Kapiteln mit insgesamt 322 Versen. Das Gedicht verrät die Bekanntschaft seines Verfassers nicht bloß mit den wichtigen Quellen für das Leben Buddhas aus der Pāli-Literatur, sondern auch mit Aśvaghoṣas Buddhacarita und den Hauptwerken Kālidāsas. Der als Gelehrter und Prediger bekannte Mönch Hēnpiṭagedara Jñānasiṃha (Ñānasīha) veröffentlichte im Februar 1960 ein Saddharmaśataka.[56] Das Werk handelt von den wichtigsten Ereignissen im Leben des Buddha, von seinen Qualitäten und von seiner Lehre in 100 Versen. Ebenfalls im Jahre 1960 erschien eine Sanskrit-Übersetzung des Kāvyaśekharaya von Āryadāsa Kumārasingha in kunstvollen Versen.[57] Das von ihm übersetzte Werk von Toṭagamuvē Śrī Rāhula, vollendet im Jahre 1449, gilt als das bedeutendste der singhalesischen Kāvyas. Śrī Rāhula hat im Kāvyaśekharaya eine Vorgeburtsgeschichte des Buddha bearbeitet, und zwar das Sattubhastajātaka.

Schließlich seien noch einige weitere in den letzten Jahrzehnten des 20. Jahrhunderts erschienene buddhistische Kāvyas singhalesischer Autoren genannt: Mahā-Dharmapāla-kāvya von Ahungallē Vimalakīrti Tiṣya Mahanetrā (Mahanetā),[58] ferner Marāṅgana-

---

[54] Über Hikkaḍuvē Śrī Sumaṅgala und sein Werk siehe die in Kap. I.7, Anm. 8 erwähnte Biographie. Das in Indien erschienene Sanskrit-Werk Saddharmamakaraṇḍa wurde im Jahr 1911 in Nāgarī-Schrift veröffentlicht: The Saddharma-makaraṇḍa, A Treatise on the Life and Teachings of Cakya Munindra (Śākyamuni) by C.A. Seelakkhandha (Śīla-skandha), Kalutara und Kolhapur 1911. Zu Sīlakkhanda als Herausgeber und Kommentator von Sanskrit-Werken aus Sri Lanka siehe oben Anm. 4, 18 und 23; von ihm edierte weitere Sanskrit-Texte sind bei Buddhadatta, Samīpātītayehi ... (Anm. 51) S. 137 f. angeführt.

[55] N. Heṭṭiāracci (Nandāsāra), Sambuddhacarita kāvyaya, Colombo 2500 (1956).

[56] Hēnpiṭagedara Jñānasiṃha, Saddharmaśatakam, Ratnapura 1960.

[57] Saṃskṛta Kāvyaśēkhara mahākāvyaya, ins Sanskrit übers. von Āryadāsa Kumāra-siṃha, Colombo 1960. Der Übersetzer war einheimischer Arzt in Koṭahēna, einem Stadtteil von Colombo. Über das singhalesische Kāvyaśekharaya siehe Godakumbura, Sinhalese Literature (Anm. 10), S. 152-154.

[58] (Ahungallē) Vimalakīrti Tiṣya Mahānetrā, Dharmapālakāvya, Ahungalla 1966.

vijaya, Āśīḥpuṣpamañjarī, Vairāgyacintā, Dharmacintā, Yatidūta, Yaśodhacarita, Śvāstavakāvya und Paścāttāpa von Davuldeṇa Jñāneśvara (Ñānissara),[59] sowie Padyacintāmaṇimahākāvya von Käkuṇavela Piyaratana.[60] Sie sind in den Ausgaben meist mit singhalesischer Übersetzung versehen.[61]

6. Buddhistisches Ordensrecht

Eine Sanskrit-Inschrift aus Sri Lanka enthält Vorschriften des sog. Buddhist Ecclesiastical Law. Es handelt sich dabei um die „Jetavanārāma-Sanskrit-Inschrift".[1] Sie wurde im Bezirk des zur Zeit der Entdeckung der Inschrift sogenannten Jetavanārāma in Anurādhapura gefunden, der in Wahrheit im Bereich des Abhayagirivihāra liegt. Leider ist die die Einleitung der Inschrift enthaltende erste Tafel verlorengegangen. Die

[59] Davuldeṇa Jñāneśvara, Marāṅganavijaya, Colombo 2527 (1983); 2. Aufl., Nugēgoḍa 2538 (1994); Āśīḥpuṣpamañjarī, Nugēgoḍa 1984 und 1999; Vairāgyacintā, Nugēgoḍa 2538; Dharmacintā, Colombo 2527 und Nugēgoḍa 1998; Yatidūta, Rājagiriya 1987; Yaśodhacarita, Nugēgoḍa 2544 (2000); Śvāstavakāvya, Nugēgoḍa 2541 (1997) [siehe Bhikkhu Pāsādika, „Poem in Praise of a Dog", Wiener Studien zur Tibetologie und Buddhismuskunde 53 (2002), S. 129–149]; Paścāttāpa, hrsg. und übers. von Tampalawela Dhammaratana und Bhikkhu Pāsādika, „Regret – Contemporary Sri Lankan Sanskrit Poetry", Buddhist Studies Review 20 (2003), S. 183–188.

[60] Käkuṇavela Piyaratana, Padyacintāmaṇi mahākāvya, Rājagiriya 1991.

[61] Ein Sanskrit-Kāvya mit dem Titel Āryavaṃśasaṃghanetracarita, eine Lebensbeschreibung eines buddhistischen Mönches von Śrī Cāls (Charles) da Silvā, ist mir nicht zugänglich. Das Werk ist erwähnt in Śrī Cāls da Silvā, Stotra maṇi mālāva, Colombo 1955, in dem dem Buch beigegebenen Lebenslauf.

[1] Die Inschrift ist herausgegeben von D. M. de Zilva Wickremasinghe, in: Epigraphia Zeylanica, 1 (1912), S. 1–9; danach auch abgedruckt in D. Pannasara, Sanskrit Literature, Colombo 1958, S. 45–55; M. Vimalakīrti, Śilā lekhana saṅgrahaya, Bd. 2, Moraṭuvē 1953, S. 1–18; Koṭaneluvē Candajoti, Śilālekhana mālāya, Kurunāgala 1952, S. 20–27; Kotmalē Amaravaṃśa Sthavira, Lakdiva sellipi (Malaya pot peḷa, 1), Bd. 1, Koḷaṁba 1959, S. 41–43. Zur Interpretation dieser Inschrift siehe auch die Ausführungen von R.A.L.H. Gunawardana, „Buddhist Nikāyas in Mediaeval Ceylon", The Ceylon Journal of Historical and Social Studies 9 (1966), S. 55–66 und ders., Robe and Plough: Monasticism and Economic Interest in Early Mediaeval Sri Lanka, Tucson, Arizona 1979, S. 250–256. Gunawardana interpretiert die Inschrift mit Hinweis auf die in Indien übliche Nikāya-Einteilung, kommt aber hinsichtlich des Kontextes zu anderen Ergebnissen. Seine Interpretation von Cūlavaṃsa 50.68 scheint mir nach wie vor unrichtig. Meine Interpretation der Inschrift habe ich bereits ausführlich dargelegt und begründet in meiner Studie „Buddha-Feld und Verdienstübertragung: Mahāyāna-Ideen im Theravāda-Buddhismus Ceylons", Académie Royale de Belgique, Bulletin de la Classe des Lettres et de Sciences Morales et Politiques, 5e Série, t.62 (1976), S. 34-36.

Inschrift ist in einer aus Nordindien übernommenen frühen Form der Nāgarī-Schrift geschrieben und stammt vermutlich aus der ersten Hälfte des 9. Jahrhunderts. Die Inschrift enthält Regelungen für das Leben und die Rechtsverhältnisse in einem großen Vihāra, ist also in gewisser Hinsicht den späteren, von den Königen erlassenen Gesetzen zur Reform des Sangha in singhalesischer Sprache, den sog. Katikāvatas, vergleichbar. Es ist das einzige derartige Dokument in Sanskrit. Die Inschrift besitzt hohen Wert für die Kenntnis des Lebens und der Rechtsverhältnisse im Sangha gegen Ende der Anurādhapura-Periode. Überdies enthält sie einige Angaben, die sich mit der übrigen historischen Überlieferung bislang nicht befriedigend in Einklang bringen ließen. So werden statt der in den historischen Texten sonst genannten drei Nikāyas des Sangha auf dieser Inschrift vier Nikāyas genannt.[2] Außerdem wird berichtet, daß in dem Vihāra, für den die in der Inschrift enthaltenen Gesetze gelten, jeweils 25 Mönche jedes dieser vier Nikāyas leben, daß es sich also um eine von allen Nikāyas gemeinsam beschickte Klostergemeinschaft handelt. Von einer solchen Gemeinschaft wissen wir sonst nichts. Ich möchte vermuten, daß die Inschrift die Gesetze für eine Art „Reichskloster" enthielt, das ein König in der Absicht stiftete, in ihm die Einheit des Sangha, also aller Nikāyas, zu versinnbildlichen, ohne deshalb die Gliederung des Sangha in Nikāyas als solche beseitigen zu wollen. Ob ein solcher Plan jemals verwirklicht werden konnte, ist allerdings unbekannt. Vermutlich enthielt die verlorene Einleitung der Inschrift nähere Angaben über diese Fragen. Auffällig ist die Verwendung der Nāgarī-Schrift. Möglicherweise deutet diese darauf hin, daß es sich bei den Mönchen dieses Klosters gar nicht um singhalesische Mönche gehandelt hat, sondern um Mönche indischer Herkunft. In diesem Falle könnte man die „vier Nikāyas" mit den Listen von vier Gruppen von Hīnayāna-Schulen in Verbindung bringen, die aus indischer Tradition für diese Periode bekannt sind (Sthaviras, Mahāsāṅghikas, Sarvāstivādins und Sammatīyas).[3] Eine definitive Einordnung dieses Dokuments ist derzeit nicht möglich. Vergleichbare Rechtsregeln sind erst aus der Zeit seit Parākramabāhu I. bekannt und sämtlich in singhalesischer Sprache abgefaßt.[4]

---

[2] Über die wenigen anderen Belege für die Existenz von vier Nikāyas in Sri Lanka vgl. M.B. Ariyapala, Society in Mediaeval Ceylon, Colombo 1956, S. 229 f.

[3] Étienne Lamotte, Histoire du Bouddhisme indien, Louvain 1958, S. 596f.

[4] Nandasena Ratnapala, The Katikāvatas: Laws of the Buddhist Order of Ceylon from the 12th to the 18th Century, München 1971.

III. Literatur der singhalesischen Götterkulte und des Hinduismus

1. Singhalesische Götterkulte und Hinduismus

Die Lehren des Buddhismus sind grundsätzlich auf die Erlösung aus dem Saṃsāra, dem Daseinskreislauf hin orientiert. Was zur Erlösung führt, wird als „überweltlich" (*lokottara*) bezeichnet, d.h. über das Dasein in der Welt hinausführend; alles andere ist „weltlich" (*laukika*), d.h. es gehört zum Bereich des Daseins in der Welt. Der Buddha ist – jedenfalls nach der ursprünglichen Konzeption seiner Lehre – Wegweiser für den Weg zur Erlösung; jeder muß den Weg selbst beschreiten, wenn er dieses Ziel anstrebt. Dementsprechend bietet der Buddha, obwohl er in der Welt existiert hat, keine Hilfe in weltlichen Angelegenheiten. Wer solche Hilfe bei übernatürlichen Kräften sucht, kann sich an Götter wenden – Wesenheiten höherer Ordnung, die aber selbst dem Gesetz des Daseinskreislaufs unterworfen sind. Buddhistische Mönche jedoch, die der Welt entsagt haben, sollen sich nicht an solche göttlichen Wesen wenden, sondern allein nach ihrer Erlösung streben; denn die Götterkulte haben keinerlei Nutzen für das höhere Ziel der Erlösung aus dem Saṃsāra.

Für die buddhistischen Laien bestand also durchaus die Möglichkeit, sich in weltlichen Angelegenheiten an die Götter zu wenden. Der Buddha selbst hatte die Beibehaltung überkommener Götterkulte im weltlichen Bereich gutgeheißen, ja sogar empfohlen.[1] Daher sind in den buddhistischen Ländern autochthone religiöse Kulte neben dem Buddhismus stets erhalten geblieben und haben sich im Laufe der Geschichte auch weiterentwickelt. Dieses Nebeneinander von Buddhismus und Götterkulten ist schon in den Texten des Pāli-Kanons festzustellen,[2] wobei stets die hierarchische Überordnung der buddhistischen Lehre gegenüber den Götterkulten beachtet wird.

In der Religion der Singhalesen in Sri Lanka kann man außer der Beibehaltung alter einheimischer Götterkulte eine zeitweise starke Beeinflussung durch hinduistische Kulte, aber auch eine Umwandlung von Gestalten des Mahāyāna-Buddhismus in Gottheiten beobachten. Die vier Hauptgötter der Singhalesen sind Utpalavarṇa (p. Uppala-

---

[1] In dem berühmten Rat an die Vajjī: Dīghanikāya, ed. T. W. Rhys Davids and J. E. Carpenter, vol. 2, London 1903, S. 75.

[2] Siehe Joseph Masson, La religion populaire dans le canon bouddhique pâli, Louvain 1942.

vaṇṇa, sgh. Upulvan), Kataragama (skt. Skandakumāra, Kārttikeya), Sumana (sgh. Saman) und Pattini (tam. Kaṇṇaki). Andere bedeutende Gottheiten von überregionaler Bedeutung sind Aiyanāyaka (tam. Aiyaṉār), Devatā-baṇḍāra oder Dädimuṇḍa sowie Vibhīṣaṇa. Dazu kommt noch eine Vielzahl von Göttern und Halbgöttern von meist eher regionaler Bedeutung.[3] Die von den Tamilen Sri Lankas in erster Linie verehrte Gottheit, nämlich Śiva, ist bei den Singhalesen als Īśvara oder Maheśvara bekannt; sein Kult spielt jedoch nur eine untergeordnete Rolle.

Die Tamilen in Sri Lanka sind großenteils Hindus und heute überwiegend śivaitischer Konfession. Śiva in seinen zahlreichen Formen ist für sie daher die höchste und allumfassende Gottheit. Neben ihm ist sein Sohn Skandakumāra (meist als Kandasvāmī, Ṣaṇmukha oder Subrahmaṇya bezeichnet) die wichtigste Gottheit. Die philosophische Grundlage des tamilischen Śivaismus in Ceylon ist der Śaivasiddhānta, eine Lehre, die auch bei den Tamilen Südindiens verbreitet ist.[4]

Bei allen Verschiedenheiten fällt eine Übereinstimmung zwischen dem Śivaismus der Tamilen Sri Lankas und den Götterkulten der Singhalesen auf; bei beiden spielt die vedische Literatur im engeren Sinn eine geringe oder gar keine Rolle. Die Tamilen haben zwar Brahmanen an ihren größeren Tempeln, die vedische Mantras in ihrem Kult und ihrem Brauchtum in gewissem Maße benützen, ihre geistig führende Schicht sind jedoch nicht Brahmanen, sondern die Veḷḷālas und deren Untergruppe Chetty Veḷḷālas, die zu den „High Caste Śūdras“ gehören. Sie gelten, obwohl der Theorie nach Śūdras, als die Bevölkerungsschicht hoher Kastenzugehörigkeit schlechthin, im Gegensatz zu den niedrigen Kasten unter den Ceylon-Tamilen.[5] Die Veḷḷālas sind auch die Träger der höheren Bildung unter den Tamilen, widmen sich dabei aber fast ausschließlich dem Studium der alten tamilischen Literatur, kaum der Sanskrit-Literatur. Das vom Parlament der Insel eingesetzte Special Committee on Hindu Temporalities (1951) kam bei seinen Ermittlungen zu dem Ergebnis, daß die Hindus in Sri Lanka, soweit sie

---

[3] Überblick über die singhalesische Volksreligion siehe Heinz Bechert, „Mythologie der singhalesischen Volksreligion“, Götter und Mythen des indischen Subkontinents, hrsg. H. W. Haussig, Stuttgart 1984, S. 511–656 (Wörterbuch der Mythologie I, Band V). Dazu wichtige neuere Monographien: Gananath Obeyesekere, The Cult of the Goddess Pattini, Chicago 1984; ders., Medusa's Hair: An Essay on Personal Symbols and Religious Experience, Chicago 1981; Richard Gombrich u. Gananath Obeyesekere, Budhhism Transformed: Religious Change in Sri Lanka, Princeton University Press 1988; John Clifford Holt, Buddha in the Crown: Avalokiteśvara in the Buddhist Tradition of Sri Lanka, New York 1991. Siehe im übrigen insbesondere Paul Wirz, Exorcism and the Art of Healing in Ceylon, Leiden 1954.

[4] Zur Religion der Tamilen in Sri Lanka siehe James Cartman, Hinduism in Ceylon, Colombo 1957.

[5] Vgl. Cartman (Anm. 4), S. 135.

Śaivas sind, „the twelve Thirumurais and the fourteen Siddhanta Shastras as well as such portions of the Vedas and the Agamas which are not inconsistent with the Thirumurais and the Siddhanta Shastras" als „religious Scriptures" anerkennen. Dazu wird ergänzend festgestellt: „It follows that any custom or usage in a Hindu Temple, or for a matter of that in the Hindu society, which militates against the cardinal principles of these Shastras cannot be considered as having religious sanction".[6]

In der mittelalterlichen singhalesischen Gesellschaftsordnung waren Angelegenheiten wie die Königsweihe, die aus buddhistischer Sicht als weltlich anzusehen sind, also auch Angelegenheiten der Götterkulte, die Durchführung der aus indisch-brahmanischer Tradition stammenden Rituale sowie astrologische Aufgaben, Traumdeutung usw. brahmanischen Priestern übertragen. Deshalb haben die mittelalterlichen singhalesischen Könige an ihrem Hof stets einige brahmanische Familien beschäftigt, in ähnlicher Weise wie dies auch die Könige anderer buddhistischer Länder (Birma, Thailand, Kambodscha) taten oder bis heute tun. Diese Hofbrahmanen, an ihrer Spitze ein Purohita, hatten, wie an allen Königshöfen des indischen Kulturkreises, die Hof- und Staatszeremonien zu vollziehen.[7] Das Amt eines Lehrers am Königshof (*rājaguru*) allerdings hatte im allgemeinen ein buddhistischer Mönch inne, nicht ein Brahmane wie an hinduistischen Höfen.[8] Die brahmanischen Priester hatten daher nur die Aufgabe, Kulthandlungen durchzuführen; ihre Bedeutung für das kulturelle Leben der Nation war meist gering.[9]

Aus verschiedenen Quellen wissen wir, daß darüber hinaus immer wieder Brahmanen vor allem aus Südindien auf die Insel einwanderten. Diese brahmanischen Familien haben sich im Laufe der Zeit in den meisten Fällen mehr und mehr der singhalesischen Bevölkerung assimiliert; ihre Nachkommen wurden meist Kapurāḷas, d.h. singhalesische Tempelpriester. In manchen Fällen erinnern ihre heutigen Namen bzw. Bezeichnungen noch an die brahmanische Herkunft, z.B. Śrī-Rāma-brāhmaṇa-kapurāḷa, Vijaya-Nārā-

---

[6] Report of the Special Committee on Hindu Temporalities, etc., 2 Teile, Colombo 1951 (Sessional Paper V – 1951), S. 85.

[7] Siehe Wilhelm Geiger, Culture of Ceylon in Mediaeval Times, Wiesbaden 1960, S. 116 (§ 107); vgl. auch ebenda, S. 25 (§ 19), 40 (§ 33) und 128 f. (§ 122); M. B. Ariyapala, Society in Mediaeval Ceylon, Colombo 1956, S. 97 f., 181, 208. Einzelheiten über die Beachtung brahmanischer Rituale durch mittelalterliche Könige sind geschildert im Kan̆davuru-sirita (ediert in D. B. Jayatilaka, Siṃhala sāhitya lipi, Colombo 1940, S. 63–68; vgl. auch C. E. Godakumbura, Sinhalese Literature, Colombo 1955, S. 111).

[8] Ariyapala, Society (Anm. 1), S. 102 f.

[9] Einer der wenigen größeren singhalesischen Göttertempel, an dem noch heute Brahmanen tätig sind, ist das Mahādevālaya des Gottes von Kataragama (Skandakumāra) in Kandy. Die dort tätigen Brahmanen gehören jedoch der tamilischen Sprachgemeinschaft an.

yaṇa-brāhmaṇa-kapurāḷa usw. Viele der singhalesischen Volkspriester entstammen jedoch der bäuerlichen Bevölkerung, d.h. der Govigama-Kaste. Es kommt noch heute vor, daß Angehörige dieser Kaste nach einer „Berufung" durch eine Gottheit neue Tempel gründen und damit deren Priester werden.

Trotz diesen vielfältigen Berührungspunkten zwischen buddhistischen und hinduistischen Traditionen ist das Verhältnis der buddhistischen Singhalesen zum Hinduismus ein grundsätzlich negatives. Dies gilt für alle Hindus, wenn sie die Gültigkeit der Lehre des Buddha bestreiten und auf der Durchsetzung orthodoxer Hindu-Lehren bestehen, d.h. wenn sie nicht bereit sind, ihre Götterkulte der buddhistischen Heilslehre unterzuordnen. Dieser Konflikt hat bekanntlich eine sehr lange Geschichte. Im Bericht des Mahāvaṃsa über den Befreiungskrieg des Nationalhelden Duṭṭhagāmaṇī kommt er bereits voll zum Ausdruck. In der Zeit der Fremdherrschaft der Colas auf der Insel im 11. Jahrhundert wurde der Śivaismus zur vorherrschenden Religion und der Buddhismus verlor zeitweise seine Stellung als Staatsreligion. Nach der Wiederherstellung des singhalesischen Königreichs wurden zunächst beide Religionen vom Herrscher geduldet, bald aber die Vorherrschaft der buddhistischen Religionsgemeinschaft wiederhergestellt und der buddhistische Orden reformiert. Später haben König Māgha oder Kāliṅga Vijayabāhu (1215–1236) und noch einmal Rājasiṃha I. (1581–1592) während ihrer Regierungszeit versucht, den Buddhismus zu beseitigen und stattdessen die śivaitische Religion in Sri Lanka durchzusetzen. Beide sind als Erzfeinde des Buddhismus in die singhalesische Historiographie eingegangen. Dies waren aber nur Episoden in der Geschichte des Landes, und die Vorherrschaft der buddhistischen Religionsgemeinschaft ist dadurch nicht dauerhaft beeinträchtigt, sehr wohl aber der Gegensatz zwischen beiden Religionsgemeinschaften verschärft worden.

In der vorliegenden Abhandlung sollen nur die bei den Singhalesen überlieferten Sanskrit-Texte aus der hinduistischen Tradition Indiens sowie die in Sri Lanka selbst verfaßten Sanskrit-Texte zum Götterkult berücksichtigt werden; eine darüber hinausgehende Darstellung der Bedeutung ritueller Praktiken und aus dem Hinduismus stammender Traditionen bei den Singhalesen ist nicht Gegenstand dieser Studie.

2. Die Überlieferung hinduistischer Sanskrit-Literatur bei den Singhalesen

Wie aus den im vorangehenden Kapitel erwähnten historischen Gegebenheiten verständlich, sind vedische Texte (einschließlich der spätvedischen Überlieferung und der Upaniṣaden) nicht in den Überlieferungsbestand der Sanskrit-Literatur der Singhalesen eingegangen. In mehreren Pāli-Texten, aber auch in singhalesischen Werken sind die

Titel von drei, an anderen Stellen von vier Veden angeführt.[1] Auch wird in singhalesischen Texten berichtet, daß Brahmanen vedische Texte studierten usw. Aus keiner Quelle aber läßt sich genauere Kenntnis dieser Literatur bei den singhalesischen Traditoren erschließen. In Quellen, die vom „Veda" sprechen, ist darin eine Sammelbezeichnung für alle Arten brahmanischer Literatur zu sehen, die – vom buddhistischen Standpunkt aus gesehen – als „weltliche Wissenschaften" gelten.[2] Aus indischer literarischer Tradition übernommen ist die schon seit früher Zeit geläufige Reihe von sechs Vedāṅgas (*śikṣā*, *kalpa*, *vyākaraṇa*, *nirukti*, *chandoviciti*, *jyotiśśāstra*), die man sowohl in Pāli-Texten wie in der singhalesischen Literatur gelegentlich findet, und zwar im Zusammenhang der Beschreibung weltlichen Wissens.[3]

Die beiden großen Sanskrit-Epen Mahābhārata und Rāmāyaṇa oder wenigstens die in ihnen enthaltenen Erzählungsstoffe waren den Singhalesen, wie allen anderen Völkern des indischen Subkontinents seit vielen Jahrhunderten bekannt. Der große Pāli-Kommentator Buddhaghosa bezeichnet diese Traditionen – von ihm Bhāratayuddha bzw. Sītāharaṇa genannt – als nutzloses Zeug, mit dem man sich nicht beschäftigen sollte. Entsprechende-negative Äußerungen über diese Epen finden sich auch in der singhalesischen Literatur.[4] Dies erklärt sich aus der zentralen Bedeutung dieser

---

[1] In einem Pāli-Subkommentar zum Vinaya-Text, der Vajirabuddhi-ṭīkā (Buddha Sasana Council Edition, S. 26), und an anderen Stellen der späteren Pāli-Literatur, ist sogar ein häufig in spätvedischen Texten (Āśvalāyanagṛhyasūtra usw.) nachweisbarer Vers zitiert; der Verfasser der Vajirabuddhi-ṭīkā dürfte jedoch südindischer Herkunft sein; vgl. O. v. Hinüber, A Handbook of Pāli Literature, Berlin 1996, S. 171 (§ 371). Die Überlieferung von Werken der Upaniṣad-Literatur läßt sich in Sri Lanka nicht nachweisen; mir ist nur eine (aufgrund moderner indischer Ausgaben erstellte) moderne singhalesische Übersetzung der 12 wichtigsten Upaniṣaden von S. D. Don Seneviratna, Colombo 1961 bekannt geworden.

[2] So werden z.B. im Kāvyaśekhara von Toṭagamuvē Śrī Rāhula (15. Jahrh.) die weltlichen Wissenschaften als *itihasa* (*itihāsa*), *kivi* (*kavi*), *kalā*, *lakuṇu* (*lakṣaṇaśāstra*), *dam* (*dharmaśāstra*) und *veda* aufgezählt (Kāvyaśekharaya von Toṭagamuvē Śrī Rāhula, ed. Sipkaḍuvē Sumaṅgala und Baṭuvantuḍāvē, 5. Aufl., Colombo 1929, Kap. 2, Vers 19. In dem gelehrten singhalesischen Kommentar Pañcikāpradīpaya zitiert Śrī Rāhula einen Vers mit einer Liste der vier Veden und vedischer Autoren (Siri Rahal pabaňda, ed. Rä. Tennakōn, Colombo 1957, S. 332).

[3] In der singhalesischen Literatur z.B. in Jātaka-aṭuvā-gätapadaya, [Teil 1], ed. D. B. Jayatilaka, Colombo 1943, S. 35; Dahamsaraṇa von Vidyācakravartin, ed. Kiriällē Ñaṇavimala, Colombo 1955, S. 2 usw.

[4] Belege aus den Pāli-Kommentaren siehe G. P. Malalasekera, Dictionary of Pali Proper Names, Bd. 2, London 1938, S. 372 und 1155; Beispiele aus der singhalesischen Literatur: Amāvatura von Guruḷugōmin, ed. Väliviṭiyē Sorata, Vällampiṭiya 1954, S. 52; Jātaka-aṭuvā-gätapadaya (Anm. 3), S. 87; Kāvyaśekharaya (Anm. 2), Kap. 9, Vers 35.

Traditionen für die Hindu-Religion, der man bekanntlich ablehnend gegenüberstand.

Besonders auffällig ist diese Tatsache im Fall des Rāmāyaṇa. Da der Raub der Sītā, der Gattin des Rāma, durch den Dämonenfürsten Rāvaṇa, den mythischen Herrscher von Sri Lanka, sowie ihre Befreiung durch Rāma Hauptinhalt dieses Epos ist, stellt die Insel den wichtigsten Schauplatz der Handlung dieser Dichtung dar. Gleichwohl ist das Rāmāyaṇa nicht als Teil der singhalesischen Nationalliteratur rezipiert worden; eine unter dem Titel Jānakīharaṇa verfaßte Bearbeitung des Stoffes, die wahrscheinlich in Sri Lanka verfaßt wurde (vgl. unten Kap. IV.2), ist nur in Indien vollständig erhalten. Eine Gestalt aus der Rāma-Sage ist jedoch als Gottheit in das Pantheon der singhalesischen Volksreligion eingegangen, nämlich Vibhīṣaṇa. Die im Vergleich zu anderen Ländern des indischen Kulturbereichs geringe Bedeutung der Rāmāyaṇa-Überlieferung in der Tradition der Singhalesen dürfte sich aus dem Anspruch auf Alleingültigkeit erklären, die der Geschichtsdarstellung der Insel in der nationalen Geschichtsschreibung des Mahāvaṃsa bei den Singhalesen eingeräumt wird, wogegen in allen anderen Ländern mit indisch-buddhistischer Kulturtradition die Rāmāyaṇa-Überlieferung voll rezipiert worden ist.[5] Es kann also nicht überraschen, daß bei den Singhalesen keine Handschriften dieses Epos überliefert worden sind und daß auch aus dem Sanskrit-Text in älteren singhalesischen Werken nur selten zitiert wird.[6]

Gleichwohl waren die Erzählungsstoffe sowohl des Mahābhārata wie des Rāmāyaṇa im mittelalterlichen Sri Lanka durchaus nicht unbekannt. So verrät die von Dhammakitti im 13. Jahrhundert verfaßte erste Fortsetzung des Mahāvaṃsa Kenntnis des Inhalts beider Epen.[7] Von dem berühmtesten der im Mahābhārata eingefügten Texte, nämlich der Bhagavadgītā, scheint in Sri Lanka im 13. Jahrhundert sogar eine sonst nicht bekannte Pāli-Übersetzung vorgelegen zu haben; ein Vers daraus wird nämlich im singhalesischen Visuddhimagga-Kommentar zitiert.[8] Nach einer längeren Pause ist

---

[5] Zur Stellung des Rāmāyaṇa in der singhalesischen Volksreligion siehe Heinz Bechert, „Mythologie der singhalesischen Volksreligion", Götter und Mythen des indischen Subkontinents, hrsg. H. W. Haussig, Stuttgart 1984, S. 519 f., 631 f. (s.v. Rāma), 647 f. (s.v. Vibhīṣaṇa). Die Diskussion über die Identität von Lanka im Rāmāyaṇa mit der Insel Sri Lanka in einigen neueren Publikationen ist hier nicht relevant.

[6] So findet man ein Zitat aus dem Bālakāṇḍa, dem ersten Buch des Rāmāyaṇa, im Pañcikāpradīpaya von Toṭagamuvē Śrī Rāhula, in: Siri Rahal pabaňda, ed. Rä. Tennakōn, Colombo 1957, S. 334 (entspricht 1.32.4–5 der kritischen Ausgabe des Rāmāyaṇa, jedoch mit größeren Abweichungen). Um 1960 erschien eine auf einem indischen Druck beruhende Schulausgabe der ersten drei Sargas des Bālakāṇḍa mit singhalesischer Übersetzung von Kahaduvē Candajoti und Kokmāduva Guṇasiri (Colombo o.J.).

[7] Siehe Wilhelm Geiger, Culture of Ceylon in Mediaeval Times, Wiesbaden 1960, S. 74 (§ 68).

[8] Viśuddhimārggaya von Buddhaghoṣa mit Mahāsanyaya von Parākramabāhu II., ed.

offenbar erst im 19. und im 20. Jahrhundert die Beschäftigung mit einigen Teilen der Sanskrit-Epen wieder belebt worden, und zwar hauptsächlich im Zusammenhang mit dem Sanskrit-Unterricht an Schulen und Universitäten.[9] Bekanntlich werden im Sanskrit-Unterricht auch an europäischen Universitäten Textabschnitte aus den Epen wie Nalopakhyāna, Sāvitryupākhyāna und Bhagavadgītā häufig gelesen, und die Schulen und Universitäten Sri Lankas standen im 20. Jahrhundert unter starkem britischen Einfluß.

Wie erwähnt gibt es, abgesehen von den für den Schulgebrauch dienenden und rezenten vereinzelten Manuskripten der Bhagavadgītā und des Nalopakhyāna, keine älteren singhalesischen Handschriften der beiden Epen oder von Teilen daraus. Auch gibt es keine singhalesische Bearbeitung der Sanskrit-Epen, die unmittelbar auf dem Sanskrit-Urtext beruht. Vielmehr haben die Verfasser der singhalesischen Versionen des Mahābhārata und des Rāmāyaṇa aus tamilischen Texten geschöpft. Das älteste derartige Werk, zugleich mit 1514 Versen das längste bisher bekannt gewordene ältere singhalesische Gedicht, ist eine 1692 von Kobbǟkaḍuvē zu einer Vorgeburtsgeschichte des Buddha umgearbeitete Nacherzählung der Haupthandlung des Mahābhārata, das Mahāpadaraṅgajātakaya.[10] Jünger sind die singhalesischen Bearbeitungen des Rāmāyaṇa, das Gedicht Rāvanakatāvakavi und eine 1841 verfaßte Übersetzung des Anfangs des tamilischen Kambarāmāyaṇa.[11] Aus dem Tamil übersetzt ist auch die singhalesische Bearbeitung des Rāmāyaṇa von Abraham de Saram (ca. 1820).[12]

Bentara Śraddhātiṣya, Kaḷutara 1949–1954, S. 1331 : Bhagavadgītā Kap. 2, Vers 22 (vgl. auch C. E. Godakumbura, Sinhalese Literature, Colombo 1955, S. 44).

[9] Aus dieser Zeit stammen einige singhalesische Manuskripte und Drucke, die aus indischer Tradition schöpfen. Bhagavadgītā: Manuskript LPP II 52; singhalesischer Druck, hrsg. und übers. von Baṁbarändē Siri Sīvalī, Vidyālaṃkāra Viśvavidyālaya (Käḷaṇiya) 1960; Sāvitrī-Erzählung: Mahābhārata pravēśikā Sāvitryupākhyāna, hrsg. und übers. von K. B. Mädivaka, Colombo 1960; Nala-Erzählung: Manuskript LPP I 48; zwei Teilausgaben für den Schulgebrauch sind 1947 erschienen: Vistara varṇanā sahita Nalopakhyānaya, 6–10 adhyāya, mit singhalesischem Kommentar von Hǟgoḍa Dhamminda, Colombo 1947; Sārādīpikā vyākhyā sahita Nalopakhyānaya, adhyāya 6–10, von Palannaruvē Vimaladharma, Colombo 1947. Eine singhalesische Nacherzählung des Hauptinhalts des gesamten Mahābhārata erschien 1953: Mahābhāratākhyāna von P. M. P. Abhayasiṃha, Colombo 1953 (in einer antiquisierenden Sprachform, d.h. auch die Dialogpassagen erscheinen in Schriftsprache). Schulausgabe des Bālakānda s.o. Anm. 6.

[10] Siehe C. E. Godakumbura, Sinhalese Literature, Colombo 1955, S. 179–181. Ausgabe: Mahāpadaraṅgajātakaya von Kobbǟkaḍuvē Yatiňda (Mahāthera), veröff. von D.R. Seneviratna, Colombo 1929.

[11] Godakumbura, Sinhalese Literature (Anm. 10), S. 181 und 348.

[12] Siehe K. D. Somadasa, Catalogue of the Hugh Nevill Collection ..., Vol. 5, London 1993, S. 185 zu BL: Or. 6611 (174). Die von Don Bastian überarbeitete Ausgabe von 1886

Selbstverständlich sind wesentliche Teile der in den beiden Epen überlieferten Stoffe durch mündliche Tradition wie in allen Gebieten des indischen Kulturkreises auch in Sri Lanka stets bekannt gewesen und daraus in die volkstümliche Literatur gelangt, z.B. in das Kohoṁba-yakkama.[13] Wahrscheinlich ist mündliche Überlieferung auch die Quelle für die Künstler gewesen, die Bilder von Szenen aus den beiden Epen und aus anderen hinduistischen Überlieferungen in einem Tempel bei Sītāvaka malten, wie uns im Sävulsandeśaya des Alagiyavanna (17. Jahrh.) berichtet wird.[14]

Auch die Purāṇas gehören nicht zu der von den Singhalesen überlieferten Sanskrit-Literatur. Wo der Terminus *purāṇa* neben *itihāsa* in singhalesischen Texten vorkommt, handelt es sich um ein literarisches Klischee über traditionelles indisches Wissen, nicht aber um einen Hinweis auf die tatsächliche Überlieferung dieser Werke bei den Singhalesen.[15] Selbstverständlich gilt dies nicht für die kurzen Perioden, als der Hinduismus in Sri Lanka vorherrschte (vgl. oben Kap. III.1, S. 94).[16]

In den meisten Purāṇas sind außer den mythologischen und historischen Abschnitten auch zahlreiche kultische Texte, insbesondere Stotras und dgl. enthalten. Diese wurden schon in Indien häufig in gesonderten Handschriften oder in Sammlungen von Texten für den Götterkult überliefert. Derartige Textstücke, oft in den Handschriften ausdrücklich als Auszüge aus den Purāṇas bezeichnet, sind das einzige, was in alter singhalesischer Überlieferung aus der Purāṇa-Literatur erhalten ist. Dazu gehören Stotras aus dem Viṣṇupurāṇa, aus dem Padmapurāṇa, aus dem Skandapurāṇa, aus dem Brahmāṇḍapurāṇa usw. Sie sind aus der brahmanisch-hinduistischen Kultpraxis in die Götterkulte der Singhalesen übernommen worden.

---

ist verzeichnet bei Don Martino de Zilva Wickremasinghe, Catalogue of the Printed Sinhalese Books in the British Museum, London 1901, Sp. 107 (s.v. Kamba-Naṭṭāruvār).

[13] Godakumbura, Sinhalese Literature (Anm. 10), S. 293; ders., „The Rāmāyaṇa, a Version of Rāma's Story from Ceylon", Journal of the Royal Asiatic Society (London) 1946, S. 14–22 und: „The Cult of Kohoṁba or the Three Sons of Sītā", ebenda, S. 185–191. Siehe auch Bechert, Mythologie (Anm. 5), S. 606 (s.v. Kohombā kankāriya).

[14] Ananda K. Coomaraswamy, Mediaeval Sinhalese Art, 2nd ed., New York 1956, S. 172.

[15] Eine wahrscheinliche Ausnahme ist ein im 13. Jahrhundert genannter Teil des Agnipurāṇa. W. Geiger vermutet nämlich in einem Yuddhaṇṇava genannten Textabschnitt, den Dhammakitti in der ersten Fortsetzung des Mahāvaṃsa (70.56) anführt, den Abschnitt Yuddhajayārṇava aus dem Agnipurāṇa (s. Geiger, Culture [Anm. 7], S. 64 [§ 68]).

[16] In den Purāṇas enthaltene hinduistische Mythen und Legenden dürften daher entweder in diesen kurzen Perioden oder aber durch die Lektüre indischer Kunstdichtung in das Bildungsgut der Singhalesen eingegangen sein. Belege für solche Anspielungen auf hinduistische Mythen und Legenden sind zusammengestellt von Pannasara, Sanskrit Literature, Colombo 1958, S. 28–31.

Seit der Mitte des 19. Jahrhunderts wurden Purāṇa-Texte von singhalesischen Gelehrten zur Kenntnis genommen, und zwar in indischen, in Nāgarī-Schrift gedruckten Ausgaben. Entsprechende Zitate finden sich z.B. in den Streitschriften, in denen die buddhistischen Nikāyas (sog. Sekten) Sri Lankas (Syāmanikāya, Amarapuranikāya und seine Untergruppen, Rāmaññanikāya) in der zweiten Hälfte des 19. Jahrhunderts ihre Standpunkte zu Einzelfragen der Mönchspraxis darlegen, z.B. im Mrammavaṃśaviniścaya.[17] Auch singhalesische Gelehrte des 20. Jahrhunderts wie Munidāsa Kumāraṇatuṅga, Väliviṭiyē Sorata u.a. haben gelegentlich Purāṇa-Stellen zur Erklärung älterer Texte herangezogen.

Mit Ausnahme der im folgenden Kapitel zu besprechenden Ritualtexte in Sanskrit, die für die Durchführung von Götterkulten und für andere zeremonielle Handlungen der Singhalesen benutzt werden, sind nur zwei hinduistische Sanskrit-Werke Teil der singhalesischen Überlieferung geworden, nämlich das schon erwähnte Jānakīharaṇa, eine Bearbeitung der Rāma-Sage, und das Sūryaśataka von Mayūrabhaṭṭa, ein Stotra auf den Sonnengott. Beide werden jedoch nicht als religiöse Texte, sondern als Teil des weltlichen Bildungsgutes, nämlich der Kunstdichtung überliefert (siehe Kap. IV.2).

3. Sanskrit-Texte der singhalesischen Götterkulte und der singhalesischen Magie

Die im Laufe der Zeit, insbesondere im Mittelalter, in die Siedlungsgebiete der Singhalesen eingewanderten brahmanischen Familien wurden — wie schon in Kapitel III.1 erwähnt — von den Singhalesen assimiliert und sind in den höheren Kasten der singhalesischen Bevölkerung aufgegangen. Die priesterlichen Funktionen wurden teils von den Priestern der singhalesischen Götterkulte, den Kapurāḷas, teils von den Familienoberhäuptern übernommen. Die Kenntnis der für die Rituale notwendigen Verfahrensweisen werden vielfach mündlich tradiert.

Neben singhalesischen Texten werden auch heute noch Sanskrit-Texte im formalen Götterkult rezitiert. Dagegen spielen Texte in Pāli, also in der Sprache der buddhistischen Überlieferung in diesem Bereich kaum eine Rolle. Die meisten Texte der singhalesischen Volksreligion sind jedoch nicht in Sanskrit, sondern in singhalesischen Versen abgefaßt.[1]

---

[17] Zitat aus dem Viṣṇupurāṇa in Mrammavaṃśaviniścaya, Colombo 1878, S. 13. Über diese Streitschriften siehe Puñcibaṇḍāra Sannasgala, Siṃhala sāhitya vaṃśaya, Colombo 1964, S. 741.

[1] Inhaltsangaben zu 911 singhalesischen Texten aus dem volksreligiösen Bereich in der großen Sammlung von Hugh Nevill findet man in: Sinhala Verse (Kavi), collected by Hugh

Bei der Durchführung der Rituale müssen die Kapurāḷas zahlreiche Regeln beachten und die jeweils richtigen, astrologisch zu berechnenden Zeitpunkte für die einzelnen rituellen Handlungen wählen. Entsprechende Regelbücher, meist in Sanskrit mit singhalesischem Sannaya, werden in Priesterfamilien überliefert. Sie sind daher vielfach in erster Linie der astrologischen Literatur zuzurechnen. In den meisten Fällen werden diese Überlieferungen von den Priestern ängstlich geheim gehalten, weil nur die Kenntnis dieser Traditionen die Vorrechte der Priester sichert. Sie besitzen in einer buddhistischen Umwelt im Gegensatz zur indisch-hinduistischen Umwelt in Indien nämlich nicht durch Zugehörigkeit zu einer Priesterkaste das ausschließliche Recht zur Durchführung dieser Rituale. Wer ihre Texte kennt, könnte ebensowohl und ebenso wirksam wie sie die entsprechenden Rituale durchführen.[2]

Es ist davon auszugehen, daß die Ritualbücher großenteils von den brahmanischen Vorfahren dieser Tempelpriester aus Indien nach Sri Lanka eingeführt wurden. So erzählte mir im Jahre 1958 der ranghöchste Kapurāḷa am Tempel des Gottes Viṣṇu oder Upulvan in Devinuvara, der aus einer etwa im 15. Jahrhundert aus Südindien nach Ceylon eingewanderten und dort singhalisierten Brahmanenfamilie stammt, daß in seinem Tempel ein Ritualbuch namens Viṣṇupūjā oder Viṣṇupūjāvidhi existierte. Da er auf seine brahmanische Herkunft und Tradition besonderen Wert legte, habe er diesen Text durch Vergleich mit indischen Texten über den viṣṇuitischen Gottesdienst wie Viṣṇupūjāvidhi „korrigiert". Leider erklärte er sich für nicht in der Lage, mir das alte singhalesische Palmblattbuch zu zeigen.

Ein in Indien und besonders auch in Südindien verbreitetes Buch mit astrologischen Angaben für die Durchführung von Ritualen hinduistischen Ursprungs heißt Kālavidhānapaddhati und soll von einem gewissen Trivikrama Bhaṭṭa (oder Bhaṭṭatrivikrama) verfaßt worden sein.[3] Darin sind alle wichtigen mit Ritualen verbundenen Anlässe im Leben des Einzelnen und der Gemeinschaft berücksichtigt.[4] Die in Sri Lanka meist mit einem Sannaya überlieferte Version des Textes umfaßt 92 Verse. Es lassen sich mehrere singhalesische Handschriften[5] sowie eine gedruckte Ausgabe mit

---

Nevill, ed. P. E. P. Deraniyagala, 3 Bde., Colombo 1954–1955.

[2] Über Kasten in Sri Lanka siehe u.a. Wilhelm Geiger, Culture of Ceylon in Mediaeval Times, Wiesbaden 1960, S. 22–37.

[3] Über indische Manuskripte des Textes siehe NCC IV 35 f.

[4] Ein singhalesisches Manuskript des Textes (BL : Or 4763) aus dem 18. Jahrhundert ist ausführlich und mit Inhaltsangabe beschrieben von Cecil Bendall, Sanskrit Manuscripts in the British Museum, London 1902, S. 77 (Nr. 201).

[5] BL Or. 6613 (19) I; Or. 6613 (20); Or. 6613 (47) [vgl. auch Anm. 4]; LPP I 21 (8 Hss.); II 16 (2 Hss.); Somadasa, Wellcome Inst. WS 119 I und 139 II. Wahrscheinlich handelt es sich bei dem in HMC III, S. 90 unter Nr. 307 als „Kalavidhāna Panakthi"

singhalesischem Kommentar nachweisen;[6] auch von einem ebenfalls in Indien von Śrīdhara verfaßten Sanskrit-Kommentar zu dem Text sind drei singhalesische Manuskripte bekannt.[7] Das in den meisten Handschriften enthaltene Sannaya läßt sich nicht genau datieren.[8]

Viele Rituale gehören in den Grenzbereich von buddhistischen und volksreligiösen Kulten, sind aber auch von hinduistischen Traditionen beeinflußt. Dazu gehört ein als Ṣaḍaṅga bezeichnetes Ritual zur Weihe von bildlichen Darstellungen des Buddha und der singhalesischen Volksgötter. Texte, die diese Zeremonie beschreiben sind in handschriftlicher Form überliefert.[9] Hans Ruelius vermutet, daß der von ihm herangezogene Text des Ṣaḍaṅga-vidhi von einem Ädurā, d.h. einem Priester der singhalesischen Volksreligion in der Zeit zwischen dem 15. und dem 17. Jahrhundert kompiliert worden ist; es finden sich darin einige Verse aus dem Vaijayantitantra.[10] Ruelius weist auch darauf hin, daß solche Texte „von ihren Eigentümern, den Ädurās, eifersüchtig gehütet werden und ... selten in öffentliche Bibliotheken gelangen."[11]

Auf Ritualbüchern in Sanskrit beruht auch die singhalesische Darstellung des Götterkultes in dem Text Devapūjāvidhi, der als Anhang zu dem Buch Dēva kannalavva veröffentlicht wurde.[12] Der Text enthält unter anderem einen auch aus anderen Texten bekannten Sanskrit-Vers mit einer Aufzählung der als Gaben an die Götter geeigneten Dinge,[13] ferner Mantras zur rituellen Reinigung des im Tempel zu benützenden Wassers, zur Weihe der Stelle, an der ein Götterbild aufgestellt wird, sowie zahlreiche andere Mantras. Er gibt ein recht gutes Bild von der Form, die der

---

angeführten Text ebenfalls um dieses Werk.

[6] Bhaṭṭatrivikrama, Kālavidhānapaddhati, mit padagata-sannaya, ed. M. M. P. Vijayaratna Appuhāmi, 3. Aufl., Colombo 1926.

[7] LPP I 21 (-ṭīkā) und II 16 (2 Hss., s.v. Kālavidhānapaddhati-vyākhyā, Śrīdhara).

[8] Der in mancher Hinsicht verwandte Navapaṭalasaṅgraha enthält in erster Linie astrologische Angaben zu den einzelnen Anlässen.

[9] Handschriften: CM 2357 und 2358 (zwei verschiedene, aber inhaltlich verwandte Texte). Über dieses Ritual siehe Hans Ruelius, „Netrapratiṣṭhāpana — eine singhalesische Zeremonie zur Weihe von Kultbildern", Buddhism in Ceylon and Studies on Religious Syncretism in Buddhist Countries, ed. Heinz Bechert, Göttingen 1978, S. 304-334; über Ṣaḍaṅga vidhiya ebenda, S. 309 und 330-334.

[10] Siehe unten Kap. VI.4, S. 162.

[11] Ruelius, Netrapratiṣṭhāpana (Anm. 9), S. 331.

[12] Pālita Sōmakīrti, Dēva kannalavva, Nugēgoḍa 2502 (1958), S. 61-81.

[13] z.B. auch in A. Mändis Vaidyaśekhara, Bhūta vidyā saṃsāra bālagraha pūjāva hevat Grahapalduva kāvya maldama, Kalutara o.J., S. 3; ähnlich als Schlußvers in Purāṇa asura bandanaya nohot Sūniyan käpīmē kavi saha Ginipēsumālā, Malyak upata saha Malaprēta yādinnaya, veröff. von Ratna pot prakāśayō, Colombo o.J.

Götterkult in den größeren Tempeln der Singhalesen angenommen hat.[14]

Im Götterkult werden sowohl Lobpreisungen der Götter (*stotra*, *stuti*), magische Formeln (*mantra*) wie auch Aufzählungen von Namen einer oder auch verschiedener Gottheiten (*nāmāvali*, *sahasranāma*-Texte usw.) verwendet. Sehr häufig begegnen wir in Sri Lanka auch dem Typ der *ārādhanā* genannten Texte zur Verehrung der Gottheit sowie den *śānti* genannten Ritualtexten, um Götter gnädig zu stimmen; bloße Verehrungstexte werden als *vandanā* bezeichnet. Dabei handelt es sich nicht immer um verschiedene Texte. Vielmehr kann ein und derselbe Text durchaus in ganz verschiedenen Funktionen gebraucht werden, so daß die Bezeichnung in den Handschriften und Ausgaben in vielen Fällen auf den Gebrauch der Texte hinweist. Sehr beliebt ist für solche Texte die Form des *aṣṭaka*, d.h. einer Gruppe von acht Versen. Solche Aṣṭakas oder Aṣṭakastotras werden oft in Aṣṭaka pot („Aṣṭaka-Bücher") genannte Sammlungen zusammengefaßt.

Größere Sammlungen von Texten des Götterkultes, wie man sie aus Indien kennt, gibt es auch in Sri Lanka, z.B. unter den Titeln Stotracandrikā, Stotranamaskāradīpikā, Stotrapradīpikā, Stotraratna, Stotramaṇimālā, Devastotramālā, Devaśāntiya, Śāntipradīpaya und Stotrakavacamālā.[15] Manche Stotras sind auch in ikonographischen Werken zu finden.[16] Die in diesen Sammlungen enthaltenen Stotras sind meistens den höheren Gottheiten des singhalesischen Götterkultes (Viṣṇu, Gaṇeśa, Skandakumāra, Däḍimuṇḍa, Nātha, Lakṣmī, Sarasvatī, Vibhīṣaṇa, Kālī, Pattini, Saman bzw. Sumana usw.) und dem Kult der neun Planeten (*navagraha*) gewidmet. Offenbar hat im 19. Jahrhundert eine „Sanskritisierung" der meisten Götterkulte eingesetzt, die auch im 20. Jahrhundert noch andauerte.[17] Es ist oft schwer zu unterscheiden, welche dieser

---

[14] Texte zur Praxis des Götterkultes auch in: Pālita Sōmakīrti, Bhūta karaṇaya, Nugēgoḍa 2501 (1957).

[15] Guṇadāsa Sōmasiri, Stotracandrikā, Potuhära 1961; L. M. Prērā Molligoḍa, Stotranamaskārapradīpikāva, Colombo o.J.; Oruvala Seneviratna, Dēva pihiṭa läbīma hevat Dēvastotra (Außentitel: Stotra pradīpikā hevat Dēva pihiṭa läbīma), Colombo o.J.; A. Dasanāyaka, Stotra ratnaya, Nugēgoḍa 2502 (1958); Cāls da Silvā, Stotramaṇimālāva, Colombo 1955; Baladeva Deśabandhu, Devastotramālā, Colombo o.J.; Pālita Sōmakīrti, Ārādhanā sahita Devaśāntiya, Nugēgoḍa 2501 (1957); Y. A. Harmānis Appuhāmi, Śāntipradīpaya, Colombo 1938; Dēvikā Guṇasēna, Stotrakavacamālā, Nugēgoḍa 2506 (1962).

[16] Z.B. die auch in der bisher nicht edierten Rūpāvali oder Rūpamālā (s. unten Kap. VI.4) enthaltenen Stotras wie Śrī-Viṣṇudaśāvatārastotra (auch in Deśabandhu, Devastotramāla [Anm. 15], S. 9–11) und in Sōmakīrti, Ārādhanā [Anm. 15], S. 30 f.), Samastadevārādhanaya (Sōmakīrti, Bhūtakaraṇaya [Anm. 14], S. 16–18; auch mit einem Vers zum Preise des Buddha). Diesem ikonographischen Werk dürfte auch der Vers zum Preise Brahmas in Seneviratna, Dēva pihiṭa ... [Anm. 15], S. 4 und in Purāṇa Kōlam kavi pota, ed. Mālapallē D. P. Vettasiṃha, Colombo 1956, S. 5 entstammen.

[17] Die in Hindu-Kulten in Indien häufig benutzten Stotras sind in zahlreichen

Stotras aus alter einheimischer Tradition in Sri Lanka stammen und welche Stotras erst im Zusammenhang mit dieser „Sanskritisierung“ der Götterkulte ältere Kulttexte in singhalesischer Sprache verdrängt haben.[18] Viele dieser Stotras — wie auch Stotras zum Preis der anderen bedeutenden Gottheiten des hinduistischen Pantheons — stammen, wie schon in Kap. III.2 erwähnt, aus Purāṇas.

Selbstverständlich sind die speziell den Gottheiten gewidmeten Stotras, deren Kult nur in Sri Lanka verbreitet ist, auf der Insel einheimisch; sie sind meist sehr kurz und oft nur Varianten oder Nachahmungen der für den Kult der übrigen Götter dienenden Stotra-Texte.[19] Zu den in Sri Lanka kompilierten Texten dieser Art gehören auch

Sammlungen sowie unzähligen Einzeltexten gedruckt. Sehr verbreitet sind Textsammlungen unter dem Titel Bṛhatstotraratnākara (Ausgaben z.B. bei der Nirṇaya Sāgar Press, Bombay; oder in anderer Version unter dem gleichen Titel veröffentlicht von Ramaswamy Sastrulu, Madras), Stotramahodadhi usw.

[18] In vielen Fällen läßt sich indische Herkunft solcher Texte durch Belege in indischen Texten oder Stotra-Sammlungen nachweisen, z.B. für das Śaṅkara zugeschriebene Acyutanāmāṣṭaka, das Śītalāṣṭaka aus dem Kāśīkhaṇḍa des Skandapurāṇa, das Sarasvatī-aṣṭaka aus dem Padmapurāṇa, das einem Vāsiṣṭha zugeschriebene Dāridryadahana-Śivastotra, das Rāmāṣṭaka, zwei verschiedene Gaṇeśāṣṭaka usw. Indische Herkunft ist auch nachweisbar für das Viṣṇuśatanāmastotra (Stotra namaskāra pradīpikāva [Anm. 15], S. 6 f.; Stotra ratnaya [Anm. 15], S. 13 f. usw.), für die berühmte Viṣṇu-Hymne Mukundamālā von Kulaśekhara (in verkürzter Form in 16 Versen in Stotra ratnaya [Anm. 15], S. 15 f. und Devastotramālā [Anm. 15], S. 31-34; in 22 Versen in Stotramaṇimālāva [Anm. 15], S. 48-51). Auch die zum Preise des Gottes Skandakumāra oder Kataragama-deviyō dienenden Sanskrit-Stotras sind überwiegend indischen Ursprungs und wohl im Zuge der „Sanskritisierung“ dieses Kultes nach Sri Lanka gelangt, z.B. ein in vielen dieser Texte abgedrucktes Stotra (so in Stotramaṇimālāva, S. 82; Devastotramālā, S. 18-19; Stotra ratnaya, S. 32; Stotra namaskāra dīpikāva, S. 16 usw.; vgl. Anm. 15), das aus dem Rudrayāmalatantra stammt, oder auch das Kataragama devi stotra (Sōmakīrti, Ārādhanā [Anm. 15], S. 53; auch in Bṛhatstotraratnākara, Vol. 1, Madras 1953, S. 123 f.) usw. Für den Kult des Gottes Kataragama scheinen bis in die Mitte des 19. Jahrhunderts meist singhalesische Texte benutzt worden zu sein. Nur für einen verhältnismäßig kleinen Teil unter den Sanskrit-Texten zur Anrufung von Göttern läßt sich ein Ursprung in Sri Lanka aufzeigen; dies gilt für die in die genannten Sammlungen aufgenommenen Buddhastotras, aber z.B. auch für Stotras in einer aus singhalesischen und Sanskrit-Wörtern gemischten Sprachform wie das Miśra-Siṃhala-Viṣṇustotra in Devastotramālā (Anm. 15), S. 27 f., ferner für Stotras auf solche Gottheiten, denen nur in Sri Lanka ein Kult gewidmet ist (siehe unten). In vielen ceylonesischen Sammlungen von Stotras usw. wird angegeben, gegen welche Übel wie Krankheiten usw. eine Rezitation dieser Texte besonders wirksam ist.

[19] Dies gilt z.B. für Däḍimuṇḍa, Sūniyam (Hūniyam), Gambhāra-devatā-baṇḍāra, aber auch für die in Sri Lanka heimische Gattin des Skandakumāra namens Vallimātā und für Aiyanāyaka (tamil Aiyaṉār); die beiden zuletzt genannten Gottheiten werden sowohl von

mehrere der in den Maṅgalāṣṭaka- oder Maṅgalyāṣṭaka-Büchern zusammengefaßten Texte, d.h. Verse, die als Segenssprüche bei verschiedenen Gelegenheiten wie bei Hochzeiten usw. rezitiert werden.[20]

Der beliebteste aller Maṅgalāṣṭaka- oder Maṅgalyāṣṭaka-Texte ist ein Werk über die neun Graha (Planeten- bzw. Gestirnsgottheiten). Dieser Text wird in Sri Lanka meist dem Kālidāsa zugeschrieben. Er ist in Handschriften[21] und in zahlreichen verschiedenen Drucken enthalten.[22] In dem in Madras gedruckten Bṛhatstotraratnākara ist das Werkchen ebenfalls enthalten, aber ohne die Verfasserangabe;[23] in der entsprechenden Sammlung aus Bombay fehlt es. Das in Ceylon und Südindien bekannte Werk dieses Namens ist verschieden von dem aus nepalischen Handschriften bekannten buddhi-

---

Singhalesen wie von den Tamilen Sri Lankas verehrt. Stotras auf diese Gottheiten findet man in den in Anm. 15 verzeichneten Stotra-Sammlungen in singhalesischer Schrift sowie in einigen Texten des singhalesischen Volksschauspiels wie z.B. im Purāṇa Kōlam kavipota, ed. D. P. Veṭṭasiṃha, Colombo 1956, S. 6 f.

[20] Es gibt zahlreiche, meist kurze Sammlungen dieser Art, wobei meist auch Pāli-Verse in die entsprechenden Sammlungen aufgenommen sind, z.B. Maṃgalyāṣṭaka prakaraṇaya hevat Aṣṭaka pota, publ. Ratnākara pot veḷaṅda śālāva, Colombo 1951; Mālapallē D. P. Veṭṭasiṃha, Navīnakramānukūla Maṅgalāṣṭaka mālāva, Pannapiṭiya 1951; ders., Navīna Maṅgalāṣṭaka pota, 2. Aufl., Maradāna (Colombo) 1956; Neuausg. 1972; Prasthānukūla kathā sahita Jayamaṅgalyāṣṭaka pota, veröff. P. G. Karuṇādhāra, Colombo (Maradāna) o.J. usw. Zu dem in diesen Texten enthaltenen Śrī-Viṣṇu-aṣṭaka oder Purāṇa-Viṣṇu-aṣṭaka ist ein vermutlich altes Sannaya überliefert. Dieses Aṣṭaka ist, ebenso wie ein zweites Viṣṇu-aṣṭaka, das eine Reihe von Anspielungen auf den Buddha sowie auch Pāli-Wörter enthält, ceylonesischen Ursprungs (Maṅgalyāṣṭaka mālāva, S. 6–7 und Maṅgalyāṣṭaka pota, S. 16–17 unter dem irreführenden Namen Navīna bzw. Abhinava Śrī Viṣṇu aṣṭakaya; in Auszügen in Jayamaṅgalyāstaka pota, S. 9; D. A. S. P. Yāpā Appuhāmi, Itā anarga [d.h. anargha] puduma katāntra tunak, [Colombo] 1921, S. 4). In Sri Lanka verfaßt sind z.B. auch ein Bhairava-aṣṭaka (Jayamaṅgalyāṣṭaka pota, S. 4 f.), Stotras auf die vier Hauptgötter der Insel (in diesem Text Viṣṇu, Skandakumāra, Sumana und Vibhīṣaṇa) in Don Karōlis Mallava-acci, Navagraha Maṅgalāṣṭaka prakaraṇaya nohot Śānti dīpaniya, Kaḷutara 1937, S. 14–16 und mehrere andere kurze Texte dieser Art.

[21] So in CM 3156.

[22] Stotra ratnaya (Anm. 15), S. 61 f.; Śānti pradīpaya (Anm. 15), S. 90 f.; Navagraha Maṅgalāṣṭaka (Anm. 20), S. 3–12 (mit Sannaya); Purāṇa Navagraha kavaca, ed. H. Varlis da Silvā, 5. Aufl., Colombo 1953, S. 14–15; Śāntipradīpaya (Anm. 15), S. 90 f.; Pālita Sōmakīrti, Prastāra sahita Mahā navanāthaya, Nugēgoḍa 2504 (1960), S. 53 f.; Navīna Maṅgalyāṣṭaka pota (Anm. 20), S. 15 f.; Maṅgalāṣṭaka mālāva (Anm. 20), S. 16 f.; Stotra maṇi mālāva (Anm. 15), S. 91 f.; Vällava Candodaya, Navagraha kavaca mālā, Colombo 1956, S. 2–4.

[23] Bṛhatstotraratnākara, veröff. Ramaswamy Sastrulu, Teil 2, Madras 1955, S. 36–38.

stischen Stotra namens Maṅgalāṣṭaka und von dem im tibetischen Tanjur enthaltenen Maṅgalāṣṭaka, das ebenfalls dem Kālidāsa zugeschrieben wird.

Es gibt außer diesem Maṅgalāṣṭaka noch zahlreiche Textstücke, die dem Kult der neun Gestirnsgottheiten (*navagraha*) dienen, einem Kult, der in enger Beziehung zu astrologischen Vorstellungen steht. Die meisten der diesem Kult dienenden Sanskrit-Texte sind aus südindisch-tamilischen Traditionen übernommen. Vielfach handelt es sich um Textstücke, die als Teile von Purāṇas gelten. Die vielen dem Preise und damit der Beschwichtigung dieser gefährlichen Götter dienenden Verse sind in verschiedenen Sammlungen zusammengestellt: Navagrahasaṅgraha, Navagrahastotrapradīpikā, Navagrahamaṅgalāṣṭakaprakaraṇa, Purāṇa Navagraha kavaca; auch in singhalesischen Navagraha-Texten sind meist Sanskrit-Verse eingestreut, so in Navagraha dinasamaya, Navagraha satvisisamaya u. ä.[24] Ferner sind entsprechende Textstücke in verschiedenen in Sri Lanka verbreiteten Sammlungen von kultischen Texten (Sūvisivivaraṇaśantiya, Mahānavanāthaya, Set siri kav kalaṁba usw.) und in zahlreichen Handschriften enthalten.

Eine besondere Art kultischer Inkantationen zur Abwehr und Heilung von Krankheiten und anderen Übeln ist unter dem Namen *pañjara* bekannt. In Sri Lanka ist besonders ein in Pāli abgefaßtes buddhistisches Pañjara namens Jinapañjara sehr verbreitet. Die Pañjaras stammen jedoch ursprünglich aus dem indisch-hinduistischen Bereich. Verschiedene Pañjaras sind Teile von Purāṇas, so z.B. das Viṣṇupañjara aus dem Brahmāṇḍapurāṇa, das in Sri Lanka schon vor langer Zeit Eingang gefunden haben muß und nächst dem Jinapañjara von allen ähnlichen Texten der beliebteste ist.[25]

Ebenfalls aus Indien übernommen ist der Brauch, bestimmte heilige Texte in einer metallenen Kapsel um den Hals zu tragen. Dafür verwendete Texte nennt man *kavaca*. Eine Reihe derartiger Texte sind wiederum Purāṇas entnommen. Sie sind in Sri Lanka

---

[24] Navagrahasaṅgraha, ed. Mohoṭṭivattē Guṇānanda, Colombo 1879; Navagrahastotrapradīpikāva, veröff. H. L. A. Cārlis Appu, 2 Teile, Colombo 1925–1927; Don Karōlis Mallavaracci, Navagraha maṅgalāṣṭaka prakaraṇaya nohot Śānti dīpaniya, Kaḷutara 1937; Purāṇa Navagraha kavaca (Anm. 22); Pinvattē H. Varlis da Silvā, Navagraha dina samaya saha Satvisi samaya, Colombo 1933; ders., Navagraha satvisi samaya, 3. Aufl., Välitara 1929; V. Candodaya, Navagraha kavaca mālā (Anm. 22); A. Dasanāyaka, Graha pūjā vidhi, Nugēgoḍa 2503 (1959).

[25] Man findet es in Devastotramālā (Anm. 15), S. 36–38; Stotra ratnaya (Anm. 15), S. 28–30; Stotramaṇimālāva (Anm. 15), S. 46–48; M. H. Arnōlis Kularatna, Yantra mantra gurukam saha Auṣadha sahita Pirit sannaya, Alutgama 1922, S. 24 f.; Uḍa pota deraṭehi rahasigatava pävati Yantra mantra gurukam sahita Pirit sannaya, veröff. P. J. Karuṇādhāra, Colombo 1960, S. 25 f. usw.; in Indien siehe z.B. Bṛhatstotraratnākara, Nirṇaya Sāgara Press, 14. Aufl., Bombay 1952, S. 45–47 (Anfang abweichend); singhalesische Handschriften BL Or. 6601 (65) II; 6602 (7) II; LPP I 88 (7 Hss.); CM 3747–3753.

überaus verbreitet; aufgrund der eigenartigen Benutzung dieser Texte sind jedoch nur verhältnismäßig wenige derartige Handschriften in Bibliotheken gelangt. Hier sind vor allem zu nennen: Navagrahakavaca, Viṣṇukavaca, Mahāgaṇeśvarakavaca, Divyakavaca, Bhairavakavaca, Śivakavaca, Kavacastotra u.a.[26]

Eine größere Zahl von Stotras gilt Śiva, der bei den Singhalesen meist als Īśvara oder Maheśvara bezeichnet wird.[27] Dies ist zunächst einmal erstaunlich angesichts der Tatsache, daß der Kult dieses Gottes bei den Singhalesen nur eine untergeordnete Rolle spielt. Ich habe unter den zahlreichen singhalesischen Göttertempeln, die ich besucht habe, niemals einen Īśvara-Tempel gefunden und die wenigen Īśvara-Bilder in Tempeln anderer Gottheiten hatten keinen bevorzugten Platz. Man wird diese Diskrepanz nur als Folge der Beeinflussung der Stotra-Literatur der Singhalesen durch die Sanskrit-Texte der Tamilen erklären können; denn bei den śivaitischen Tamilen sind die meisten Stotras dieser Gottheit gewidmet. Es ist auffällig, daß diese Beeinflussung sich nur auf die Stotra-Literatur erstreckt, im übrigen aber der Kult des Śiva sich nicht auf die Dauer in der Volksreligion der Singhalesen verankern konnte. Auch wurden Śiva-Stotras bei den Singhalesen nicht so sehr für den praktischen religiösen Gebrauch weitergegeben wie etwa die Viṣṇu-Stotras, sondern öfters als Bestandteil von Sammlungen aus Gründen der Vollständigkeit, oft aber auch als Texte, deren Rezitation man für magisch wirksam hält, tradiert.

Hier soll noch eine Kategorie von Texten erwähnt werden, deren Verwendung mit dem magischen Charakter des Götterkultes bei den Singhalesen zusammenhängt. Eine der wesentlichsten Aufgaben dieses Kultes ist die Versöhnung oder eigentlich Befriedung erzürnter Gottheiten und Dämonen, die den Menschen sonst erheblichen Schaden zufügen würden. Zu diesem Zweck dient im besonderen die Rezitation eines Textes als sog. *śānti* („Befreiung“ oder „Befriedung“) im Tempel einer Gottheit. Die Rezitation wird meist oft hintereinander wiederholt. Als Śānti-Texte werden mit besonderer Vorliebe Sanskrit-Verse, seltener auch singhalesische Verse vorgetragen. Meist dienen Stotras oder verwandte Texte als Śānti, wobei den einzelnen Versen vielfach magische Silben wie *oṃ*, *hrīṃ* u. ä. oder ständig wiederkehrene Wörter wie *namaḥ* („Verehrung“), *rakṣatu* („er möge beschützen“) usw. voran- oder nachgestellt werden. Von besonderer Wichtigkeit ist die Śānti-Zeremonie für die neun Gestirnsgötter

[26] Siehe die Sammlung Stotrakavacamālā (Anm. 15), in der jeweils zu den auf die verschiedenen Gottheiten bezüglichen Texte Erklärungen beigefügt sind; ferner Ārādhanā sahita Dēvaśāntiya (Anm. 15), S. 27 f. (ein entsprechender Text aus dem Garuḍapurāṇa); Purāṇa Navagraha kavaca (Anm. 22) mit entsprechenden Texten für den Planetenkult; Śāntipradīpaya (Anm. 15), S. 47–70.

[27] Beispiele in Ārādhanā sahita Devaśāntiya (Anm. 15), S. 36–47; Stotramaṇimālāva (Anm. 15), S. 20–44; Stotra ratnaya (Anm. 15), S. 33–43 usw.

(*navagraha*), deren hinduistischer Ursprung noch in der Legende über ihre Einführung in Ceylon zum Ausdruck kommt. Zwei buddhistische Mönche sollen die Kenntnis dieses Kultes auf nicht ganz korrekte Weise einem Brahmanen abgelistet haben.[28] Śānti-Texte in Sanskrit finden sich in mehreren Sammlungen, so insbesondere in Ārādhanā sahita Devaśāntiya,[29] Mahānavanāthaya[30] und Śāntipradīpaya,[31] einer Sammlung mit Auszügen aus der Purāṇa-Literatur.

Damit sind wir bereits fast im Bereich der Magie. Sri Lanka, das südliche Randgebiet des indischen Kulturkreises, galt im alten und mittelalterlichen Indien in ähnlicher Weise als Heimat der Magie und der Dämonen wie die Himalaya-Gegenden am Nordrand des indischen Kulturgebietes. Die Bedeutung magischer Zeremonien für das Leben des singhalesischen Volkes ist in der Tat kaum zu überschätzen. Dem Beobachter fallen natürlich die der Dämonenbeschwörung dienenden Maskentänze ganz besonders auf. Sie stellen jedoch nur eine einzelne aus der Vielzahl magischer Zeremonien und Operationen dar, die bei den Singhalesen noch heute im Gebrauch sind.[32] In den zahlreichen Mantras und Yantras findet man die für magische Texte charakteristischen Silben und Silbenfolgen wie *ōṃ*, *hrīṃ*, *suṃ*, *svāhā*, *hrīyuṃ* usw. In die zahlreichen Manuskripte und Drucke mit Sammlungen von Zauberformeln für die verschiedensten Zwecke sind neben singhalesischen Zaubertexten auch Sanskrit-Verse und Götterstotras sowie zahlreiche magische Diagramme (*yantra*) aufgenommen worden.[33] Auch gibt es Sammlungen solcher Diagramme mit den zugehörigen Textformeln, Anwendungsanweisungen usw.[34] Viele derartige Werke sind ganz oder teilweise

---

[28] Siehe Paul Wirz, Exorcism and the Art of Healing in Ceylon, Leiden 1954, S. 119–128.

[29] Ārādhanā sahita Devaśāntiya (Anm. 15), S. 81–100.

[30] Sōmakīrti, Mahānavanāthaya (Anm. 22), S. 65–76.

[31] Siehe Anm. 15.

[32] In der Literaturliste in H. Bechert, „Mythologie der singhalesischen Volksreligion", Götter und Mythen des indischen Subkontinents, hrsg. H. W. Haussig (Wörterbuch der Mythologie I, 5), Stuttgart 1984, S. 539–543, findet man auch Literaturangaben zu den bei den Singhalesen verbreiteten magischen Vorstellungen und Praktiken.

[33] Solche Texte sind z.B. Nalagama Ñāṇāloka, Mantra śatakaya, Mātara 1954; Varṃakula T. Candradāsa, Gupta vidyā helamatura hevat Īpäraṇi rahas satya mantra pota, 2 Teile, Colombo o.J.; D. Bōdhipakṣa, Guptavidyā mantra cintāmaṇi, Colombo 1958; D. P. Vettasiṃha, Mantrakakṣaya, Colombo o.J.; Baladēva Deśabandhu, Mahā mantra ratnaya, Colombo o.J. usw. In sämtlichen größeren Sammlungen singhalesischer Manuskripte findet man Texte dieser Art.

[34] D. P. Vettasiṃha Appuhāmi, Yantra vidyāva hevat Purāṇa yantra kakṣa, (Divulpiṭiya) 1956; A. Dasanāyaka, Yantra mālā, Nugēgoḍa 1953, Neuaufl. 1964; Guṇadāsa Sōmasiri, Śrīmat yantra cūḍāmaṇi, Colombo 1963 u.a.

aus indischer Tradition entnommen, viele auch in singhalesischen Handschriften tradiert.[35]

Ein als besonders wirksam geltendes mystisches Diagramm ist das Sarvatobhadracakra. Der Text mit den Anweisungen zur Zeichnung dieses Diagramms ist wohl schon vor geraumer Zeit aus Indien nach Ceylon übernommen worden, wie das Vorliegen mehrerer singhalesischer Handschriften beweist.[36] Dieses Werk wurde auch in zwei verschiedenen singhalesischen Versionen gedruckt.[37]

Die Mantras und Yantras erscheinen zum Teil unter den Bezeichnungen diṣṭi (skt. *dṛṣṭi*) „Vorschrift", *dähäna* (skt. *dhyāna*) „Versenkung", *tīndu*(*va*) „Ergebnis", *bandhana*(*ya*) „Bindung", *vidhi*(*ya*) „Methode", „Regel", *paddhati* „rituelle Regel", usw., die verschiedene Methoden ihrer Anwendung andeuten. Die wichtigsten Regeln, die dabei beachtet werden, haben Paul Wirz und Otakar Pertold geschildert.[38]

---

[35] So ist in Indien ein dem Siddha Nāgārjuna zugeschriebenes, in verschiedenen Rezensionen vorliegendes magisches Werk namens Kakṣapuṭa oder Mahākakṣapuṭa bekannt; von Versionen dieses Textes gibt es mehrere singhalesische Handschriften (CM 3230–3232; LPP I 72 [1 Hs.]). Das Buch von Pālita Sōmakīrti, Mahākakṣapuṭaya hevat Yantra vidyāva sahita vistara yantrakakṣaya, Nugēgoḍa 1955, ist ein auf dieser Texttradition beruhendes, mit ausführlichen singhalesischen Erklärungen versehenes Zauberbuch. Auf derselben Überlieferung beruht auch das kürzere Werk von K. L. Pransikula Pranāndu, Āśyamānasa ṛṣīn viracita Yantra kakṣa, (Colombo) 1951; beide Werke enthalten großenteils die gleichen Sanskrit-Verse. Ein Abschnitt aus dem indischen Merutantra über magische Praktiken wurde unter dem Titel Mantra khaṇḍaya hevat Meru tantraya in Nugēgoḍa 1949 gedruckt (aufgrund indischer Materialien bearbeitet); singhalesische Handschriften von Teilen des Merutantra: CM 3431 und 3432; LPP I 77 (5 Hss.), LPP II 59 (1 Hs.). Als Meister der Zauberei gelten in Sri Lanka die aus Kerala zugewanderten Bewohner der Insel; vor allem im 17. bis 19. Jahrhundert sind zahlreiche Einwanderer aus Kerala nach Sri Lanka gekommen. Angeblich von dort stammende Mantras und Yantras sind in A. Dasanāyaka, Malayāli yantra pota, Nugēgoḍa 1961 zusammengestellt. Ein Zauberbuch indischen Ursprungs, das vor einiger Zeit nach Sri Lanka gelangte, ist auch das Mahendrajāla. Das Wort *indrajāla* („Netz des Indra") ist eine geläufige Bezeichnung für Zauberei.

[36] LPP I 102 (3 Hss.); II 77 (2 Hss.); Ṭīkā dazu LPP I 102 (2 Hss.); mit Bhāvasannaya LPP I 102 (1 Hs.); BL Or. 6613 (63).

[37] Taṃgallē Ñāṇālaṅkāra, Sarvatobhadracakraya, Mākuṁbura 1946 und A. Dasanāyaka, Purāṇa Sarvatobhadra śāstraya, Nugēgoḍa 1951.

[38] Paul Wirz, Exorcism (Anm. 28), S. 206–235; Otakar Pertold, Príspěvky ke studiu lidovych náboženství Ceylonskych (Inquiries into the Popular Religions of Ceylon), Part I, Pragae 1925.

IV. Weltliche Dichtung und didaktische Literatur

1. Sanskrit-Texte im Bildungswesen

Bereits in Kapitel I.4 wurde auf die Bedeutung von Sanskrit-Texten für das traditionelle singhalesische Erziehungswesen hingewiesen. Zwei Sanskrit-Texte der sog. Nīti-Literatur (Vyāsakāra und Pratyayaśataka) sind in den Kanon der sog. Schultexte aufgenommen worden. Darüber hinaus gehört ein Gedicht zum Preis des Sonnengottes zu diesen Schultexten, nämlich das Sūryaśataka des Mayūrabhaṭṭa, das in diesem Kontext nicht als hinduistischer Kulttext, sondern als Lehrtext für den Sanskrit-Unterricht dient.

Gute Sanskrit-Kenntnisse galten in der traditionellen singhalesischen Gesellschaft als unentbehrlicher Teil einer guten Allgemeinbildung. Sie waren nicht nur Voraussetzung für die Ausbildung in den traditionellen Wissenschaften (Medizin, Astrologie usw.) und für das Verständnis der Texte, die die Regeln für die Abfassung von Literaturwerken enthalten (Grammatik, Metrik, Alaṅkāraśāstra), sondern auch - wie schon in Kapitel I.1 und 2 dargelegt - Voraussetzung für das Verständnis klassischer singhalesischer Literaturwerke. Zeitweise ist in der Zeit der Vernachlässigung traditioneller Bildung während eines Teils der kolonialen Periode Unterricht in den Bildungssprachen der Kolonialmacht (insbesondere Lateinisch) an die Stelle des Sanskrit-Unterrichts getreten. Der danach im 20. Jahrhundert wieder eingeführte moderne Sanskrit-Unterricht in den höheren Schulen moderner Prägung ist sowohl in der Wahl der Unterrichtsmethoden wie in der Wahl der Unterrichtstexte (Auszüge aus dem Mahābhārata wie z.B. Nalopakhyāna usw.) stark von Konventionen des Sanskrit-Unterrichts an britischen Universitäten beeinflußt worden.

Nur ein einziger bedeutender Text der Sanskrit-Kunstdichtung, nämlich das Jānakīharaṇa von Kumāradāsa, ist mit Sicherheit in Sri Lanka selbst verfaßt worden, doch ist der Originaltext dieses Werkes auf der Insel verloren gegangen und nur das Sannaya zu einem Teil davon erhalten geblieben. Das Gedicht ist jedoch vollständig in Indien überliefert worden.

Ein berühmtes Werk der klassischen Kunstdichtung indischen Ursprungs wurde in der mittelalterlichen Periode in Sri Lanka nicht nur kommentiert und viel gelesen, sondern hat auch durch die Anregung zur Abfassung vergleichbarer Literaturwerke die Entwicklung der singhalesischen Nationalliteratur nachhaltig beeinflußt, nämlich der Meghadūta von Kālidāsa. Er war Vorbild der zahlreichen Sandeśa-Gedichte, die seit der ersten Hälfte des 15. Jahrhunderts in singhalesischen Versen verfaßt worden sind.

2. Weltliche Sanskrit-Dichtung in Sri Lanka

Der einzige in Sri Lanka beheimatete Dichter, dem man einen wesentlichen Beitrag zur nicht-buddhistischen klassischen Sanskrit-Literatur verdankt, ist – wie oben erwähnt – Kumāradāsa, der Verfasser des Jānakīharaṇa („Raub der Jānakī", d.h. der Sītā). Diesem Werk liegt der Inhalt der Teile I bis VI des Rāmāyaṇa zugrunde, also der ursprüngliche, bis zur Krönung des Rāma reichende Teil dieses Epos. Das Jānakīharaṇa genoß in der indischen Tradition hohes Ansehen und wurde z.B. von Rājaśekhara (9.bis 10. Jahrh.) als eine dem Raghuvaṃśa des Kālidāsa gleichrangige Dichtung bezeichnet. In der frühen wissenschaftlichen Literatur wurde der Dichter Kumāradāsa aufgrund entsprechender Angaben in der singhalesischen Literatur, nämlich in Pūjāvaliya von Mayūrapāda (13. Jahrh.) und in Pärakumbāsirita (15. Jahrh.) mit dem singhalesischen König Kumāradhātusena (regierte 508–516) identifiziert und als Freund des großen indischen Dichters Kālidāsa angesehen; man hat sogar versucht, Kālidāsa aufgrund dieser Angabe zu datieren. Diese Informationen gehören ins Reich der Legenden. Tatsächlich muß der Verfasser des Jānakīharaṇa, der sich stilistisch stark von Kālidāsas Raghuvaṃśa beeinflussen ließ, später gelebt haben als Kālidāsa, und zwar wahrscheinlich im 7., spätestens aber Anfang des 9. Jahrhundert, wie man den datierbaren Testimonia entnehmen kann. Die genauere Festlegung der Lebenszeit des Dichters, die S. Paranavitana durch Identifikation des im Kolophon des Jānakīharaṇa genannten Mānita mit dem in der Chronik Mahāvaṃsa genannten Māna (7. Jahrh.) versucht hat, ist spekulativ. Die zusätzlichen Angaben zu den Lebensumständen des Dichters, die S. Paranavitana und C.E. Godakumbura in ihrer Ausgabe und Godakumbura in einem 1971 erschienenen Beitrag gemacht haben, beruhen auf sog. „Interlinearinschriften" und können – wie oben in Kapitel I.6 dargelegt – nicht als historische Daten betrachtet werden.

Bemerkenswert ist die Entdeckungs- bzw. Erschließungsgeschichte des Textes. Lange Zeit war das Werk hauptsächlich dem Namen nach sowie aus Zitaten in Anthologien und in Texten der einheimischen Grammatik und Literaturwissenschaft bekannt. In Sri Lanka war ein Sannaya zu Sarga I bis XV (und ein Fragment des Textendes) überliefert, aus dem zuerst James de Alvis und später Hikkaḍuvē Śrī Sumaṅgala und J.S. Rājasundara kleinere Teile des Textes zu rekonstruieren versuchten. Ratmalānē Śrī

Dharmārāma edierte dieses Sannaya zusammen mit einer Rekonstruktion der entsprechenden Teile des Textes im Jahre 1891. Da ein Sannaya sämtliche Wörter des Textes der einzelnen Verse aushebt und übersetzt oder erklärt und dabei lediglich die Anordnung der Wörter von der im Text abweicht, ist es prinzipiell möglich, den Text eines Gedichtes aus einem Sannaya zu rekonstruieren, wenn es gelingt, ggf. die Versmaße zu erkennen und das Anordnungsproblem zu lösen. Die Rekonstruktion des Jānakīharaṇa durch Dharmārāma verursachte eine längere wissenschaftliche Diskussion über den Wert eines auf solche Weise wiedergewonnenen Textes. Nach Auffindung eines vollständigen Manuskripts südindischer Herkunft haben S. Paranavitana und C.E. Godakumbura eine vollständige Ausgabe des Textes in 20 Sargas schon im Jahre 1943 abgeschlossen, aber erst 24 Jahre später, also 1967 publiziert. Die Kapitel XVI bis XX des Textes sind unter Verwendung zusätzlicher Überlieferungsmaterialien außerdem von C.R. Swaminathan mit ausführlicher literaturgeschichtlicher Einleitung und mit Übersetzung ediert worden.[1]

---

[1] Maßgebliche Ausgaben: The Jānakīharaṇa of Kumāradāsa, ed. S. Paranavitana und C.E. Godakumbura, Colombo 1967 und Jānakīharaṇa of Kumāradāsa, A Study, Critical Text and English Translation of Cantos XVI-XX by C.R. Swaminathan, ed. by V. Raghavan, Delhi 1977. Zu Paranavitanas Theorie hinsichtlich der Identität des Verfassers des Jānakīharaṇa siehe S. Paranavitana, „Civilisation of the Period: Religion Literatur and Art", University of Ceylon History of Ceylon, ed. H.C. Ray, Vol. I, Part 1, Colombo 1959, S. 393 f. Über die den sog. Interlinearinschriften entnommenen Informationen siehe die oben erwähnte Textausgabe von Paranavitana und Godakumbura, S. LXI-LXXII sowie C. E. Godakumbura, „The Life of Kumāradāsa and his Poetry", Journal of the Ceylon Branch of the Royal Asiatic Society N.S. 15 (1971), S. 1-25. Siehe oben S. 34. Überblick über die Forschungsgeschichte zum Jānakīharaṇa siehe C.E. Godakumbura, „A Note on the Jānakīharaṇa", Journal of the Ceylon Branch of the Royal Asiatic Society N.S. 11 (1967), S. 93-98 und Einleitung zur Edition von Swaminathan (s. oben). — Sannaya: Handschriften LPP II 25 (3 Hss.). Rekonstruktionen des Textes aufgrund des Sannaya: Für einzelne Teile in: James d'Alwis, A Descriptive Catalogue of Sanskrit, Pali, and Sinhalese Works of Ceylon, Colombo 1870, S. 188-195; Kumāradāsa, Jānakīharaṇa, A Sanskrit Poem, Sargas I-II, restored into Metre by H. Sumaṅgala and J.S. Rājasundara, from a Sinhalese Sanne, Colombo 1890. Rekonstruktion aufgrund aller im Sannaya überlieferten 15 Kapitel: Kumāradāsa, Jānakīharaṇa mahākāvyaya, mit purātana padārtha sannaya, ed. Ratmalānē Dharmmārāma, Pāliyagoḍa 1891. Wesentlich verbesserte neue Ausgabe aufgrund dieses Materials: The Jānakīharaṇa by Kumāradāsa, ed. Haridāsa Śāstrī, Calcutta 1893 (Cantos I-XV; vgl. Rezension von Rhys Davids in JRAS 1894, S. 623-624). Ausgabe von Sarga I bis X unter Heranziehung südindischer Handschriften, die teilweise ebenfalls auf eine Rekonstruktion aufgrund des singhalesischen Sannaya zurückgehen: The Jānakīharaṇa of Kumāradāsa, I-X, ed. Gopal Raghunath Nandargikar, Bombay 1907. Unterschiedliche Thesen zur Möglichkeit einer Rekonstruktion aufgrund des Sannaya vertraten Ernst Leumann, „Zum Jānakīharaṇa des Kumāradāsa", Wiener Zeitschrift für die Kunde des

Daß der Text des Jānakīharaṇa in Sri Lanka noch im 12. bis zum 15. Jahrhundert bekannt war, ergibt sich nicht nur daraus, daß das Sannaya dazu nach dem Stil seiner

---

Morgenlandes 7 (1893), S. 226–232; nachgedruckt in ders., Kleine Schriften, hrsg. Nalini Balbir, Stuttgart 1998, S. 381–387 und F.W. Thomas, „The Jānakīharaṇa of Kumāradāsa", JRAS 1901, S. 253–280. Die in London befindliche Handschrift in Malayalam-Schrift benutzte zuerst L.D. Barnett für eine Edition von Sarga XVI: Lionel D. Barnett, „Jānakīharaṇa XVI", Bulletin of the School of Oriental Studies 4 (1926/28), S. 285–292. Über die Handschrift aus Kerala in der Government Oriental Library in Madras vgl. S.K. De, „Some Readings of Jānakīharaṇa XVI", ebenda 4 (1926/28), S. 611–613. Auszüge aus einem der vollständigen südindischen Manuskripte mit den Schlußversen edierte M.G. Kumāraratna, „Jānakīharaṇayē mul piṭapata", Sādhanā, Maṃgala kalāpaya 1960–61, S. 79–93. Über das Jānakīharaṇa in der klassischen indischen Literatur siehe Siegfried Lienhard, A History of Classical Poetry: Sanskrit — Pali — Prakrit, Wiesbaden 1984, S. 197–199 und M. Krishnamachariar, History of Classical Sanskrit Literature, S. 133–138 (§§ 38–41) sowie S.K. De in S.N. Dasgupta, A History of Sanskrit Literature: Classical Period, Bd. 1, Calcutta 1947, s. 185–188. Vgl. auch Satya Suri, A Critical Study of Jānakīharaṇa, Delhi 1984 (mit literaturwissenschaftlicher Untersuchung und Auswertung der im Text enthaltenen kulturgeschichtlichen Informationen). Entwürfe von Ernst Leumann zum Jānakīharaṇa sind verzeichnet in dem Katalog seines Nachlasses: Birte Plutat, Catalogue of the Papers of Ernst Leumann in the Institute for the Culture and History of India and Tibet, University of Hamburg, Stuttgart 1998, S. 66. Sehr negativ urteilt über die Qualität des Gedichtes M. Winternitz, Geschichte der indischen Litteratur, Bd. 3, Leipzig 1920, S. 65; doch beruhte das Urteil von Winternitz auf den seinerzeit zugänglichen älteren Ausgaben und wird heute kaum mehr aufrecht zu erhalten sein. Zu den Testimonia in den Sanskrit-Anthologien und in Werken der einheimischen Lexikographie usw. siehe Jānakīharaṇa ... by Swaminathan [s. oben], S. 35–50; ältere Zusammenstellung bei F.W. Thomas, Kavīndravacanasamuccaya, Calcutta 1912, Introduction, S. 34–36. Die verläßlichste literaturgeschichtliche Würdigung und Einordnung des Werkes bietet die Untersuchung in der o.a. Teilausgabe von Swaminathan, S. 1–163. Der Hinweis des Herausgebers auf die angeblichen Entdeckungen von Paranavitana im Vorwort von V. Raghavan zu dieser Ausgabe ist gegenstandslos (s. oben). Legende über die Freundschaft von Kumāradāsa mit Kālidāsa siehe The 34th Chapter of the Pūjāvaliya by ... Mayūrapāda ..., ed. Mābōpiṭiyē Medhaṅkara, Colombo 1932, S. 18. Danach war König Kumāradāsa Freund eines Kālidāsa und starb beim Tode dieses seines Freundes auf dessen Scheiterhaufen den freiwilligen Feuertod. Diesen Kālidāsa identifiziert man meist mit dem großen Dichter dieses Namens. Das Jānakīharaṇa ist freilich im Pūjāvaliya nicht erwähnt; es wird erst im Pärakumbāsirita (15. Jahrh.) ausdrücklich als Werk des Königs Kumāradāsa bezeichnet (Pärakumbāsirita, ed.K.D.P. Vikramasiṃha, Colombo 1954, Vers 23). Jüngere ceylonesische Traditionen berichten uns noch Einzelheiten über den Tod des Kālidāsa; er soll nämlich von einer Kurtisane ermordet worden sei, die sich den vom König für die Vervollständigung eines bestimmten Verses ausgesetzten Preis erschwindeln wollte (James de Alwis, The Sidath Sangarawa, Colombo 1852, Introduction, S. CLIII–CLVI; T.W. Rhys Davids, „Kālidāsa in Ceylon 522", JRAS 1888, S. 148f.). Siehe auch M. Winternitz, Geschichte der indischen Litteratur, Bd. 3, Leipzig 1920, S. 41 mit Anm. 4.

Sprache im 12. oder 13. Jahrhundert verfaßt wurde,[2] sondern auch aus den zahlreichen Nachahmungen einzelner Verse daraus in der singhalesischen Kunstdichtung jener Tage. Solche Nachahmungen sind von den singhalesischen Kommentatoren insbesondere im Muvadevdāvata,[3] im Sasadāvata[4] und im Parevisandeśaya[5] nachgewiesen worden. Außerdem finden sich Zitate in singhalesischen Literaturwerken dieser Periode.[6] Nach dem 15. Jahrhundert scheint es in Ceylon nur mehr das unvollständige Sannaya gegeben zu haben, das dann alten und modernen Rekonstruktionsversuchen als Grundlage diente.

Im Zusammenhang mit den oben erwähnten ceylonesischen Legenden werden in singhalesischer Überlieferung noch drei Einzelverse überliefert. Einer dieser Verse wird je zur Hälfte dem Kumāradāsa und dem Kālidāsa zugeschrieben. Ein anderer Vers soll der letzte Ausspruch des sich selbst dem Feuertod überantwortenden Königs sein. Auch der Vers, auf dessen Ergänzung der König einen Preis ausgesetzt haben soll (ein sog. *samasyāpūraṇa*-Vers), wird in singhalesischen Werken mitgeteilt. Einer dieser Verse ist auch in Indien überliefert, allerdings ohne Angabe eines Autors; die beiden anderen sind verhältnismäßig späte Machwerke, wie man aus den darin vorkommenden grammatischen Unkorrektheiten sieht. Von Kālidāsa oder von Kumāradāsa dürfte keiner dieser Verse stammen.[7]

Wie in ganz Indien gilt Kālidāsa auch bei den Singhalesen als bedeutendster Meister der Sanskrit-Dichtung. Seine Werke haben einen erheblichen Einfluß auch auf die Gestaltung und Entwicklung der Kunstdichtung in singhalesischer Sprache ausgeübt. Eine unglaubwürdige Überlieferung in einigen singhalesischen Quellen behauptet sogar, Kālidāsa sei nach Ceylon gekommen und dort ermordet worden. Bis heute weiß man

---

[2] Siehe The Jānakīharaṇa of Kumāradāsa, ed. S. Paranavitana u. C.E. Godakumbura (Anm. 1), S. LVIII.

[3] Muvadev dā vivaraṇaya von Munidāsa Kumāraṇatuṃga, 3. Auflage, (Colombo) 2482, zu den Versen 20, 26, 29, 30, 33, 35, 38, 42, 52, 57, 63, 64, 66, 70, 73, 80, 81, und 97.

[4] Sasa dā vivaraṇaya von Munidāsa Kumāratuṃga, Colombo 2443, zu den Versen 85, 129, 153, 171, 204 und 221.

[5] Parawi Sandeśa (Pārāpata sandeśaya, d.h. Parevi sandēśaya) by Toṭagamuvē Śrī Rāhula, ed. with a commentary by T. Sugatapāla, Dehiwala 1932, zu Vers 8 und 13.

[6] Mahābodhivaṃśa granthipadavivaraṇaya [aus dem 11. oder 12. Jahrh.], ed. Ratmalāne Dharmakīrti Dharmārāma, Käḷaniya 1910, S. 127 (: Jānakīharaṇa I 34 und 36 in der Ausgabe von G. R. Nandargikar), S. 49 (: ebenda I 64). Vgl. C. E. Godakumbura, Sinhalese Literature, Colombo 1950, S. 34.

[7] Siehe Kāvya saṃgrahava hevat Kav saṅgarāva, veröff. Ratnākara pot veḷaňda śālāva, Colombo 1947, S. 29 (Vers 154); S. 289 (Vers 2020); englische Einleitung zu Jānakīharaṇa mit purātana sannaya, ed. Dharmārāma (Anm. 1), S. XIf.; K. P. Parab, Subhāṣitaratnabhāṇḍāgāra, Bombay o.J., S. 326 (Vers 12). Vgl. auch oben Anm. 1.

über das Leben des großen Dichters nichts Sicheres, darf jedoch mit großer Wahrscheinlichkeit annehmen, daß er in Ujjayinī lebte und zwar im 4. oder 5. Jahrhundert n.Chr.[8] Es besteht auch kein Zweifel daran, daß einige seiner Werke verhältnismäßig früh auch nach Ceylon gelangt sind. Das älteste Zeugnis dafür ist das oben ausführlich besprochene Kunstgedicht Jānakīharaṇa des Kumāradāsa (7. bis 9. Jahrh.), das deutlich vom Raghuvaṃśa des Kālidāsa beeinflußt ist.

Offenbar ist der Meghadūta dasjenige Werk Kālidāsas, das in Sri Lanka am meisten gelesen wurde und die intensivste Wirkung auf die Literatur der Insel ausübte. Der Meghadūta wird in singhalesischen Handschriften überliefert, deren Texttradition von der der südindischen Handschriften verschieden ist. Bemerkenswerterweise stimmt diese singhalesische Überlieferung an vielen Stellen mit der durch die tibetische Übersetzung belegten Version überein. Der Text ist in den singhalesischen Manuskripten von einem aus dem 12. oder 13. Jahrhundert stammenden Sannaya begleitet, das als ein besonders wertvolles Kommentarwerk gilt und von den aus Indien bekannten Sanskrit-Kommentaren zum Meghadūta unabhängige Erklärungen enthält.[9]

Die größte Bedeutung erlangte der Meghadūta, der in Südindien und Sri Lanka auch unter dem Namen Meghasandeśa („Wolkenbotschaft“) bekannt ist, als Vorbild der Sandeśa-Dichtungen in singhalesischer Sprache. Die Sandeśa-Dichtungen stellen sowohl ihrer Bedeutung, ihrer Beliebtheit und auch schon allein ihrer Anzahl nach eine der wichtigsten Abteilungen der singhalesischen Versdichtung dar; Puñcibaṇḍāra Sannasgala führt in seiner Monographie über diese Literatur nicht weniger als 114

---

[8] Siehe Lienhard, A History of Classical Poetry (Anm. 1), S. 115f.

[9] Singhalesische Handschriften mit Sannaya: CM 2234; LPP I 77 (6 Hss.); II 59 (1 Hs.); zu der von den Singhalesen überlieferten Textrezension siehe Hermann Beckh, Ein Beispiel zur Textkritik von Kālidāsas Meghadūta, Diss., Berlin 1907, S. 9–12; vgl. auch The Meghadūta of Kālidāsa, ed. Sushil Kumar De, New Delhi 1957, Introd., S. XX f. (S.K. De gibt die Lesarten der singhalesischen Überlieferung an.) Singhalesische Textausgabe mit dem alten Sannaya: Kālidāsa, Meghadūta mit Purāṇa arttha varṇnanā, ed. T.B. Pānabokkē, Colombo 1893. Ausgabe mit modernem singhalesischem Sannaya: Kālidāsa, Meghadūta-kāvyaya, mit Sadānanda vyākhyāva von Raṁbukvällē Paññāsāra, Colombo 1948. Moderne singhalesische Nachdichtungen: Mayūrapāda [Pseudonym], Siṃhala Meghadūtaya [mit eigenem Kommentar], Kalatuvāva / Ratnapura (1951); ferner Übersetzung in singhalesischen Versen mit eigenem Kommentar sowie Sanskrit-Text mit dem alten Kommentar (pūrāṇa artha vivaraṇa) nach der Ausgabe von Pānabokkē mit der beigefügten englischen Übersetzung des Textes von H.H. Wilson herausgegeben von Ernest da Alvis, Colombo 1974. Zum alten Sannaya siehe C.E. Godakumbura, Sinhalese Literature, Colombo 1955, S. 140 f. Ausführlicher Puñcibaṇḍāra Sannasgala, Siṃhala sāhitya vaṃśaya, 2. Aufl., Colombo 1964, S. 115 f. Sannasgala datiert dieses Sannaya in die Zeit zwischen 1200 und 1225.

solcher Gedichte in singhalesischer Sprache und 6 in Pāli an. An die Stelle des „Wolkenboten“ bei Kālidāsa treten hier meist Vögel, die die Botschaft überbringen sollen. Die Botschaft selbst, die bei Kālidāsa an die ferne Geliebte gerichtet ist, gilt in den klassischen singhalesischen Sandeśa-Dichtungen meist einer Gottheit, die in einem bestimmten Tempel residiert. Die Sandeśa-Dichtungen sind durch die oft sehr genauen Mitteilungen über den Weg, den der Bote nimmt, wichtige Quellen für die historische Geographie und die Kulturgeschichte. Das älteste bekannt gewordene singhalesische Sandeśa- Gedicht ist ein altes Miyurusaňdesa („Pfauenbotschaft“), von dem nur einige Zitate erhalten sind. Dieses Werk ist spätestens im 13. Jahrhundert verfaßt worden. Seit dem Ende des 14. Jahrhunderts bis nach der Mitte des 15. Jahrhunderts wurden dann in verhältnismäßig rascher Folge die wichtigsten Sandeśas der klassischen singhalesischen Literatur geschrieben. Abgesehen vom Sävulsandeśa des Alagiyavanna (um 1600) entstanden danach längere Zeit keine derartigen Dichtungen mehr; seit der zweiten Hälfte des 18. Jahrhunderts kam die Sandeśa-Dichtung jedoch wieder in Mode und ist bis in die jüngste Gegenwart lebendig geblieben.[10]

Nachahmungen von Kālidāsas Meghadūta waren nicht auf Sri Lanka beschränkt. Man kann sie auch in einigen Gebieten Indiens beobachten; auf dem indischen Festland wurden sie vorwiegend in Sanskrit abgefaßt. Eine der ältesten Meghadūta-Nachahmungen ist der Pavanadūta („Windbote“) des bengalischen Dichters Dhoī aus der ersten Hälfte des 12. Jahrhunderts. Das klassische Land der Sanskrit-Sandeśas wurde jedoch Kerala. Der älteste uns erhaltene Sandeśa aus Kerala ist der Sukasandeśa („Papageienbotschaft“) aus dem 13. oder dem Beginn des 14. Jahrhunderts. Neben zahlreichen Sandeśas in Sanskrit wurde im 14. Jahrhundert auch ein Uṇṇanīlasandeśa in Malayalam geschrieben. In dieser Literatur Keralas dienen als Boten wie in der Sri Lankas meist Vögel; so gibt es einen Mayūrasandeśa („Pfauenbotschaft“), zwei verschiedene Haṃsasandeśas („Gänsebotschaft“), einen Kokasandeśa („Kuckucksbotschaft“) usw. Wahrscheinlich wurde die Sandeśa-Literatur Sri Lankas zunächst durch die indischen Sandeśa-Dichtungen angeregt. In einem in Kerala verfaßten Werk Haṃsasandeśa von Rūpa Gosvāmī wird übrigens der Weg der Gans von Sri Lanka nach Kuṭamālūr in Kerala beschrieben.[11] Übrigens sind in Sri Lanka auch einige Werke der Sandeśa-Li-

[10] Zur Sandeśa-Literatur in Sri Lanka siehe Puñcibaṇḍāra Sannasgaḷa, Siṃhala sandeśa sāhityaya, 3. Aufl., Colombo 1962; chronologische Liste der Sandeśa-Texte ebenda, S. 168–182. Der Pāli-Text Mahānāgakulasandesa (Mānāvulu sandeśaya) gehört zum Typ der buddhistischen Briefliteratur (vgl. oben Kap. II.4); siehe Oskar von Hinüber, A Handbook of Pāli Literature, Berlin 1996, S. 204 (§ 441). Siehe auch C.E. Godakumbura, Sinhalese Literature (Anm. 9), S. 183–208; Herbert Günther, „Die singhalesische Sandeśa-Dichtung des 14. und 15. Jahrhunderts“, Wiener Zeitschrift für die Kunde des Morgenlandes 49 (1942), S. 71–117.

[11] Über Sandeśa-Dichtungen nach Kālidāsa in Indien siehe Lienhard, A History of

teratur in Pāli verfaßt worden.[12]

Auch das von Kālidāsa verfaßte berühmte Kunstgedicht Raghuvaṃśa war in Sri Lanka durch viele Jahrhunderte hindurch bekannt. Wie im Jānakīharaṇa des Kumāradāsa ist darin der Erzählungsstoff des Rāmāyaṇa bearbeitet. Auch ist oben schon erwähnt, daß Kumāradāsa den Raghuvaṃśa des Kālidāsa gekannt haben muß. Mehrere Verse aus dem Raghuvaṃśa sind in mittelalterlichen singhalesischen Prosawerken zitiert, so im Mahābodhivaṃśa granthipada vivaraṇaya (11. oder 12. Jahrh.), im Sasadāvata-sannaya (12. oder 13. Jahrh.), im Meghadūta-sannaya (12. oder 13. Jahrh.) und im Siṃhala-Bodhivaṃśaya (14. Jahrh.).[13] Stellen aus singhalesischen Versdichtungen wie dem Muvadevdāvata (12. Jahrh.), dem Kavsiḷumina (13. Jahrh.), dem Kāvyaśekharaya (15. Jahrh.) und noch dem Kustantīnuhaṭana (Anfang des 17. Jahrh.) verraten, daß ihre Verfasser den Raghuvaṃśa gekannt haben.[14] Alagiyavanna hat in

---

Classical Poetry (Anm. 1), S. 121–127; C. Chakravarti, „Origin and Development of Dūtakāvya“, Indian Historical Quarterly 3 (1927), S. 273–297; K. Kunjunni Raja, The Contribution of Kerala to Sanskrit Literature, Madras 1958, S. 215 und 225–237 (zum anonymen Haṃsasandeśa ebenda, S. 237) sowie M. Krishnamachariar, History of Classical Sanskrit Literature, repr., Delhi 1970, S. 358–368 (§§ 315–323). In singhalesischer Druckausgabe mit singhalesischem Sannaya erschien das Bhṛṅgadūta des indischen Dichters Maithila Gaṅgānanda (16. Jahrh.), mit modernem Sannaya von K.D. Kulatilaka, Nugēgoḍa 2510 (1966) und das Haṃsadūtakāvya des bengalischen Dichters Rūpagosmāmin (16. Jahrh.) mit Sannaya von C.A. Śīlaskandha aus dem Jahr 1890, hrsg. Doḍanduvē Dharmasēna, Nugēgoḍa 1966.

[12] Siehe Sannasgala, Siṃhala sandeśa sāhityaya (Anm. 10), S. 7–9. Es handelt sich dabei insbesondere um Mahānāgakulasandesa (Mānāvulusandēsaya) von Nāgasena (siehe O. von Hinüber, A Handbook of Pāli Literature, Berlin 1996, § 441 [S. 204]; Somapala Jayawardhana, A Handbook of Pali Literature, Colombo 1994, S. 89f.), Rāmasandesa von Kuṃkuṇāvē Sumaṅgala und einige Werke neueren Ursprungs.

[13] Zitate: Mahābodhivaṃśa granthipada vivaraṇaya (Anm. 6), S. 29 (: Raghuvaṃśa, in The Complete Works of Kālidāsa, ed. V.P. Joshi, Leiden 1976, Kap. I, 2 [S. 3]), S. 32–33 (: Raghuvaṃśa, ebenda, Kap. I, 5 und 7–9 [S. 3f.]; Sanna sahita Sasadāvata hevat Kāvyatilaka, ed. Aturuvällē Dhammapāla, Välitara 1934, S. 16 (: Raghuvaṃśa, Kap. XVI, 5 [S. 193]), S. 79 (: Raghuvaṃśa, Kap. VI, 60 [S. 70]); Meghadūta-sannaya (Anm. 9), S. 25 [dort der Text als Mayūravaṃśa bezeichnet] (: Raghuvaṃśa XIII, 70 [S. 164]); Siṃhalabodhivaṃśaya von Vilgammula [Saṃgharāja], ed. Baddēgama Kīrttiśrī Dhammaratana, Välitara 1933, S. 28 (: Raghuvaṃśa, Kap. I, 2 [S. 3]), S. 31 (: Raghuvaṃśa, Kap. I, 5–8 [S. 3]).

[14] Siehe den Kommentar von Munidāsa Kumāraṇatuṃga zum Muvadevdāvata (M. Kumāraṇatuṃga, Muvadev dā vivaraṇaya, Colombo 2503 [1959]) zu den Versen 36, 39, 43, 46, 91, 92, 96, 125, 136, 139 und 162 des Muvadevdāvata mit Angabe der entsprechenden Stellen im Raghuvaṃśa, sowie die singhalesischen Kommentare zu den übrigen genannten Werken.

seinem berühmten Subhāṣitaya (verfaßt 1611) einen Vers des Raghuvaṃśa nachgedichtet.[15] Vom Raghuvaṃśa lassen sich drei singhalesische Handschriften nachweisen. Das in den Handschriften enthaltene Sannaya ist noch nicht ediert; es ist anscheinend auch nicht für den modernen singhalesischen Kommentar von J. Samaradivākara benutzt worden.[16]

Kālidāsas Kumārasambhava ist nach Ausweis von Zitaten und Nachbildungen von Versen in der mittelalterlichen singhalesischen Literatur in der Blütezeit der Sanskrit-Studien auf der Insel ebenfalls in Sri Lanka gelesen worden. Es gibt allerdings dort keine ununterbrochene Überlieferung dieses Werkes; der moderne singhalesische Druck der Kapitel 1 bis 7 des Textes beruht auf indischen Textausgaben.[17]

Auch der Ṛtusaṃhāra wurde im mittelalterlichen Sri Lanka gelesen, was aus einigen Anklängen in singhalesischen Dichtungen zu erschließen ist. Es existieren zwei nur aus Katalogen bekannte singhalesische Handschriften dieses Gedichtes, deren Überlieferungswert noch unbekannt ist, und zwei Druckausgaben mit modernem Kommentar bzw. Übersetzung.[18]

---

[15] Subhāṣita 24 : Raghuvaṃśa Kap. I, Vers 18; siehe W.F. Gunawardhana, Subhāṣita varṇanā, being a Commentary on the Subhāṣita, Panadure 1917, S. 40f.

[16] Singhalesische Handschriften: LPP I 79 (2 Hss.); auch eine Raghuvaṃśa-ṭīkā ist in Sri Lanka in einer singhalesischen Handschrift überliefert: LPP I 79. Ich habe diese Manuskripte leider nicht einsehen können. -- In Sri Lanka sind zahlreiche Ausgaben des Raghuvaṃśa mit singhalesischem Kommentar erschienen. Zu nennen ist insbesondere: The Raghuvansa of Kalidasa with a Singhalese Commentary [Teil I] by J. Samaradiwakara, Colombo 1914; Kālidāsa, Raghuvaṃśa II, with Samaradivakara's Sinhalese Commentary, ed. H. Prajnaloka, Kelaniya 1938. Neuere singhalesische Ausgabe der Kapitel 1 bis 5 des Textes mit Übersetzung (aber ohne Kommentar): Siṃhala Raghuvaṃśaya von Hēnpiṭagedara Ñāṇasīha, Maharagama 1961. Erklärendes Werk: Raghuvaṃśapradīpikā, A Sinhalese Commentary on Raghuvaṃśamahākāvya, Part 1 von G. Dhīrananda, Väligama 1936.

[17] Zitate im Sasadāvata-sannaya: Sanna sahita Sasadāvata (Anm. 13), S. 38 (: Kumārasambhava, in: The Complete Works ... [Anm. 13], Kap. III, 53 [S. 263]); ebenda, S. 41 (: Kumārasambhava, Kap. III, 31); im Meghadūta-sannaya (Anm. 9), S. 25 (: Kumārasambhava VII, 37 [S. 307]). Nachdichtung von Versen sind Muvadevdāvata Verse 65 und 119; siehe Kumāraṇatuṃga, Muvadev dā vivaraṇaya (Anm. 14) zu diesen Versen. Singhalesische Ausgabe: Kālidāsa, Kumārasambhava, mit Sarvaṃkaṣā vyākhyā von Mäṭikoṭumullē Devānanda, Colombo 1928 [nur Sarga 1–7].

[18] Singhalesische Handschriften: LPP I 15 (2 Hss.); Anklänge in älterer singhalesischer Dichtung in Muvadevdāvata Vers 93 (: Ṛtusaṃhāra IV, 1) und Vers 123 (: ebenda III, 2); siehe Kumāraṇatuṃga, Muvadev dā vivaraṇaya (Anm. 14) sowie in einigen Sandeśa-Dichtungen. Ein singhalesisches Sannaya zum Ṛtusaṃhāra wurde von Vēragama Bodhināyaka Puñcibaṇḍāra (1856–1892) verfaßt; siehe Sannasgala, Siṃhala sāhitya vaṃśaya (Anm. 9), S. 651; ein aus der ersten Hälfte des 20. Jahrhunderts verfaßtes Sannaya namens Vasundharā-vyākhyā von D.M. Samarasiṃha ist erwähnt in A Dictionary of the Sinhalese

Unter den Dramen Kālidāsas war den singhalesischen Literaten des Mittelalters mindestens die Śakuntalā bzw. Abhijñānaśakuntalā bekannt; im Sasadāvata-sannaya und im Meghadūta-sannaya werden Passagen aus diesem berühmtesten Werk des großen indischen Dichters zitiert und das Werk als Śakuntalāharaṇa bezeichnet.[19]

Aus der erotischen Strophensammlung Śṛṅgāratilaka, die dem Kālidāsa vermutlich zu Unrecht zugeschrieben wurde, ist ein Vers in die um die Wende vom 19. zum 20. Jahrhundert kompilierte Verssammlung Kav saṅgarāva aufgenommen worden; dort findet man auch einige Sanskrit-Verse, die ebenfalls als von Kālidāsa verfaßt bezeichnet werden und auch in dem indischen pseudo-historischen Werk Bhojaprabandha von Ballāla (17. Jahrh.) zitiert sind, das ganz offenbar von dem singhalesischen Kompilator benutzt worden ist.[20]

Ein Werk der indischen Kāvya-Literatur, das einen wichtigen Platz in der von den Singhalesen überlieferten Sanskrit-Literatur einnimmt, ist das Sūryaśataka des Mayūra

---

Language, Vol. I, Part 7, Colombo 1957, S. XXXII, s.v. Ṛtu (lag mir nicht vor). Moderne Ausgaben aus Sri Lanka: Ṛtu saṃhāraya, [mit Sannaya usw.] von Kumāradāsa Munasiṃha und Siril E.P. Jayanetti, Colombo 1960; Kālidāsa Ṛtusaṃhārakāvyaya, [Text in Nāgarī-Schrift] mit singhalesischer Übersetzung von Āriyapāla Guṇasēna, Nugēgoḍa 1962.

[19] Sanna sahita Sasadāvata (Anm. 13), S. 16 (: Abhijñānaśakuntalā, I, Vers 3 in The Complete Works of Kālidāsa (Anm. 13), S. 528). Passage im Meghadūta-sannaya (Anm. 9), S. 14. Spekulationen über den Einfluß dieser Dichtung auf das singhalesische Jātakapota bei Sannasgala, Siṃhala sāhitya vaṃśaya [Anm. 9], S. 651; dieser Einfluß läßt sich jedoch nicht mit Sicherheit beweisen. Moderne singhalesische Ausgabe: Kālidāsa, Abhijñānaśākuntalaya, mit Übers. von Pälāṇē Vajiravaṃsa und Kuḍāvē Hemāloka, Colombo 1956. Singhalesische Bearbeitung dieses Dramas ist: Sakuntala of the Fatal Ring by Kalidasa, translated into Sinhalese by John de Silva, 3rd ed., Colombo 1925. John de Silva sind auch singhalesische Bearbeitungen anderer klassischer Sanskrit-Dramen zu verdanken (z.B. Uttararāmacarita von Bhavabhūti, 1917 usw.).

[20] Vgl. Lienhard, A History of Classical Poetry (Anm. 1) S. 99 und 116. Kāvyasaṃgrahava hevat Kav saṅgarāva, veröff. von Ratnākara pot veḷaṅda śālāva, Colombo 1947, Vers 6, S. 2 (: Śṛṅgāratilaka, Vers 6); ebenda Vers 5, S. 1 (: Bhojaprabandha of Ballāla, ed. Kāshīnāth Pāṇdurang Parab, Bombay 1896, S. 15, Vers 77); Vers 7, S. 2 (: Bhojaprabandha, S. 66, Vers 292); Vers 8, S. 2 (: Bhojaprabandha, S. 66, Vers 295); Vers 9, S. 3 (: Bhojaprabandha, S. 75, Vers 317; auch in der Sanskrit-Anthologie Śārṅgadharapaddhati, Vers 508). Siehe auch Kavsaṅgarāva Vers 10–13. Moderne singhalesische Ausgabe des Śṛṅgāratilaka mit Vyākhyā von U.A. Ñāṇatilaka, Välitoṭa 1897. Singhalesische Übersetzung des Bhojaprabandha: Śrī Ballālayangē Bhoja prabandhaya, übers. von G. Āriyapāla Guṇasēna, Nugēgoḍa 2507 (1963). -- Auch das zu Unrecht dem Kālidāsa zugeschriebene Rākṣasakāvya (vgl. Lienhard, A History of Classical Poetry [Anm. 1], S. 116 und 200) ist in einer modernen singhalesischen Ausgabe mit singhalesischem Kommentar publiziert worden: Kālidāsa, Rākṣasa kāvyaya, mit Ramya vyākhyā von Karaṅdana Vāgīśvara, Käsbāva 1935.

(auch Mayūraśataka genannt), ein um die Wende des 6. zum 7. Jahrhundert geschriebenes Preisgedicht auf den Sonnengott in 102 Versen, das sich auch in Indien seit je großer Wertschätzung erfreute. Es wurde in Ceylon, soviel wir wissen, nicht als Stotra zum Kult der Gottheit verwendet, sondern ausschließlich als literarisches Werk gelesen. Der auch durch seine singhalesischen Werke bekannte Śri Parākramabāhu Vilgammula schrieb etwa um 1300 ein Sannaya zum Sūryaśataka. In seinem Einleitungsvers bemerkt er ausdrücklich, daß er den überlieferten Text von Fehlern gereinigt habe. Das Werk ist mit diesem Sannaya später in den Kanon der Schultexte (vgl. Kap. I.4) aufgenommen worden. In der Kandy-Periode diente es auch zu Übungen für das korrekte Vorsingen von Gedichten.[21]

Das berühmteste Kāvya der Viṣṇu-Verehrung, das Gītagovindakāvya des Jayadeva (verfaßt in Bengalen im 12. Jahrh.), erfreute sich in Sri Lanka im Herrschaftsgebiet der singhalesischen Könige im 17. und im frühen 18. Jahrhundert großer Beliebtheit. Um diese Zeit hatte der Viṣṇu-Kult dort einen erheblichen Aufschwung genommen. In der Musik- und Tanzkunst des Hochlandes von Kandy leben diese Traditionen noch heute fort.[22] Verse in Preisliedern aus der ersten Hälfte des 18. Jahrhunderts wie im Śṛṅgārāya[23] sind vom Gītagovinda ebenso deutlich beeinflußt wie das Buddhagadya

[21] Singhalesische Handschriften des Sūryaśataka, meist mit sannaya: CM 1516–1518; LPP I 111 (110 Hss.); II 82 f. (55 Hss.); BL Or. 4147, Or. 6611 (1); Or. 6611 (175); Or. 6615 (379); Singh. Hss. 139, 140; Somadasa, Wellcome Inst. WS 271. Singhalesische Textausgaben, stets mit Vyākhyā (oder Sannaya) von Śrī Parākramabāhu Vilgammula: Sūryaśataka, ed. Don A. de Silva Devarakkhita Baṭuvantuḍāvē, 1. Aufl., Colombo 1883 (verzeichnet in Don Martino de Zilva Wickremasinghe, Catalogue of the Sinhalese Printed Books in the Library of the British Museum, London 1901, Sp. 125); viele Neuauflagen, z.B. veröff. von Ratnākara pot velañda śālāva, Colombo 1989; Sūryya śatakaya von Mayūra, ed. Kiriällē Ñāṇavimala, Colombo 1949; auch in A.M. G[unasekara], Siṃhala granthārṇavaya hevat Sihaḷa gatsayura, Library of Sinhalese Classics, Colombo o.J., S. 131–168. Vgl. auch T.W. Rhys Davids in JRAS 1894, S. 555 und Cecil Bendall in JRAS 1896, S. 215 f. Zum Sannaya und seinem Verfasser siehe Godakumbura, Sinhalese Literature (Anm. 9), S. 119; Sannasgala, Siṃhala sāhitya vaṃśaya (Anm. 5), S. 211; Don Martino de Zilva Wickremasinghe, Catalogue of the Sinhalese Manuscripts in the British Museum, London 1900, S. 23 und 101 f. (No. 89). Vgl. auch T.W. Rhys Davids in JRAS 1894, S. 555 und Cecil Bendall in JRAS 1896, S. 215 f. Ausgabe, englische Übersetzung und ausführliche Einleitung in George Payn Quackenbos, The Sanskrit Poems of Mayūra, New York 1965; vgl. S. 101–101 mit Angaben zu den singhalesischen Ausgaben und Manuskripten. Die Angabe in G.P. Malalasekera, The Pali Literature of Ceylon, London 1928, S. 159, wonach die Paraphrase zum Sūryaśataka im Nikāyasaṅgrahaya erwähnt sei, ist irrtümlich. Zur Anwendung des Gedichtes im Musikunterricht der Kandy-Periode siehe Mahawalatennē Bandār, „Kandyan Music“, Journal of the Ceylon Branch of the Royal Asiatic Society 21, No. 61 (1908), S. 155.

[22] Siehe Bandār, „Kandyan Music“ (Anm. 21), S. 154.

[23] Śṛṅgāraya hevat Daskon adhikāram tumāgē Śrīnāmaya, ed. R. Vijēsiṃha, Devalapola

(vgl. Kap. II.5). Heute sind singhalesische Handschriften des Gītagovinda selten geworden.[24]

Bekanntschaft mit einigen weiteren Werken der klassischen Kāvya-Literatur in Sanskrit läßt sich durch entsprechende Nachdichtungen in der mittelalterlichen Literatur Sri Lankas nachweisen; dies gilt insbesondere für die Kādambarī des Bāṇabhaṭṭa.[25] Der gelehrte Verfasser des Sannaya zum Sasadāvata verfügte offenbar über gründliche Kenntnisse mehrerer Werke der klassischen Sanskrit-Dichtung, wie man aus Zitaten und inhaltlichen Bezügen erkennen kann.[26] Zwei weitere singhalesische Autoren, die in ihren Schriften ihre Kenntnisse der klassischen Sanskrit-Literatur geradezu zur Schau stellen, sind Guruḷugōmin (12. bis 13. Jahrh.) und Toṭagamuvē Śrī Rāhula (15. Jahrh.) sowie der unbekannte Verfasser des Mahābodhivaṃsa-gäṭapadaya (12. Jahrh.). Man darf daraus jedoch nicht mit Sicherheit oder mit großer Wahrscheinlichkeit darauf schließen, daß die entsprechenden Werke Teil der singhalesischen Sanskrit-Überlieferung geworden sind. Vielmehr handelt es sich um gelehrte Autoren, die größeren Zugang zu Manuskriptbeständen indischer Herkunft gehabt haben.[27] In vielen Fällen

---

o.J. Siehe CM 2001, 2290 und 2291. Entgegen allen sonst in der singhalesischen Literaturtradition gültigen Konventionen wird in diesem Gedicht Elu-Wortschatz mit Sanskrit-Lehnwörtern vermengt; eine größere Anzahl von Versen ist ganz in Sanskrit abgefaßt. Ein ähnliches Werk ist Śṛṅgārālaṅkāraya; vgl. Godakumbura, Sinhalese Literature (Anm. 1), S. 237 und Sannasgala, Siṃhala sāhitya vaṃsaya (Anm. 5), S. 763 (hier heißt der Autor Gaskon adhikāram).

[24] Singhalesische Handschriften: LPP I 26 (2 Hss.). Ausgaben in singhalesischer Schrift nach indischen Vorlagen: Gītagovindakāvyaya mit Sarala bhāvārttha vivaraṇaya von Mullapiṭiyē K.H. da Silvā Abhayasiṃha Vijayaśrīvardhana, Colombo (1958); Gītagovindakāvyam (nur Text), veröff. von W.S.D. Guṇavarddhana, o.O. 1947. Das Werk ist an dieser Stelle unter die weltlichen Sanskrit-Dichtungen eingereiht worden, weil es für die Tradition der Singhalesen nie religiöse Bedeutung erlangt hat.

[25] Siehe Hatthavanagallavihāravaṃsa, ed. C.E. Godakumbura, London 1956, S. 4 und 9; Eḷu Attanagaluvaṃśa vivaraṇaya von Munidāsa Kumāraṇatuṃga, Colombo 2476, S. 140–144; Godakumbura, Sinhalese Literature (Anm. 9), S. 120f.; vgl. auch Guṇapāla Kīrtiratna, „Kav siḷumiṇa hā Saṃskṛta balapāma", Piyavana 13 (1961/62), S. 127 f.

[26] Vgl. Godakumbura, Sinhalese Literature (Anm. 9), S. 143. Siehe Sanna sahita Sasadāvata hevat Kāvyatilakaya, ed. Aturuvällē Dhammapāla, Välitara 1934, S. 12 und 37 (Bālarāmāyaṇa), 16 und 42 (Māghakāvya, d.h. Śiśupālavadha), 16 (Abhijñānaśakuntalā), 16 und 79 (Raghuvaṃśa), 38 und 41 (Kumārasambhava) sowie zahlreiche Zitate aus literaturtheoretischen Sanskrit-Werken wie Kāvyamīmāṃsa und Kāvyādarśa. Mehrere dieser Zitate finden sich auch in Subhāṣita-Sammlungen, so daß ihre unmittelbare Herkunft nicht immer eindeutig bestimmbar ist.

[27] So finden sich im Dharmapradīpikāva von Guruḷugōmin Zitate und Anklänge an die Sanskrit-Dramen Nāgānanda und Ratnāvalī von Harṣa, im Pañcikāpradīpaya von Toṭagamuvē Śrī Rāhula Zitate aus dem Kirātārjunīya von Bhāravi usw.

sind die zitierten Verse aus Werken der klassischen Sanskrit-Literatur Sri Lankas wohl nicht unmittelbar den indischen Literaturwerken, sondern vielmehr einer der zahlreichen Sammlungen von Subhāṣitas, d.h. einer der Anthologien von Sanskrit-Versen entnommen; manchmal sind solche Verse auch mündlich als Merkverse überliefert worden. Das lyrische Gedicht Amaruśataka (wahrscheinlich 7. Jahrh.) scheint jedoch in Sri Lanka überliefert worden, aber später verloren gegangen zu sein.[28] Moderne Autoren haben mehrere Werke der klassischen Sanskrit-Literatur aufgrund indischer Drucke ediert und kommentiert.[29]

Modernere Sanskrit-Gedichte sind, abgesehen von Lobgedichten auf bestimmte Persönlichkeiten und ähnlichen Versen und abgesehen selbstverständlich von den buddhistischen Dichtungen, recht selten. Eine Art ethisches Lehrgedicht in 7 Versen über die Folgen des Alkoholgenusses schrieb G. Don Pālis Appuhāmi (1847–1916).[30] Eine Sanskrit-Hymne auf Sri Lanka von Ambalamgoḍa Dharmakuśala wurde im Jahre 1962 veröffentlicht.[31]

---

[28] So stammt ein Zitat in der in Pāli verfaßten Rasavāhinī von Vedeha (Kap. IX.3, Vers 11), wie schon von P.E. Pavolini, „La materia e la forma delle Rasavāhinī", Giornale della Societa Asiatica Italiana 11 (1897/98), S. 67 f. festgestellt worden ist, aus dem Amaruśataka (Vers 69), könnte aber auch aus einer Spruchsammlung entlehnt worden sein. Aus dem heutigen Überlieferungsbestand ist mir nur eine einzelne Handschrift einer Amaruśataka-ṭīkā bekannt geworden (LPP I 8), die mir leider nicht zugänglich war. Ausgabe mit moderner singhalesischer Übersetzung und Sannaya: Amaruśatakaya, hrsg. und übers. von K. D. Kulatilaka, Nugēgoḍa 2512 (1968).

[29] So z.B. Śiśupālavadha mahā kāvya(ya), von Māgha, mit Vyākhyāya von Ratgama Prajñāvaṃśa, Kosgoḍa Prajñādhīra und Mohoṭṭivattē Vimaladharma, Pānadurā 1929; Kālidāsa [angebl. Verf.], Nalodaya satkāvya, mit phalodaya vyākhyā von Moraṭuvē Medhānanda, Moraṭuva 1923; Śrīharṣa, Naiṣadhīya carita(ya) mit Mādhurī vyākhyāva von Olaboḍuvē Ratnapāla, Moraṭuva 1953 dass., mit singhalesischem Kommentar von Väli-paṭanvila Dīpaṅkara, Mātara 2498 (1954); Bāṇabhaṭṭa (Vāṇabhaṭṭa), Śrī Harṣacarita mit Dīpaṅkara vyākhyā von Taṃgallē Sirisundara, Teil 1, Colombo (Maradāna) 1951; ders., Kādambarī mit Laṅkānanda vyākhyā, Teil 1, 2. Aufl., Colombo (Maradāna) 1958; Daṇḍin, Daśakumāracarita mit Padakandrikā vyākhyā von Keselvatugoḍa Dharmakīrtti Śrī Sārārtthadarśī Ratanajoti, Teil 1, Colombo 1936; dass. mit Maṃgala vyākhyānaya von Keramiṭyē Jinānanda, Teil 1, Colombo 1954; dass. Teil 2, Colombo (Maradāna) 1952; dass., mit vyākhyā von Kaṭānē Dharmāloka, Colombo 1952 (vgl. auch Sumaṅgala Śrī Sūriyagoḍa, Saṃkṣipta Daśakumāra caritaya [Siṃhala], Colombo 1936 und Kumāratuṃga, Saṅkṣipta Daśakumāracarita pradīpaya, Colombo 2480 [1936]. Editionen klassischer Sanskrit-Dramen mit singhalesischem Kommentar sind z.B. Harṣadeva, Nāgānanda mit Jayavimala vyākhyā von Gallē Vimalānanda, Colombo 1958.

[30] Siehe G. Layanal W. de Silvā (Lionel W. de Silva), Vartamāna Siṃhala kavīndrayō (Modern Sinhalese Poets), II, (Colombo) 1951, S. 24.

[31] Ambalamgoḍa Dharmakuśala, „Ahaha! Sudhanyā Śrīlaṃkā", Śrī Sumaṅgala, ed.

3. Didaktische Literatur

In der indischen Tradition kommt der didaktischen Literatur größte Bedeutung zu. Dazu gehören einerseits Verse, die als Subhāṣita- oder Nīti-Verse bezeichnet werden, und andererseits auch solche Werke der Prosaliteratur, die der Vermittlung von praktischem Wissen dienen, indem sie kluges Verhalten an Beispielen aus dem täglichen Leben oder auch aus der Märchen- und Fabelwelt illustrieren.

Als Subhāṣita- oder Nīti-Verse bezeichnet man in der indischen Literaturwissenschaft einzeln zitierbare Verse oder kurze Versgruppen mit einer in sich abgeschlossenen Bedeutung. Zur indischen Spruchliteratur im engeren Sinn gehören die Subhāṣitas, die nicht einer bestimmten religiösen Literaturtradition angehören, sondern entweder „weltlicher“ Didaktik dienen (sog. *lokanīti*), oder aber so allgemein formuliert sind, daß sie im Bereich unterschiedlicher religiöser Traditionen überliefert werden konnten. Die ältere indische Spruchliteratur in diesem engeren Wortsinn ist in Sanskrit abgefaßt; doch gibt es auch in fast allen mittel- und neuindischen Sprachen entsprechende Verse, die zu einem großen Teil Übersetzungen oder Bearbeitungen von Subhāṣitas in Sanskrit darstellen. Verse der Spruchliteratur wurden in alter wie in moderner Zeit zu kleineren und größeren Sammlungen zusammengestellt, die schon früh didaktischen Zwecken dienten. Eine offenbar ziemlich alte Kompilation dieser Art, die in zahlreichen, z.T. stark abweichenden Rezensionen erhalten ist, ist mit dem Namen des Cāṇakya, also des legendären Ministers und Beraters des Königs Candragupta aus der Maurya-Dynastie und angeblichen Verfasser des im nächsten Kapitel zu erwähnenden Kauṭalīya-Arthaśāstra verbunden. Die Erforschung dieser Literaturgattung hat in der zweiten Hälfte des 20. Jahrhunderts vor allem durch die Arbeiten von Ludwik Sternbach (1909–1981) erhebliche Fortschritte gemacht.[1]

Kaḍihiṃgala Sorata u. Prēmaratna Abēsēkara, Colombo 1962, S. 148–150.

[1] Siehe insbesondere die zusammenfassende Darstellung von Ludwik Sternbach, Subhāṣita, Gnomic and Didactic Literature, Wiesbaden 1974 in der Serie „A History of Indian Literature“. Das große alphabetisch geordnete Sammelwerk von Ludwik Sternbach, Mahāsubhāṣitasaṃgraha, Delhi, Hoshiarpur 1974ff., das auf 20 Bände angelegt war und insgesamt über 50.000 Subhāṣitas aus der Sanskrit-Tradition enthalten sollte, ist nur bis zu Band 7, Hoshiarpur 1999 (bis *gī-*) erschienen. Überblick über die einschlägigen Veröffentlichungen von L. Sternbach bis ca. 1979 in Ludwik Sternbach Felicitation Volume, Part 1, Lucknow 1979, S. 25–56. Zur Nīti-Literatur in Sri Lanka siehe Ludwik Sternbach, „Sur la littérature didactique et gnomique laïque d'origine sanscrite à Ceylon“, Journal Asiatique 260 (1972), S. 79–87; Heinz Bechert, „Didactic Poetry of Indian Origin in Burma and in Sri Lanka“, Kalyāṇa-Mitta, Professor Hajime Nakamura Felicitation Volume,

Einfluß und Verbreitung dieser Literaturgattung reichen weit über den indischen Subkontinent hinaus. Nīti-Verse indischen Ursprungs lassen sich in fast allen Ländern nachweisen, die unter stärkeren indischen Kultureinfluß geraten sind.[2] Dies gilt vor allem auch für die vom Theravāda-Buddhismus geprägten Länder, also Sri Lanka, Birma, Thailand, Laos und Kambodscha. Die in Birma verbreiteten Sammlungen von Subhāṣitas sind im wesentlichen in Pāli überliefert worden. Die darin enthaltenen Pāli-Verse lassen sich zu einem großen Teil auf Sanskrit-Vorlagen zurückführen. Auch in den übrigen Theravāda-Ländern Südostasiens sind Sammlungen von Pāli-Texten dieser Art weit verbreitet.[3]

Bemerkenswerterweise sind die in Birma überaus populären Sammlungen von Nīti-Versen in Pāli trotz langer und enger kultureller Verbindungen zwischen den beiden Ländern in Sri Lanka ganz unbekannt geblieben. Im Überlieferungsgut der Singhalesen konnten Subhāṣita-Sammlungen nicht-religiösen Charakters in Pāli bisher überhaupt nicht nachgewiesen werden. Pāli ist, wie in Kap. I.2 dargelegt, in erster Linie die Sprache der buddhistischen religiösen Literatur geblieben, wogegen Sanskrit als Sprache höherer säkularer Bildung und traditioneller wissenschaftlicher Literatur diente. Die singhalesische Sprache konnte für alle Arten von Texten benutzt werden. Dementsprechend finden wir bei den Singhalesen weltliche Spruchpoesie sowohl in Sanskrit wie auch in singhalesischer Sprache. In Sanskrit sind auf der Insel neben einigen unverändert aus Indien übernommenen Texten dieser Art wie Navaratna vor

ed. V.N. Jha, Delhi 1991, S. 79–85. In welch hohem Maß in der Überlieferung der Singhalesen bis in die erste Hälfte des 20. Jahrhunderts auch die Erzählungsliteratur in singhalesischer Sprache didaktischen Zwecken zu dienen hatte, erwähnt E.R. Sarathchandra, The Sinhalese Novel, Colombo 1950, S. 93. Die größte singhalesische Sammlung von Nīti-Versen mit 2467 Strophen, in die auch einige Sanskrit-Verse (5–13, 152–154, 1081, 1263, 1299, 1973f., 2020, 2188f.) aufgenommen wurden, erschien unter dem Titel Kāvyasaṃgrahava oder Kav saṅgarāva (veröff. von Ratnākara pot veḷaňda śālāva, Colombo 1947) und ist eine moderne Kompilation; die Verse sind sämtlich aus Texten und Anthologien entnommen, die im 19. oder im frühen 20. Jahrhundert in Indien und auch von Gebildeten in Sri Lanka viel gelesen wurden (Bhojaprabandha, Śṛṅgāratilaka, Śārṅgadharapaddhati, Hitopadeśa usw.). Zur Übernahme von Versen aus der tamilischen Spruchliteratur in die Nīti-Literatur in singhalesischer Sprache siehe P.B.J. Hewawasam, „Tamil Sources of Some Literary Works with Special Reference to Lokopakāraya", Tamil Culture 9 (1961), S. 241–262.

[2] Siehe Ludwik Sternbach, The Spreading of Cāṇakya's Aphorisms over „Greater India", Calcutta 1969.

[3] Vgl. Heinz Bechert und Heinz Braun, Pāli Nīti Texts of Burma: Dhammanīti, Lokanīti, Mahārahanīti, Rājanīti, London 1981; mit einem Überblick über die Sammlungen von Nīti-Versen in den vom Theravāda-Buddhismus geprägten Ländern Südostasiens.

allem Sammlungen, die in Sri Lanka aus Subhāṣitas indischer Herkunft zusammengestellt wurden, und Subhāṣita-Texte in singhalesischer Sprache überliefert.

Didaktische weltliche Spruchdichtung wurde in Sri Lanka ebenso wie in Birma zu Lehrzwecken im herkömmlichen buddhistischen Erziehungssystem der Klosterschulen verwendet und auswendig gelernt, was wesentlich zu der großen Popularität und Verbreitung dieser Literatur beigetragen hat. In Birma wurde Lokanīti dadurch zu einem der bekanntesten Literaturwerke überhaupt. In Ceylon wurden drei Sanskrit-Texte der Nīti-Literatur, nämlich Vyāsakāra, Pratyayaśataka und Navaratna im traditionellen Schulbetrieb benützt und in den Kanon der sog. Schultexte (siehe Kap. I.4) eingeführt. Noch heute werden diese Texte im Schulunterricht der buddhistischen Piriveṇas, also der Mönchsschulen, auswendig gelernt und erklärt.

Der Text des Vyāsakāra oder Vyāsaśataka ist in zahlreichen singhalesischen Handschriften und einheimischen Drucken sowie in zwei südindischen Handschriften überliefert worden. Die indische Version ist kürzer als die ceylonesische. Erstere wurde 1969 von Sternbach unter dem Titel Vyāsasubhāṣitasaṃgraha herausgegeben, letztere schon 1962 vom Verfasser dieser Zeilen. Nach Sternbach ist der Text in Indien kompiliert und erst später nach Ceylon gebracht worden. Der Verfasser dieser Zeilen hatte ceylonesischen Ursprung dieses Textes vermutet. Die Tatsache, daß 55 Verse aus dem Vyāsakāra mit der Herkunftsangabe Vyāsaśataka in der südindischen Anthologie Sūktiratnahāra von Sūrya zitiert werden, spricht für Sternbachs These, doch läßt sich angesichts des intensiven Austausches von Literaturwerken zwischen Südindien und Ceylon in der in Frage kommenden Periode auch die andere Möglichkeit noch nicht ausschließen. Die Aufnahme des Textes in den Kanon der Schultexte beweist, daß er in Ceylon schon ziemlich lange bekannt war. Allerdings repräsentiert die in den modernen Ausgaben vorliegende Fassung einen jüngeren, erweiterten Text. Die Popularität des Werkes wird nicht nur durch die Vielzahl der Druckausgaben, sondern auch durch die große Zahl der in Klosterbibliotheken der Insel nachweisbaren Handschriften bezeugt; so hat Somadasa 67 Manuskripte des Vyāsakāra gezählt. Ein bestimmtes Prinzip, nach dem die Verse, die sämtlich im Śloka-Metrum abgefaßt sind, geordnet waren, läßt sich im Vyāsakāra nicht erkennen. Im Titel des Werkes, aber auch im ersten Vers, wird Vyāsa, der mythische angebliche Verfasser des großen Epos Mahābhārata und der Purāṇas, als Verfasser angegeben; doch enthält der Text nur verhältnismäßig wenige Verse aus diesen Werken. Daher ist der Name des Vyāsa hier nur als der eines berühmten Vertreters indischer Weisheitstradition verwendet. Übrigens enthält der Vyāsakāra auch einige der indischen buddhistischen Sanskrit-Literatur wie dem Bodhicaryāvatāra von Śāntideva und der Jātakamālā von Āryaśūra entlehnte Verse.[4]

Auch das Pratyayaśataka, dessen Name in Handschriften und Druckausgaben häufig in der haplographischen Verschreibung Pratyaśataka erscheint, ist Bestandteil des Kanons der Schultexte. Es wird dort meist nach dem Vyāsakāra, manchmal auch nach dem Bhaktiśataka eingeordnet. Wie im Vyāsakāra, so wird auch im Falle des Pratyayaśataka kein Prinzip sichtbar, das der Anordnung der Verse zugrundeläge. Allerdings lassen sich einige zusammenhängende Versgruppen mit einem gemeinsamen Thema erkennen (so Verse 26–29, 30–31, 51–53 u.ö.). Im Gegensatz zum Vyāsakāra sind jedoch nicht alle Verse Ślokas, sondern es werden unterschiedliche in der Sanskrit-Dichtung übliche Versmaße verwendet. Bisher ist das Pratyayaśataka nur aus

---

[4] Edition der südindischen Rezension unter Heranziehung der in Sri Lanka überlieferten Fassung von L. Sternbach: The Vyāsasubhāṣitasaṃgraha, ed. Ludwik Sternbach, Varanasi 1969. Zu den Rezensionen siehe Sternbach, Subhāṣita (Anm. 1), S. 20 f. und 41 f. Singhalesische Handschriften, meist mit einem verhältnismäßig alten Sannaya überliefert: BL Stowe Or. (Wickremasinghe, Cat. No. 90) und Stowe 24 (ebenda No. 91); Cabaton 742–743; CM 1622–1633 und 2334; God, Cat SAS (Sinh.) 1–3; Liyanaratne, Cat. 63 (nur singhalesischer Text); LPP I 91 (39 Hss.); II 69–70 (28 Hss.); Singh. Hss. 169 (nur Auszug); Somadasa, Wellcome Inst. WS 174, 192, 203, 350. Ausgabe der singhalesischen Rezension in Heinz Bechert, Sanskrittexte aus Ceylon, Teil 1, München 1962, S. 29–40 (mit Angabe neuerer singhalesischer Editionen ebenda, S. 9); frühe Ausgaben von 1866, 1869, 1887 und 1890 siehe Wickremasinghe, Catalogue of the Sinhalese Printed Books in the Library of the British Museum, London 1901, Sp. 211. Siehe ferner Sanna sahita Vyāsakāraya, ed. vom Koḷaṁba Paramavijñānārttha Bauddha Samāgama, Colombo 1907; zahlreiche Drucke zusammen mit einem Auszug von Versen aus dem Hitopadeśa, z.B. ed. Välipaṭanvila Śrī Dīpaṅkara (Mātara o.J.) und andere Ausgaben veröff. auch von verschiedenen Verlagen in Colombo (Guṇasena, Ratnākara u.a.). Auf der Ausgabe von Sternbach beruht die Ausgabe in Thai-Schrift und Transliteration mit Übersetzung: Vyāsasubhāṣita, ed. Phramaha Thiab Malai, Bangkok 1997. Einzelne Verse aus dem Vyāsakāra sind schon übersetzt in R. Spence Hardy, Eastern Monarchism, London 1850, S. 315–317. Siehe ferner Ludwik Sternbach, „Le Vyāsa-subhāṣita-saṃgraha, Anthologie Sanskrite unique commune à Ceylan et Thailande", Journal Asiatique 1979, S. 373–448; ders., „On the Sanskrit Nīti Literature of Ceylon, I: Vyāsakāra and Cāṇakya's Aphorisms", Dr. Raghavan Felicitation Volume, Brahmavidyā, Adyar Library Bulletin, 31/32 (1967–68), S. 636–663; ders., „On the Sanskrit Nīti-Literature, III. An Additional Note on the Vyāsakāra", Brahmavidyā 35 (1971), S. 258–269; ders., „On the Vyāsasubhāṣitasaṃgraha", Ksiega pamiatkowa ku czci Eugeniusza Sluszkiewicz, E. Sluszkiewicz Felicitation Volume, Warszawa 1974, S. 221–227; ders., Subhāṣita, Gnomic and Didactic Sanskrit Literature, S. 20f.

der Überlieferung Sri Lankas bekannt, d.h. es ist trotz intensiver Suche nicht gelungen, den Text in indischen, nepalischen oder südostasiatischen Handschriften zu finden oder Testimonia dafür nachzuweisen. Nicht nur diese Tatsache, sondern auch inhaltliche Gründe lassen die Vermutung zu, daß es sich nicht um einen aus Indien übernommenen Text, sondern um eine in Sri Lanka selbst entstandene Kompilation handelt. Dafür spricht auch die auffällige Tatsache, daß sich kein einziger Vers sowohl im Vyāsakāra wie im Pratyayaśataka findet. Offenbar hat ein Kompilator in Sri Lanka mit dem Pratyayaśataka eine Sammlung geschaffen, durch die der bereits als Schultext akzeptierte Vyāsakāra ergänzt werden sollte. Er hat dabei nicht nur, wie viele ältere singhalesische Autoren, südindische Quellen benützt, sondern wohl auch ältere ceylonesische Quellen, z.B. Guruḷugōmin's Dharmapradīpikāva für den ursprünglich aus dem Bodhicaryāvatāra stammenden Vers 79 und Buddharakkhita's Janavaṃśaya für Vers 94. Wenn diese Vermutung zutrifft, darf man die Kompilation des Pratyayaśataka in die frühe Kandy-Periode datieren. Der Text des Pratyayaśataka ist in Handschriften in singhalesischer Schrift sowie in lokalen Druckausgaben überliefert. Die meisten dieser Ausgaben sind für den Gebrauch im traditionellen Schulbetrieb veröffentlicht worden; die Schulausgaben sind sämtlich mit einer singhalesischen Übersetzung der Verse versehen. James Selkirk nahm eine englische Übersetzung des Pratyayaśataka in sein 1844 erschienenes und seinerzeit viel gelesenes Erinnerungsbuch „Recollections of Ceylon" auf. Seine Übersetzung wurde nicht aufgrund des Sanskrit-Textes hergestellt, sondern nach einer Version der überlieferten singhalesischen Übersetzung. Handschriften des Pratyayaśataka finden sich in einigen Klosterbibliotheken Sri Lankas. In seiner Liste derartiger Hanschriften führt K.D. Somadasa unter den Titeln „Pratyaśataka" und „Pratyaśloka" insgesamt 28 solche Manuskripte an. Dies sind viel weniger Handschriften als sie von den übrigen „Schultexten" vorliegen. So zählt Somadasa 67 Manuskripte des Vyāsakāra und sogar 97 Anuruddhaśataka-Handschriften sowie 173 Bhaktiśataka- Handschriften auf. Zudem erwies sich, als ich 1974 und 1978 die meisten der als Aufbewahrungsort von Pratyayaśataka-Handschriften angegebenen Klöster besuchte, daß diese Manuskripte größtenteils unauffindbar verlegt, verloren oder zum Teil wohl auch wegen Brüchigkeit weggeworfen worden waren, obwohl ich meist lange in den überwiegend ungeordneten Beständen danach suchte. Dies liegt wohl daran, daß Texte dieser Art in äußerlich unansehnlichen Handschriften enthalten sind, die nicht mehr neu eingeölt werden und damit unter den klimatischen Bedingungen der Insel dem schnellen Verfall preisgegeben sind. Aufgrund der noch aufzufindenden Manuskripte aus Bibliotheken und der singhalesischen Druckausgaben habe ich 1985 eine Edition des Textes publiziert.[5]

---

[5] Zum Pratyayaśataka siehe meine Textausgabe mit textgeschichtlicher Einleitung:

Gegen Ende des 19. Jahrhunderts hat der singhalesische Dichter Don Cornelis Disānāyaka eine freie Nachdichtung des Pratyayaśataka mit dem Titel Pratyataraṅgamālaya verfaßt.[6]

Eine weitere in Sri Lanka tradierte Subhāṣita-Sammlung ist das Nītiśāstraviniścaya in 89 Ślokas. Das Werk ist ohne Sannaya überliefert und noch nicht ediert worden; Handschriften sind sehr selten. Eine Analyse des Inhalts mit Angaben der Parallelen habe ich an anderer Stelle publiziert. Das Werk weist besonders enge Beziehungen zum Cāṇakyasaptati, einer aus Südindien bekannten Sammlung dieser Art auf. Textgeschichtliche Zusammenhänge ließen sich auch zu dem unten zu erwähnenden Sīhalanīti und zu den in Birma überlieferten Spruchsammlungen in Pāli aufzeigen.[7]

Das Sīhalanīti gehört zu den wenigen in Birma überlieferten Sanskrit-Werken. Der korrekte Sanskrit-Titel wäre Siṃhalanīti. Der Text wurde von L. Sternbach entdeckt. Bisher konnten nur zwei Handschriften nachgewiesen werden. Eine Edition des Textes gibt es noch nicht, doch habe ich die im International Institute for Advanced Buddhistic Studies in Rangoon liegende Handschrift 1973 abgeschrieben und Quellen bzw. Parallelen für die einzelnen Verse bestimmt. Es zeigte sich, daß auch diese Verssammlung der sog. Cāṇakya-Tradition zugeordnet werden muß. Da an ihrem ceylonesischen Ursprung kein Zweifel bestehen kann, darf sie der Nīti-Literatur der Insel zugerechnet werden, obwohl bisher dort noch keine Manuskripte davon entdeckt worden sind.[8]

In Somadasas Verzeichnis der Handschriften in ceylonesischen Klosterbibliotheken ist eine Handschrift des Cāṇakyaśataka im Kandēvattē vihāraya in Kapuduva, Tihagoḍa im Mātara-Distrikt verzeichnet. Diese Handschrift war bereits verschollen, als Sternbach nach ihr suchen ließ. Außerdem sind gedruckte Ausgaben eines Cāṇakyaśataka erschienen, und zwar scheint es sich um zwei Auflagen desselben Werkes zu handeln. Diese Ausgaben enthalten den aus Indien bekannnten Text der Cāṇakyanīti-

---

Heinz Bechert, „Das Pratyayaśataka, ein Werk der indischen Spruchweisheit aus Sri Lanka“, NAWG 1985, Nr. 6, S. 239–283 (mit Anführung von Handschriften und Ausgaben). Siehe auch Ludwik Sternbach, „On the Sanskrit Nīti Literature of Ceylon, II. Pratyayaśataka“, Brahmavidyā, Adyar Library Bulletin 33 (1969), S. 80–116. Englische Übersetzung in James Selkirk, Recollections of Ceylon, London 1844, S. 132–158.

[6] Siehe Bechert, „Das Pratyayaśataka“ (Anm. 5), S. 254.

[7] Heinz Bechert, „On the Nītiśāstraviniścaya, a Subhāṣitasaṃgraha from Sri Lanka“, Dr. Ludwik Sternbach Felicitation Volume, Part 1, Indologica Taurinensia 7 (1979), S. 83–92. Handschriften: CM 2256; Singh. Hss. 329 (Abschrift von CM 2256).

[8] Siehe Heinz Bechert, „Sīhalanīti: Ein ceylonesisches Sanskrit-Werk in birmanischer Tradition“, Indianisme et Bouddhisme, Mélanges offerts à Mgr. É. Lamotte, Louvain-la-Neuve 1980, S. 19–31.

śāstra-Version in 110 Versen.[9] Ohne Zweifel gehören diese ceylonesischen Cāṇakya-Texte zu den zahlreichen Handschriften und Drucken der Mātara-Provinz, die im 19. Jahrhundert nach indischen Vorlagen angefertigt worden sind, so daß man den Text wahrscheinlich nicht zum alten singhalesischen Überlieferungsbestand zählen darf. Dies bedeutet freilich nicht, daß die Verse der Cāṇakya-Tradition in Sri Lanka unbekannt gewesen wären. Sie gehörten, wie die Analyse von Vyāsakāra, Pratyayaśataka und Nītiśāstraviniścaya ergeben hat, zu den Quellen dieser Werke. Auf der Insel sind jedoch, soweit wir wissen, vor dem 19. Jahrhundert keine Spruchsammlungen unter dem Namen Cāṇakya überliefert worden.

Aus Indien wurde das aus elf Versen bestehende Navaratna mit neun Versen und zwei Einleitungsversen fast unverändert in Sri Lanka übernommen und in den Kanon der Schultexte eingefügt. Von diesem auch in Indien sehr populären Text existieren zahlreiche singhalesische Handschriften und einheimische ceylonesische Druckausgaben mit Sannaya. Man kann annehmen, daß die Übernahme dieses Textes schon verhältnismäßig früh erfolgt ist.[10]

Für die Verssammlungen von Bhartṛhari läßt sich auf der Insel keine alte Überlieferung nachweisen; die singhalesischen Druckausgaben gehen auf indische Drucke zurück.[11] Jedoch hat der Dichter Alagiyavanna für sein Anfang des 17. Jahrhunderts

---

[9] Manuskript vermerkt in LPP I 28. Vgl. Sternbach, „On the Sanskrit Nīti Literature of Ceylon I" (Anm. 4), S. 649f.; ders., The Spreading (Anm. 2), S. 33 f. und ders., „Sur la littérature" (Anm. 1), S. 86. Die Ausgabe von 1890 ist bei Wickremasinghe, Catalogue (Anm. 4), Sp. 32 f. angeführt.

[10] Edition des Navaratna nach ceylonesischer Überlieferung in H. Bechert, Sanskrittexte aus Ceylon (Anm. 4), S. 25–27. Siehe auch A.M. G[unasekera], Siṃhaḷa granthārṇavaye hevat Sihaḷa gatsayura, Library of Sinhalese Classics, Colombo o.J., S. 40–44. Vgl. Heinz Bechert „Über Sanskrit-Bildung und Schulsystem in Birma und Ceylon", Wiener Zeitschrift für die Kunde Süd- und Ostasiens 7 (1963), S. 9. Handschriften: Wickr., Cat. 88 und 88 A; BL: Add. 17 736, Or. 5069, Or. 6611 (169); CM 1225–1227; God., Cat. SAS (Sinh.) 6; Liyanaratne, Cat. 62; LPP I 48 (25 Hss.), II 37 (15 Hss.); Singh. Hss. 155, 156; Somadasa, Wellcome Inst. WS. 196, 327. In singhalesischen Drucken ist das Navaratna meist mit dem Nāmāṣṭaśataka zusammen veröffentlicht; vgl. Kap. II.5, Anm. 25. Die einzelnen Verse sind bei Otto Böhtlingk, Indische Sprüche, 2. Aufl., 3 Bde., St. Petersburg 1870–1873 unter den Nummern 4853, 615, 3800, 3093, 1674, 4921, 7200, 6117 und 1171 zu finden. Vgl. auch William Goonetileke, „Contributions to a Descriptive Catalogue of Sanskrit, Pāli and Elu Works extant in Ceylon: The Navaratna", Orientalist 1 (1884), S. 97–109. Über diese und ähnliche Kompilationen siehe auch Ludwik Sternbach, Subhāṣita, Gnomic and Didactic Literature (Anm. 1), S. 67 und S. 24 (Anm. 100). Eine moderne Zusammenstellung solcher Verse mit singhalesischen Sannaya stammt von Kahaňdomōdara Candrakīrti Śrī Piyaratana, Ratna kāvya saṅgrahaya, Mātara 1969 (darin auch Navaratna).

[11] Singhalesische Ausgabe des Nītiśataka von 1889 siehe Wickremasinghe, Catalogue

verfaßtes singhalesisches Subhāṣitaya höchstwahrscheinlich das Nītiśataka von Bhartṛhari benutzt.[12]

Der Sanskrit-Text der singhalesischen Ausgabe des Nītipradīpa von Vetālabhaṭṭa beruht auf einem indischen Text.[13] Neuere Kompilationen von Nīti-Versen aus indischen Quellen sind Brāhmadharma oder Anuśāsanasaṃgraha von Hikkaḍuvē Śrī Sumaṅgala, Subhāṣitaratnamālā von D.S. Jayakoḍi und Nārīśikṣā-saṅgraha von P.T. Liyanagē, der Abschnitt mit Subhāṣita-Versen am Ende der Saṃskṛtaśikṣāmañjarī-vyākhyā von Magalēgoḍa Candavaṃsa und einige andere.[14]

Für manche Nīti-Verse läßt sich eine bestimmte Quelle nicht angeben. Sie gehören nach den Worten von M. Winternitz zu „jener namenlosen und zeitlosen Masse von Sprüchen, die unter den Gelehrten und Schriftstellern, zum Teil auch im Volke als herrenloses Gut verbreitet waren".[15] Gerade Nīti-Verse waren in besonderem Maße dazu geeignet, bei gegebener Gelegenheit als allgemeine Maximen angeführt zu werden. Auch in der singhalesischen Literatur findet sich eine ganze Reihe solcher

---

(Anm. 4), Sp. 19. Verfasser des Sannaya ist Mahagoḍa Jñāneśvara (Ñāṇissara); siehe Puñcibaṇḍāra Sannasgala, Siṃhala sāhitya vaṃśaya, 2. Aufl., Colombo 1964, S. 644 und Polvattē Buddhadatta, Samīpātītayehi Bauddhācāryayō, Ambalangoḍa 1950, S. 161. Neuere Ausgaben mit singhalesischen Kommentaren und Übersetzungen: Bhartṛhari, Nītiśataka vyākhyāva von D.C. Jayakoḍi, Gālla o.J.; Übersetzung von Aṭabāgē Dhammasiri, Kaḍugannāva 1956; mit Nītiśatakavyākhyā von Ättiḷigoḍa Sugaṭapāla, Gālla 1958; Bhartṛhari, Nītiśatakaya, mit singhalesischem Kommentar von L. Gunaratna, Colombo 1985; mit Text in Nāgarī-Schrift und Übersetzung von G. Āriyapāla Guṇasēna, Nugēgoḍa 1961. In Sri Lanka erschienene Editionen der beiden anderen Verssammlungen von Bhartṛhari, mit singhalesischer Übersetzung (Text in Nāgarī-Schrift gedruckt): Vairāgyaśataka, mit Übersetzung von G. Āriyapāla Guṇasēna, Nugēgoḍa 1961; Śṛṅgāraśataka, mit Übersetzung von demselben, Nugēgoḍa 1962.

[12] Die Verse 8, 17, 32, 36, 41, 42, 44, 46, 47, 49, 53, 56, 63, 66, 71, 91 und 95 haben Vorlagen im Nītiśataka des Bhartṛhari. Vgl. auch Sannasgala, Siṃhala sāhitya vaṃśaya (Anm. 11), S. 304.

[13] Singhalesische Ausgabe des Nītipradīpa siehe Wickremasinghe, Catalogue (Anm. 4), Sp. 204.

[14] Zum Brāhmadharma siehe Yagirala Śrī Prajñānanda, Śrī Sumaṅgala caritaya; Colombo 1947, S. 302–304; andere Kompilationen: Subhāṣitaratnamālā von D.S. Jayakoddy, Teil 1, Colombo 1926, Verse 1–262 (nach Sachgruppen geordnet). Padārttha bhāvārttha sahita Nārīśikṣā saṅgrahaya von P.T. Liyanagē, Colombo 1931 (70 Verse aus Mahābhārata, Manusmṛti, Yājñavalkyasmṛti, Śārṅgadhara usw., über das richtige Verhalten von Frauen); Magalēgoḍa Candavaṃsa, Saṃskṛtaśikṣāmañjarī vyākhyā, Borälla 1934, S. 46–58; Āriyapāla Guṇasēna, Upadeśa śatakaya, 3 Teile, Nugegoḍa 1983 (mit Angabe der Quellen für die einzelnen Verse).

[15] Moriz Winternitz, Geschichte der indischen Litteratur, Band 3, Leipzig 1920, S. 333, Anm. 2.

Sprüche in Sanskrit, die bei vielen Gelegenheiten zitiert werden, ohne daß man noch ermitteln könnte, aus welcher Quelle sie ursprünglich in das Sanskrit-Überlieferungsgut der Insel gelangt sind.[16] So bleibt unsicher, ob der Kāmandakīyanītisāra (auch Kāmandakīyanītiśāstra genannt), ein Nīti-Lehrbuch in Versen von Kāmandakī (wahrscheinlich 8. Jahrh.), das in Indien sehr verbreitet war, in Sri Lanka tatsächlich gelesen wurde, auch wenn man Merkverse daraus in Werken der mittelalterlichen singhalesischen Literatur findet; andererseits spricht die Tatsache, daß dieser Text auch in Birma überliefert worden ist, für diese Vermutung.[17]

Eine Sammlung von 263 Aphorismen in Sanskrit-Prosa ist in der Tradition der Singhalesen unter dem Titel Pathyavākya überliefert worden; sie wurde im Jahr 1881 ediert und trägt auch den Titel Nītiśāstra; die Sammlung enthält Empfehlungen für kluges Verhalten, allgemeine moralische Aussagen und Hinweise aus dem Bereich des politischen Lebens.[18]

Lebensklugheit konnte nicht nur durch Lehr- und Merkverse vermittelt werden, sondern noch eindringlicher durch Erzählungen, in denen in der indischen Literatur meist auch Verse angeführt werden, die das zusammenfassen, was die Geschichte lehren will. Manche Werke der Sanskrit-Erzählungsliteratur dienen diesem Zweck, sind also gleichzeitig Nītiśāstras. Erzählungsliteratur, die nur der Unterhaltung und nicht auch didaktischen Zwecken dienen konnte, galt den Mönchen – also den Trägern der Literaturüberlieferung in Sri Lanka – ebenso wie die Sanskrit-Epen als „nutzloses Zeug" (vgl. Kap. III.2).

---

[16] Zitate von Sanskrit-Subhāṣitas in der älteren singhalesischen Literatur habe ich an anderer Stelle zusammengestellt: H. Bechert, „Sanskrit Subhāṣitas Quoted in Classical Siṃhala Literature", Ludwik Sternbach Felicitation Volume, Vol. 2, Lucknow 1979, S. 239–246.

[17] Zitat im Dūtajātakakāvyavyākhyānaya von Ripusiṃha Vīramāpā (13. Jahrh.), ed. Robarṭ Baṭuvantuḍāvē, Colombo 1930, S. 10: Kāmandakīyanītisāra VIII 81; Pūjāvaliya von Mayūrapāda Buddhaputra, ed. Bentara Śraddhātiṣya, Pānadurā 1930, S. 749: Kāmandakīyanītisāra IV 1 (mit Varianten; ähnlich auch in I 1 und in indischen Spruchsammlungen). Über Kāmandakīyanītisāra in der Überlieferung Birmas siehe Bechert u. Braun, Pāli Nīti Texts of Burma (Anm. 3), S. LXVI (§39).

[18] Handschriften: C. Regamey, „Manuscrits sur feuilles de palmiers: Les manuscrits indiens et indochinois de la section ethnographique du Musée historique de Berne", Jahrbuch des Bernischen Historischen Museums in Bern, Ethnographische Abteilung 28 (1948), S. 54, Nr. 31; LPP I 50 („Nītiśāstraya") und 53 („Pathyavākya" und „Pathyavākya sannaya", 5 Hss.); Singh. Hss. 330. Edition mit Übersetzung: Pathyavākyaya hevat Nītiśāstraya, Pathyavākya or Nīti-śāstra, Moral Maxims, ed. A.D.A. Wijayasinha, Colombo 1881 [mit singhalesischer und englischer Übersetzung]. Hierzu auch H. Bechert, „On the Nītiśāstraviniścaya" (Anm. 7), S. 84.

Der auch in Indien sehr populäre Hitopadeśa des Nārāyaṇa, eine der jüngeren Bearbeitungen der berühmten Märchensammlung Pañcatantra von Viṣṇuśarman, ist – wie schon der Name („freundliche Unterweisung") sagt – ein in besonderer Weise didaktischen Zwecken dienendes Werk und ist schon früh in die Sanskrit-Überlieferung der Insel aufgenommen worden. Attaragama Baṇḍāra schrieb gegen Ende des 18. Jahrhunderts einen bisher noch nicht gedruckten singhalesischen Kommentar zum Hitopadeśa namens Hitopadeśa kaḷa Heḷa arut kathanaya.[19] Die erste gedruckte singhalesische Teilausgabe des Hitopadeśa erschien 1878 und enthält nur die Verse mit Sannaya sowie eine am Ende stehende Inhaltszusammenfassung von Väligama Śrī Sumaṅgala.[20] Der Hitopadeśa ist in mehreren singhalesischen Handschriften überliefert; in der vollständigen und mit Sannaya versehenen Textausgabe von Välipaṭanvila Śrī Dīpaṅkara sind einzelne Lesarten aus einem alten singhalesischen Manuskript mitgeteilt.[21]

Mehrere Verse aus dem Hitopadeśa findet man in älteren singhalesischen Texten zitiert; diese Verse finden sich jedoch auch in Sammlungen von Nīti-Versen, so daß auch hier nicht genau ermittelt werden kann, ob sie unmittelbar dem Hitopadeśa oder anderen Quellen entnommen sind. Im 19. Jahrhundert wurden die Anfangsverse und einige weitere ausgewählte Verse aus dem Hitopadeśa zusätzlich zu den älteren Bestandteilen dieser Sammlung in den Kanon der Schultexte (siehe Kap. I.4) eingefügt und den für Schulzwecke gedruckten Ausgaben des Vyāsakāra sowie auch einzelnen Handschriften zusammen mit einer singhalesischen Übersetzung beigegeben.[22]

---

[19] Sanskrit „Hitopadeśa-kṛta-Siṃhala-artha-kathana". Vgl. auch Sannasgala, Siṃhala sāhitya vaṃśaya (Anm. 11), S. 486. Eine Handschrift dieses Kommentars befindet sich nach Sannasgala im Kuṇḍasālavihāra bei Kandy.

[20] Hitopadeśasannaya, ed. Väligama Śrī Sumaṅgala [englisches Titelbl.: Hitopadesa as edited by the Eminent Politician Vishnu-Sarma, translated into Sinhalese], (Colombo) 1878.

[21] Handschriften: LPP I 113 (6 Hss.); II 84 (3 Hss.). Singhalesische Textausgabe mit Sannaya: Nārāyaṇa-śarman, Hitopadeśaya, mit Siddhāntadīpikāvyākhyā von Välipaṭanvila Śrī Dīpaṅkara, 2. Aufl., Colombo 1925 [über den Verfasser, der 1825 bis 1905 lebte, siehe Polvattē Buddhadatta, Samīpātītayehi Bauddhācāryayo, Ambalamgoḍa 1950, S. 116–120]; Nārāyaṇaśarmayan-gē Hitopadeśaya, mit singhalesischer Übersetzung von Jayasēkara Abēruvan, Mīrigama 1946; Hitopadeśaya mit Vyākhyā von Haldola Vimalakitti, Colombo 1962. Siehe auch Vyākhyā sahita Hitopadeśa kathā sāraya von Candrakīrtti Śrī Piyaratana, Teil 1: Mitralābha bhāgaya, Colombo 1934. 100 Ślokas aus dem ersten Teil des Hitopadeśa mit singhalesischer Übersetzung usw.: Polvattē Śrī Sudarśī, Hitopadeśa Mitra lābha śloka śatakaya, Colombo 1946.

[22] Vyāsaśataka (Vyāsākāra) und Auszug aus Hitopadeśa in der Handschrift God, Cat. SAS (Sinh.) 3. Ausgaben siehe Heinz Bechert, Sanskrittexte aus Ceylon (Anm. 4), S. 49–54.

Andere Werke der Sanskrit-Erzählungsliteratur sind in Sri Lanka nicht als Teil des älteren Überlieferungsbestandes der singhalesischen Tradition nachweisbar.[23]

[23] Eine einzelne vermutlich nicht sehr alte singhalesische Handschrift des Pañcatantra in einem modernen Kloster bei Mātara ist in LPP I 51 verzeichnet. Singhalesische Ausgaben, Teilausgaben und Übersetzungen aufgrund indischer Editionen: Pañcatantraya, ed. Keraminiyē Jinānanda, Colombo o.J.; Bālabodhinī nam Pañcatantra sannaya von M. Siri Gunaratana, Teil 1, Colombo 1924; Paṃcatantra Aparīkṣitakāraka vivaraṇaya von Balagallē Vimalabuddhi, Colombo 1951; Pañcatantraya, Mitrabhedaya mit Kalyāṇī-ṭīkā Siṃhala vyākhyā von Kirivattuḍuvē Dharmakīrti Śrī Prajñāsāra, Kälaṇiya 1957; Viṣṇuśarma, Pañcatantrayehi Labdhapraṇāśaya, mit singhalesischer Übersetzung von Alavu Isi Säbiheḷa, Colombo 1964; Viṣṇuśarma, Paṃca tantraya, übers. von Hēmapāla Munidāsa 1995 [vollständige Übersetzung ohne Originaltext; der Übersetzer lebte von 1903 bis 1957]; siehe Sannasgala, Siṃhala sāhitya vaṃśaya (Anm. 11), S. 621. – Die Vetālapañcaviṃśatikā ist nicht aufgrund des Sanskrit-Textes, sondern nach einer Tamil-Version im 17. oder 18. Jahrhundert von einem unbekannten Dichter in singhalesischen Versen nachgedichtet worden; siehe C.E. Godakumbura, Sinhalese Literature, Colombo 1955, S. 181 f. und Hugh Nevill, Sinhala Verse (Kavi), ed. P.E.P. Deraniyagala, Part 3, Colombo 1995, S. 67 f. (Nr. 661).

V. Sanskrit-Texte zu Recht, Politik, Sozialstruktur und Geschichte

Bei den Singhalesen gab es bis zum Ende der Königszeit keine schriftlichen Rechtsquellen. Ihr einziges Rechtsbuch, das Nītinighaṇḍuva, ist ein Werk aus der ersten Hälfte des 19. Jahrhunderts, und ihre Rechtsordnung beruhte auf Gewohnheitsrecht, das in gewissem Maße durch Urkunden (*sannasa*) über bestimmte Rechtshandlungen (Schenkungen, Gewährung von Privilegien usw.) ergänzt wurde. In diesem Gewohnheitsrecht hatte sich manches aus dem Recht einer vorsinghalesischen Bevölkerungsschicht erhalten, bei der eine mutterrechtliche Gesellschaftsordnung herrschte. Das Recht der Singhalesen unterschied sich so in wesentlichen Punkten von dem Recht der hinduistischen Rechtsbücher, deren Geltung sich im Zuge der Hinduisierung etwa seit dem 5. oder 6. Jahrhundert auch in den größten Teilen Südindiens, nicht aber in Sri Lanka durchsetzte.

Vor allem das berühmte Gesetzbuch des Manu (Mānavadharmaśāstra) hat zu den Grundwerken der politischen Bildung an indischen Königshöfen gehört und hat daher auch am singhalesischen Hof Eingang gefunden; der Text wurde jedoch nicht auf Dauer in Sri Lanka überliefert. Könige des 12. und des 13. Jahrhunderts werden in der Chronik Mahāvaṃsa als Kenner des Manu bezeichnet.[1] Im Girāsandeśaya (Mitte des 15. Jahrhunderts) wird von König Parākramabāhu VI (1412–1467) gesagt, daß er die Gesetze Manus befolge[2] und in der Chronik wird von König Rājasīha II (1635–1687) dasselbe berichtet.[3] An einigen Stellen der älteren singhalesischen Literatur werden einzelne Verse aus dem Mānavadharmaśāstra zitiert, nämlich im Sannaya des Vilgam-

---

[1] Mahāvaṃsa 80.9; 84.1–2. Vgl. auch Wilhelm Geiger, Culture of Ceylon in Mediaeval Times, Wiesbaden 1960, S. 132 (§ 126) und Dehigaspe Pannasara, Sanskrit Literature, Colombo 1958, S. 24–26. Der dort angeführte Vers aus dem alten Sannaya zum Visuddhimagga (Viśuddhimārggaya von Buddhaghosa mit Mahāsanyaya von Parākramabāhu II., ed. Bentara Śraddhātiṣya, Kaḷutara 1949–1954, Teil 1, S. 757) gehört zu den häufig zitierten Versen der Nīti-Literatur (siehe u.a. Otto v. Böhtlingk, Indische Sprüche, 2. Aufl., Nr. 4127).

[2] Girāsandeśaya Vers 153 in der Ausgabe von Munidāsa Kumāraṇatuṃga, Girā sandeśa vivaraṇaya, Colombo 2477 (1933), S. 199; in der Ausgabe von N.D. Wijesekera, Colombo 1949, Vers 144 (S. 18).

[3] Mahāvaṃsa 96.26.

mula zum Sūryaśataka und im Pañcikāpradīpaya.[4] Auch ein singhalesisches Werk über das tägliche Leben der Könige, das Kaňdavuru-sirita, verrät Kenntnis des Gesetzbuches des Manu.[5]

Ein berühmter Text der indischen Staatslehre, nämlich das Arthaśāstra von Kauṭalya (auch Kauṭilya; in Pāli-Texten Koṭalla) war im mittelalterlichen Sri Lanka bekannt. Die große Bedeutung, die dieses Werk gehabt hat, wird aus dem Cūlavaṃsa deutlich. Parākramabāhu I. wird nach dem Kauṭalya (Koṭalla) unterrichtet (Mahāvaṃsa 64.3) und studiert vor seinem Kampf gegen Gajabāhu eifrig die kriegswissenschaftliche Literatur des Kauṭalya (Mahāvaṃsa 70.56). Darüber hinaus hat Wilhelm Geiger gezeigt, daß der Bericht über das Verhalten des Prinzen Parākramabāhu am Hofe Gajabāhus (Mahāvaṃsa 66.129 ff.) ganz deutlich die Kenntnis der Regeln des Arthaśāstra voraussetzt. Wir können hier daran zweifeln, wie weit die Chronik, die bei ihrer Darstellung der Lebensgeschichte dieses Königs zum Epos ausgeweitet ist, im einzelnen historische Tatbestände schildert. Dies ist aber bedeutungslos für die Frage, ob das Arthaśāstra damals in Ceylon studiert wurde. Auf jeden Fall hat Dhammakitti (13. Jahrh.), der Autor dieses Teiles der Chronik, sich gründliche Kenntnisse vom Kauṭalīya-Arthaśāstra erworben.[6] Später als durch seinen Einfluß auf diesen Teil des Cūlavaṃsa läßt sich die Kenntnis des Kauṭalīya-Arthaśāstra in Ceylon nicht mehr mit Sicherheit nachweisen.[7]

In den Bereich der politischen Literatur im weiteren Sinn gehört auch das singhalesische Werk Jātibhedalakṣaṇaya oder Janavaṃśaya, das von einem Mönch namens Buddharakṣita zu einem unbekannten Zeitpunkt verfaßt worden ist; M.D. Raghavan datiert den Text ins 15. Jahrhundert. Es handelt sich dabei um ein buddhistisches Werk, in dem das singhalesische Sozialsystem beschrieben und die These von der grund-

[4] Sannaya zu Sūryaśataka (siehe oben Kap. IV.2 mit Anm. 21), Vers 96 („smṛti-grantha"): Mānavadharmaśāstra I.5; Pañcikāpradīpaya in: Siri Rahal pabaňda, hrsg. Rä. Tennakōn, Colombo 1957, S. 356 („Manvādiprokta"): Mānavadharmaśāstra II 175–178.

[5] Der Text ist publiziert in D.B. Jayatilaka, Siṃhala sāhitya lipi, Colombo 1940, S. 63–66. Siehe auch C.E. Godakumbura, Sinhalese Literature, Colombo 1955, S. 111.

[6] Siehe Wilhelm Geiger, „Kenntnis der Nīti-Literatur in Ceylon", Beiträge zur Literaturwissenschaft und Geistesgeschichte Indiens, Festgabe für Hermann Jacobi, Bonn 1926, S. 418–421; auch in Wilhelm Geiger, Kleine Schriften zur Indologie und Buddhismuskunde, hrsg. Heinz Bechert, Wiesbaden 1973, S. 422–425. Siehe auch Geiger, Culture of Ceylon (Anm. 1), S. 58 (§ 54), 74 (§ 68), 158 (§ 148), 159 (§ 149), 161 (§ 150). Geiger klassifiziert das Staatslehrbuch des Kauṭalya unter die Nīti-Literatur. Einige Regeln des politischen Lebens finden sich auch in der oben in Kap. IV.3 erwähnten Aphorismensammlung Pathyavākya.

[7] Über die in LPP I 9 verzeichnete Handschrift mit dem Titel „Arthaśāstram" in einem Kloster bei Mātara habe ich keine näheren Informationen erhalten können; es ist jedoch extrem unwahrscheinlich, daß es sich um das Arthaśāstra des Kauṭalya handelt.

sätzlichen Gleichwertigkeit aller Menschen vertreten wird. In dem Text findet man neben zahlreichen Pāli-Versen auch einige Sanskrit-Zitate, darunter die auch im Pratyayaśataka enthaltenen Verse 59 und 94 sowie mehrere Verse unbekannter Herkunft. Manche dieser Verse (z.B. auf S. 17 der Ausgabe des Textes) sind in einer hybriden, aus Sanskrit- und Pāli-Wörtern bestehenden Sprachform geschrieben.[8]

Die Singhalesen besitzen, im Gegensatz zu den meisten anderen Völkern des indischen Kulturkreises, eine reiche historische Literatur. Die Sprache dieser Chroniken ist jedoch vorwiegend Pāli, daneben auch Singhalesisch, niemals aber Sanskrit. Die Inschriften, nächst den Chroniken die bedeutendsten Geschichtsquellen, sind in ihrer überwiegenden Mehrheit in singhalesischer Sprache geschrieben. Das gleiche gilt für die Urkunden. Als Sanskrit-Quellen für die Geschichte Ceylons kommen daher nur eine verhältnismäßig kleine Zahl von Inschriften sowie einige panegyrische Gedichte zu Ehren von Königen und angesehenen Mönchen in Betracht.

Die Sanskrit-Inschriften Sri Lankas aus der Zeit vom 7. bis zum 12. Jahrhundert sind von Malini Dias zusammengestellt worden, wobei auch die oben in Kap. II.3 und II.6 besprochenen buddhistischen Inschriften in der Auflistung berücksichtigt sind.[9] Die Zahl dieser Sanskrit-Inschriften (17 einschließlich der buddhistischen Inschriften) ist im Vergleich zur großen Zahl der Inschriften in singhalesischer Sprache recht klein; etwas öfter findet man einzelne Sanskrit-Verse, meist am Anfang oder am Schluß singhalesischer Inschriften. Die Neigung zu einer solchen Ausschmückung von Inschriften mit Sanskrit-Versen bestand vor allem in der Mitte und der zweiten Hälfte des 12. Jahrhunderts und, in geringerem Maße, im 14. und 15. Jahrhundert. Dabei fällt bei den drei Königen Parākramabāhu I (1153–1186), Kīrtiniśśaṅkamalla (1187–1196) und Parākramabāhu VI (1412–1467) ihre Vorliebe für den Gebrauch von Sanskrit-Versen in ihren Inschriften auf, also bei drei Herrschern, denen sehr an einer Verherrlichung ihrer Taten gelegen war.[10] Auch singhalesische Inschriften anderer Art (z.B.

---

[8] Zum Janavaṃśaya siehe Godakumbura, Sinhalese Literature (Anm. 5), S. 132. Ausgabe: Jātibheda lakṣaṇaya hevat Janavaṃśaya, ed. Vennuruvē Vijayasiri, Colombo 1957. Übersetzung von Hugh Nevill, „The Janawansa of Maha Thera Sri Buddha-Rakkhita“, Taprobanian 1 (1886), S. 73–93 und 103–114. Zur Datierung siehe M.D. Raghavan, „Ethnological Survey of Ceylon, No. 3: Sinhalese Social System — A Sociological Review“, Spolia Zeylanica 27, Part 1 (1953), S. 200.

[9] Malini Dias, „Sanskrit and Pali Inscriptions of Ceylon“, Ancient Ceylon 1 (1971), S. 105–109.

[10] Einige Beispiele aus dem 12. Jahrhundert: Inschrift vom Saṃgamu vihāra: Epigraphia Zeylanica 4 (1934–1941), S. 1–8; Galapāta Rock Inscription: ebenda, S. 196–211; Inschrift von Nǟhinna zu Bewässerungsanlagen: Report of the Archaeological Survey of Ceylon for 1956, Colombo 1957, S. 12; Inschrift vom Śrī-Bodhivihāra in Mädagama siehe Ceylon Journal of Science II, G, S. 212, Nr. 665; Inschrift am Kalākrīḍāvinoda-gal-āsana in

Bauinschriften), Familienchroniken, Lebensläufe von Mönchen usw. enthalten nicht selten am Anfang oder am Ende einen, seltener zwei oder drei Sanskrit-Verse. Ähnliches gilt übrigens auch für die späteren südindischen Inschriften in regionalen Sprachen, die oft mit Sanskrit-Versen beginnen oder enden. Die literarische Bedeutung des inschriftlichen Sanskrits aus Ceylon ist bescheiden; in einem großen Teil der Inschriften sind auch grammatische Unkorrektheiten zu finden, am wenigsten noch in den Inschriften der drei oben genannten Könige, die besonderen Wert auf die Gestaltung ihrer Inschriften legten.

Die singhalesische Literatur ist reich an Gedichten zur Verherrlichung von Königen und auch von hervorragenden Mönchen. Für solche panegyrische Dichtungen wurde nur selten Sanskrit verwendet; jedenfalls sind nur wenige Sanskrit-Gedichte dieser Art überliefert. Das älteste hierher gehörige Literaturwerk, die dem Preise eines bestimmten Mönches dienende Vṛttamālākhyā, wurde im Abschnitt über die buddhistischen Werke in Kap. II.5 besprochen.

Der früheste König, für den solche Preislieder in Sanskrit erhalten sind, ist der in Kandy regierende Śrī-Vīraparākrama Narendra Siṃha (1707–1739), der letzte König der alten singhalesischen Dynastie. Im Śṛṅgāra oder Narendrasiṃharājastuti, das in mehreren Versionen überliefert wird und bereits oben in Kap. IV 2 (S. 120) besprochen wurde, sind sowohl Verse in Sanskrit wie in singhalesischer und sogar einige in tamilischer Sprache enthalten. In diesen Versen zeigt sich der Einfluß des Gītagovindakāvya. Auch Lobpreisungen zu Ehren einiger der letzten Könige der Singhalesen sind in Handschriften überliefert.[11]

Eine Anzahl von Sanskrit-Preisliedern stammt von einem Mönch namens Karatoṭa Śrī Dharmārāma, der von 1734 bis 1826 lebte und durch die Abfassung kunstvoller

---

Polonnaruva: Epigraphia Zeylanica 2 (1912–1927), S. 128–130; Inschrift des Königs Kīrtiniśśaṅkamalla am Ruvanväli-dāgoba: ebenda, S. 70–83; Inschrift desselben Königs am Nordtor von Polonnaruva: ebenda, S. 157–164; Inschrift am Häṭadāgē: ebenda, S. 84–90; Inschrift des Kīrtiniśśaṅkamalla am Prītidānakamaṇḍapa: ebenda, S. 165–178; Inschrift des Sāhassamalla: ebenda, S. 219–229 und einige andere.

[11] Gedruckte Texte: Śṛṅgāraya hevat Daskon adhikāram tumāgē Śrīnāmaya, ed. R. Vijēsiṃha, Devalapola o.J. und Śṛṅgārālaṃkāraya, Vīraparākrama Narendrasiṃha mahārājatumanṭa stutivaśayen prabandha karana lada me-ma pota, ed. M.D.D. Karuṇātilaka, 2. Aufl., Kāgalla 1926. Vgl. Godakumbura, Sinhalese Literature (Anm. 5), S. 237 und Puñcibaṇḍāra Sannasgala, Siṃhala sāhitya vaṃśaya, 2. Aufl., Colombo 1964, S. 763. Handschriften: CM 2246 und 2290–91; Wickr., Cat. 97; BL: Or. 4993 (Narendrasiṃha-rājastuti). Ähnliche Preislieder in Sanskrit, sanskritisiertem Singhalesisch und Tamil siehe auch BL Or. 4959; D.M. de Zilva Wickremasinghe, Catalogue of the Printed Books in the Library of the British Museum, London 1901, Sp. 114. Ähnliche Verse enthält ferner Śrīnāmaya, veröff. von Vidyākalpa yantrālaya, Kāgalla 1954.

Gedichte in singhalesischer Sprache berühmt wurde. Er dichtete ein Narendrasahaja-aṣṭaka, ein Sanskrit-Gedicht, das dem jüngsten Bruder des Königs Kīrtiśrī Rājasiṃha (1747-1782) Segen bringen sollte und aus acht Śārdūlavikrīḍita-Versen besteht, die jeweils zwei Zeilen Refrain aufweisen.[12] Außerdem verfaßte er ein Sandeśa (Botschaft) mit einem Sanskrit-Vers an den holländischen Gouverneur Van de Graaff (1785-1794) in Anerkennung des Entgegenkommens, das dieser Staatsmann buddhistischen Interessen gegenüber gezeigt hatte.[13] Karatoṭa Śrī Dharmārāma schrieb ferner ein Sanskrit-Lobgedicht auf den britischen Residenten John D'Oyly (gestorben 1824), der sich intensiv mit dem Studium der singhalesischen Sprache und Kultur beschäftigt hatte, auf den britischen Gouverneur Sir Edward Barnes (1820-1822 und 1823-1831) und auf den englischen König Georg III.[14]

Gedichte zu Ehren bestimmter berühmter Theras in Sanskrit sind in neuerer Zeit durchaus noch üblich. Besonders bei Leichenbegängnissen werden solche Verse als sog. „Śokaprakāśa" vorgetragen. Ein solches Gedicht von Bōvala Śrī Dhammānanda wurde zu Ehren des Karatoṭa Śrī Dharmārāma im Jahre 1826 verfaßt.[15] Übrigens wurden auch auf singhalesische Gelehrte von indischen Bewunderern Preisgedichte in Sanskrit geschrieben, so im Jahre 1909 von Śrī Satiścandra Vidyābhūṣaṇa eines auf Hikkaḍuvē Śrī Sumaṅgala[16] und von Ś.M. Sarveśvara Śarman ein Śrī-Sumaṅgalamahādvīpa zu

---

[12] Veröffentlicht in der Biographie von Veheragampiṭa Nandārāma, Lakdiva itihāsa pravṛtti sahita, Karatoṭa vata, Mātara 1940, S. 11-12; vgl. auch Dehigaspe Pannasara, Sanskrit Literature Extant among the Sinhalese, Colombo 1958, S. 179-183.

[13] Publiziert in Nandārāma, Karatoṭa vata (Anm. 12), S. 19.

[14] Ḍoyili mahatāṭa āśīrvāda, veröffentlicht in Nandārāma, Karatoṭa vata (Anm. 12), S. 33; Preislied auf Sir Edward Barnes in K.N.T. Guṇadāsa und Y.T. Harmānis Appuhāmi, Kāvyarasaya, Teil 1: Saparagamuvē prabandha, Colombo 1933, S. 2-3 (ohne Angabe des Verfassers); der erste Vers auch in Nandārāma, Karatoṭa vata, S. 34; Preislied auf König Georg III: Jōrjrāja-aṣṭaka oder King-George-Aṣṭaka, in Pannasara, Sanskrit Literature (Anm. 12), S. 183-188; der erste Vers auch in Nandārāma, Karatoṭa vata, S. 35. Handschriften: LPP I 33 (3 Hss., davon zwei mit Sannaya); außerdem hat Karatoṭa Śrī Dharmārāma noch einige weitere kurze Sanskrit-Gedichte zu bestimmten Gelegenheiten geschrieben. Über Karatoṭa Śrī Dharmārāma und seine Werke siehe auch P.D.S. Vīrasūriya, Mātara sāhitya vaṃśaya, Valasmulla 1951, S. 28-46 und Polvattē Buddhadatta, Samīpātītayehi Bauddhācāryayō, Ambalamgoḍa 1950, S. 5-9. Sein Geburtsjahr wird in den Quellen teilweise (so bei D. Pannasara) abweichend als 2280 B.E., d.h. 1736 n.Chr. angegeben. Über sein berühmtes singhalesisches Kunstgedicht Baranamagabasaka, das in Form eines Diagramms geschrieben ist, siehe James de Alwis, The Sidath Sangarawa, Colombo 1852, Introduction, S. CVII-CXV (nachgedruckt unter dem Titel „A Survey of Sinhala Literature", Colombo 1966. Vgl. auch Godakumbura, Sinhalese Literature (Anm. 5), S. 248-251.

[15] Der erste Vers abgedruckt in Nandārāma, Karatoṭa vata, S. 44.

[16] Publiziert in Yagirala Śrī Prajñānanda, Śrī Sumaṅgala caritaya, Teil 1, Colombo

Ehren desselben Theras im Jahre 1902 und andere.[17] Auch für Gelegenheitsgedichte und für Briefe nach Indien verschiedenster Art verwendeten Gelehrte wie Śrī Sumaṅgala häufig Sanskrit.[18] Oft wurden Gedenkverse in Sanskrit auf Einzelblätter gedruckt und verteilt, so z.B. ein mir vorliegendes Śokaprakāśa auf einen Mahānāyakathera des Rāmaññanikāya, Mātalē Śrī Dharmasiddhi, verfaßt von einem Schüler des Verstorbenen im Jahre 1940.[19]

Unter die historischen Texte gehören die zahlreichen als *sannasa* bezeichneten Urkunden auf Kupfertafeln oder auch auf Palmblättern. Sie sind stets in singhalesischer Sprache geschrieben. Jedoch sind dem Text gelegentlich Sanskrit-Verse beigefügt. So enthält das Oruvaḷa-Sannasa, das wahrscheinlich der Zeit des Königs Parākramabāhu VIII. (1484–1508) entstammt, am Schluß einen Sanskrit-Vers, in dem der Wert einer Stiftung und der ihrer Erhaltung miteinander verglichen werden. Es handelt sich um eine Schenkung an die Hofbrahmanen (*purohita*) des Königs. Der in dem Dokument als Purohita des Königs Parākramabāhu VI. genannte Potā Ojjhalun und sein Neffe und Nachfolger Avuhaḷa Ojjhalun sind offenbar viṣṇuitische Brahmanen aus einer in Andhra beheimateten Familie.[20] Der am Ende dieses Sannasa stehende Sanskrit-Vers steht auch am Ende des Palkum̆bura-Sannasa des Königs Bhuvanekabāhu VII. (1529–1550).[21] Dieser und ein anderer Sanskrit-Vers über den Segen von Schenkungen sind z.B. auch einem Sannasa aus Devundara (Devinuvara) aus dem Jahre 1514/5 angefügt.[22] Dazu kommen noch einige weitere für Historiker interessante einzelne Verse und Versgruppen.[23]

Das in neuerer Zeit in ganz Indien überaus beliebte pseudo-historische Werk Bhojaprabandha von Ballāla (Ende des 16. Jahrh.), in dem zahlreiche Dichter-Anekdoten mitgeteilt werden, ist auch nach Ceylon gelangt und zwar wahrscheinlich im frühen 19. Jahrhundert. Davon zeugt die Aufnahme mehrerer Verse aus diesem Werk in die hauptsächlich aus singhalesischen Versen bestehende Sammlung Kāvyasaṅgra-

---

1947, S. 218–223.

[17] Mit Kommentar publiziert in Prajñānanda, Śrī Sumaṅgala caritaya (Anm. 16), S. 280–301.

[18] Prajñānanda, Śrī Sumaṅgala caritaya (Anm. 16), S. 329–341.

[19] Sieben Verse, gedruckt in Vällavatta (Colombo) 1940.

[20] Vgl. H. W. Codrington, „The Oruvaḷa Sannasa", Epigraphia Zeylanica 3 (1928–1933), S. 51–71.

[21] ders., „The Palkam̆bura Sannasa", Epigraphia Zeylanica 3, S. 240–247.

[22] Gandara P. D. S. Vīrasūriya, Devundara itihāsaya, Devundara 1949, S. 173.

[23] So z.B. der in H. C. P. Bell, Report of the Kegalla District, Colombo 1892, S. 47, Anm. 1 angeführte, am Tempel des Gottes Dädimuṇḍabaṇḍāra in Alutnuvara überlieferte Vers; siehe auch Vīrasūriya, Devundara itihāsaya (Anm. 22), S. 89, und einige andere.

hava, wobei kurze singhalesische Zusammenfassungen der im Bhojaprabandha dazu erzählten Geschichten beigefügt sind.[24] In die Kategorie der pseudo-historischen Literaturwerke gehören natürlich auch die von Senerat Paranavitana verfaßten, angeblich auf „Interlinearinschriften" gelesenen Texte, die ich oben in Kap. I.6 erwähnt habe.

---

[24] Siehe Kāvyasaṃgrahava hevat Kav saṅgarāva, veröff. Ratnākara pot veḷaňda śālāva, Colombo 1947, Vers 5 (: Bhojaprabandha 77), 7 (: ebenda 292), 8 (: ebenda 297), 9 (: ebenda 317), 11 (: ebenda 16), 12 (: ebenda 38). Die gedruckte singhalesische Übersetzung des Textes beruht selbstverständlich auf indischen Drucken: Ballāla, Bhojaprabandha, mit singhalesischer Übersetzung von Āriyapāla Guṇasēna, Nugēgoḍa 2507 (1963).

VI. Die wissenschaftliche Literatur

1. Die philologischen Disziplinen

Unter die philologischen Wissenschaften der Inder können wir die Grammatik (*vyākaraṇa*), die Lexikographie (*koṣa*),[1] die Poetik (*alaṅkāraśāstra*) und die Metrik (*chandaḥśāstra*) einordnen. Am Ende dieses Kapitels sind einige kurze Bemerkungen zur Tanzkunst (*nāṭyaśāstra*) und zur Musiktradition eingefügt. Die traditionelle Wissenschaftssprache der philologischen Disziplinen in der singhalesischen Überlieferung ist Pāli. Auf diesem Gebiet läßt sich auch reger Austausch mit anderen buddhistischen Theravāda-Ländern (Birma, Siam usw.) beobachten. Sanskrit-Werke haben in Sri Lanka als Vorbilder und Quellen von Pāli-Werken gedient; nur verhältnismäßig wenige Sanskrit- Texte dieses Wissenschaftsgebietes sind in Sri Lanka selbst verfaßt oder überliefert worden.

Das älteste System der einheimischen Pāli-Grammatik in Sri Lanka, dem die Kommentatoren Buddhaghosa und Dhammapāla und ihre Zeitgenossen im 5. bis 7. Jahrhundert ihre grammatische Terminologie entlehnten, beruht nicht auf einem der uns bekannten Systeme der Sanskrit-Grammatik. Auch ist keine grammatische Schrift dieser ältesten Schule der Pāli-Grammatik bis auf die Gegenwart erhalten geblieben.

Die gesamte spätere einheimische Pāli-Grammatik, die heute in den Ländern des Pāli-Buddhismus überliefert wird — es können gegen 100 verschiedene Werke dieser Literatur angeführt werden — beruht auf den bekannten Systemen der Sanskrit-Grammatik, deren Lehren und Methoden für die Anwendung auf das Pāli umgestaltet wurden.[2] Dabei haben nur die Begründer der großen Schulen, Kaccāyana und Moggallāna, sowie einige ihrer gelehrtesten Kommentatoren, vor allem die Verfasser der beiden Sannayas zur Mahārūpasiddhi (etwa 12.-13. Jahrh.) und Toṭagamuvē Śrī Rāhula

[1] Zur Terminologie siehe Claus Vogel, Indian Lexicography, Wiesbaden 1979, S. 303, Anm. 1.

[2] Über die Werke siehe R. Otto Franke, Geschichte und Kritik der einheimischen Pali-Grammatik und -Lexikographie, Straßburg 1902 sowie K.R. Norman, Pāli Literature, Wiesbaden 1983, S. 163-167. Dazu Ergänzungen von Norman in Journal of Pali and Buddhist Studies 7 (1994), S. 1-22; hier relevant S. 15.

(15. Jahrh.), weiterhin selbständig in größerem Umfange Sanskrit-Quellen benützt.

Die Werke der Sanskrit-Grammatiker dienten jedoch in Sri Lanka nicht nur als Vorbild für Grammatiken des Pāli, sondern wurden auch zur Erlernung des Sanskrit und als Hilfsmittel für das richtige Verständnis sowie für die Abfassung von Sanskrit-Texten benützt. Grundkenntnisse des Sanskrit wurden jedoch schon durch die Lektüre leichterer Texte erworben, für die sich die in Kap. I.4 erwähnte Auswahl in den Schultexten herauskristallisierte, nicht aus Grammatiken. Diese dienten vielmehr dem intensiveren Sanskrit-Studium, dem sich nur eine verhältnismäßig kleine Zahl gelehrter Mönche und Laien widmete. Seit Ende des 19. Jahrhunderts wurden die alten einheimischen Sanskrit-Grammatiken in Sri Lanka mehr und mehr von Lehrbüchern nach dem System der europäischen Grammatik verdrängt, während für die einheimische Pāli-Grammatik das traditionelle vormoderne System größere Lebenskraft bewies.

Die Bedeutung der Sanskrit-Grammatiken für die einzige ältere Grammatik der singhalesischen Sprache, das Sidat-saṅgarāva, ist geringer als man früher annahm; ihr Verfasser, wahrscheinlich der im 13. Jahrhundert wirkende Vedeha Thera, hat allerlei Anregungen aus den alten tamilischen Grammatiken übernommen. Im übrigen hat er sich weitgehend an die Pāli-Grammatiken angelehnt und die Lehren der Sanskrit-Grammatiker nur auf mittelbarem Wege benützt.

Einen Überblick über die in Sri Lanka verfaßten sowie die dort bekannten und verbreiteten Sanskrit-Grammatiken habe ich an anderer Stelle gegeben, so daß ich darauf verweisen und mich hier sehr kurz fassen kann.[3] Gut belegt ist die Benutzung der Kāśikāvṛtti zu den Sūtras des Pāṇini. Hauptquelle der Sanskrit-Grammatiken in Sri Lanka ist jedoch die Grammatik des Candragomin; sie wurde in der von Diṁbulāgala Mahākāśyapa verkürzten Form unter Namen Bālāvabodhana zu einem verbreiteten Unterrichtsbuch in den buddhistischen Klöstern der Insel und ist in zahlreichen Handschriften überliefert.[4]

---

[3] Siehe Heinz Bechert, „Sanskrit-Grammatiken in der singhalesischen Überlieferung", Studien zur Indologie und Iranistik 13/14 (1987), S. 5–16. Zusätzlich sei hier noch ein dort nicht aufgeführter Sanskrit-Text genannt, der in Sri Lanka aufgrund indischer Quellen mit singhalesischem Kommentar ediert wurde: Prabodhacandrikā von Vaijaladeva Naradeva mit Vyākaraṇacandrikā von Telvattē Śrī Sumanavaṃśa, Colombo 1931 (von der Prabodhacandrikā eine Hs. in LPP I 61 erwähnt). Zur modernen Sanskrit-Literatur Sri Lankas gehört Śikṣāsaṃgraha von Ratmalānē Dharmakīrti Śrī Dharmārāma (mit singhalesischem Kommentar von Kirigalpottē Śrī Indajoti), Colombo 2472 B.E. (1929 n.Chr.). Ausgabe dieses Sanskrit-Textes ohne Kommentar: Śikṣasaṅgrahaḥ von Dharmakīrtti Śrī Dharmārāma, 3. Aufl., o.O. 1926.

[4] Zum Teil mit Sannaya; siehe BL Or. 6608 (6); 6608 (29) II; 6608 (47); LPP I 65 (38 Hss.), II 49 (6 Hss.). Zu den Ausgaben siehe Bechert, „Sanskrit-Grammatiken" (Anm. 3),

Außerdem ist an dieser Stelle anzumerken, daß das sprachphilosophische Werk Vākyapadīya von einem vermutlich in Nordindien beheimateten Autor namens Bhartṛhari (wahrscheinlich 5. oder Anfang des 6. Jahrh.) in Sri Lanka im 13. bis 15. Jahrhundert bekannt war.[5]

Das Studium der Grammatik bei den Gebildeten im mittelalterlichen Sri Lanka wurde im Bericht der Chronik Mahāvaṃsa über die Zeit des Königs Parākramabāhu II (1236–1270), im Haṃsasandeśaya (Anfang des 15. Jahrhunderts) und in der Inschrift von Päpiḷiyāna aus dem Jahre 1413 sowie schon im Schlußvers des Abhidharmārthasaṅgraha-sannaya von Śāriputra (12. Jahrhundert) zusammen mit dem Studium der Logik (*tarka*) genannt. In diesen Zusammenhang gehören auch Hinweise auf das seinem Ursprung nach zu den Hilfswissenschaften des Veda gehörige Nyāya-System sowie auf „Vaiśeṣika-Nyāya" und einige Zitate aus Nyāya-Texten.[6]

Wir kommen nun zur Sanskrit-Lexikographie. Die Singhalesen haben keinen selbständigen Beitrag zu dieser Disziplin geleistet. Sie haben sich vielmehr darauf beschränkt, aus Indien stammende lexikographische Werke zu kopieren und zu kommentieren, und haben sie als Vorlagen für Lexika des Pāli und des Singhalesischen benützt. Eine Ausnahme bilden astrologische, pharmazeutische und medizinische Spezialwörterbücher, die unter den Werken dieser Wissenschaftszweige zu nennen sind.[7]

S.11 mit Anm. 29.

[5] Ausgabe nach indischen Quellen: Bhartṛhari, Vākyapadīya, Die Mūlakārikas herausgegeben von Wilhelm Rau, Wiesbaden 1977. Siehe auch Scharfe, Grammatical Literature, Wiesbaden 1977, S. 170–174. Zitate in der mittelalterlichen singhalesischen Literatur in Viśuddhimārggaya von Buddhaghosa mit Mahāsanya von Parākramabāhu II., ed. Bentara Śraddhātiṣya, Kaḷutara 1949–54, (II), S. 522 und (III), S. 1062; in Pañcikāpradīpaya von Toṭagamuvē Śrī Rāhula in: Siri Rahal pabaňda, ed. Rä Tennakōn, Colombo 1957, S. 271, 292, 307, 308, 316, 350 (2 Verse), 363; nur zum Teil mit Herkunftsangabe. Zitate in späteren singhalesischen Werken sind Sekundärzitate. Aufgrund indischer Ausgabe haben sich singhalesische Gelehrte der zweiten Hälfte des 19. und der ersten Jahrzehnte des 20. Jahrhunderts, vor allem Hikkaḍuvē Śrī Sumaṅgala (1826–1911) und Ratmalānē Śrī Dharmārāma (1853–1919) mit dem Text befaßt.

[6] Mahāvaṃsa 84.27; Haṃsasandeśaya, ed. K.D.P. Vikramasiṃha, Vers 181; Abhidharmārthasaṅgraha-vistara-sannaya von Śāriputra, ed. Paññamoli, Ambalangoḍa 1926, S. 257; Vimuktisaṅgrahava, ed. Hōmāgama Śīlaratana, 2. Aufl., Koḷaňba 1954, S. 214; Vajirabuddhiṭīkā, Ausgabe des Buddha Sāsana Council, Rangoon 2504/1966 [in birmanischer Schrift], S. 200 (und Verbesserung am Ende des Bandes); zahlreiche Zitate aus Nyāya-Texten in Pañcikāpradīpaya (Anm.5); vgl. insbesondere ebenda, S. 226, 320, 347. Eine wahrscheinlich verhältnismäßig moderne singhalesische Kopie des Tarkasaṅgraha von Annambhaṭṭa ist in LPP I 34 verzeichnet.

[7] Über die Sanskrit-Lexikographie siehe Vogel, Indian Lexicography (Anm. 1); eine

Das einzige Werk der Sanskrit-Lexikographie, das mit Sicherheit seit vielen Jahrhunderten ohne Unterbrechung in Sri Lanka studiert wurde, ist der Amarakoṣa (Amarakośa) oder das Nāmaliṅgānuśāsana von Amarasiṃha, auch in seinem Ursprungsland Indien selbst seit langem das beliebteste Sanskrit-Wörterbuch. Ein Unbekannter hat vielleicht schon im 13., spätestens aber zu Beginn des 15. Jahrhunderts dazu ein Sannaya verfaßt.[8] Es wurde sogar in die Reihe der Schultexte (vgl. Kap. I.4) eingeordnet, und zwar als abschließendes Werk. Selbstverständlich sind Zitate aus dem Amarakoṣa in älterer und neuerer singhalesischer Literatur sehr häufig.

Der Amarakoṣa war jedoch nicht nur ein Hilfsmittel für die Sanskrit-Bildung Sri Lankas, sondern auch Vorbild und Quelle für Pāli-Kośas und singhalesische Wörterbücher. Besonders eng hat sich Moggallāna, der Verfasser der Abhidhānappadīpikā, des einzigen einheimischen Pāli-Lexikons von größerer Bedeutung (12. Jahrh.), dem Amarakoṣa angeschlossen.[9] Auch die wichtigsten alten Wörterbücher in singhalesischer Sprache, Ruvanmala von König Parākramabāhu VI. (1412–1467) und Purāṇanāmāvaliya von Nallurutunu-mini (verfaßt 1421/2), entsprechen dieser Tradition und bleiben getreu bei der von Amarasiṃha vorgezeichneten Anordnung des Wortmaterials.[10]

Ein Werk ganz anderer Art ist der in einigen Handschriften überlieferte Ratnakoṣa.[11] Dieses Werk läßt sich auch in Indien nachweisen.[12] Sein Verfasser und seine Abfassungszeit sind unbekannt. Es enthält Gruppen von zusammengehörigen Begriffen wie die drei Welten, drei Stätten des Daseins, drei Formen der Erdoberfläche usw., wobei die Zahl der unter einer gemeinsamen Bezeichnung zusammengeordneten Begrif-

---

singhalesische Abhandlung zu diesem Thema ist Ānanda Abēsirivardhana, Nighaṇṭu sāhityaya, Kälaṇiya 1993.

[8] Auszugsweise wurde der alte Kommentar ediert in: Nāmaliṅgānuśāsanaya, Amarakoṣaya oder Amarasiṃha, hrsg. Devarakṣita (Baṭuvantuḍāvē), (Colombo) 1880. Über das Alter des Kommentars besteht keine einhellige Meinung (Godakumbura, Sinhalese Literature, S. 321 „not later than the thirteenth century"; A Dictionary of the Sinhaleses Language, begun by the Royal Asiatic Society, Ceylon Branch, Vol. I, Part 7, Colombo 1957, S. XIV: „15th century?"). Die Einleitung des alten Sannaya findet man auch in: Amarakoṣaya (The Amarakosha), ed. Mäddēpola Vimalajoti, Kolam̆ba 1936. Vimalajoti hat auch alte singhalesische Handschriften verglichen; vgl. Preface, p. II. Text und Anfang des alten Sannaya ferner in: Siṃhalagranthārṇavaya (Kap. I.4, Anm. 1), S. 203–279. Zahlreiche singhalesische Handschriften, vor allem in Klosterbibliotheken (LPP I 8; II 6); siehe ferner CM 2051–2054 und mehrere Hss. in BL.

[9] Vgl. K.R. Norman, Pāli Literature (Anm. 2), S. 166.

[10] Siehe Godakumbura, Sinhalese Literature, Colombo 1955, S. 322f.

[11] Angaben aufgrund einer aus CM 2352 kopierten singhalesischen Papierhandschrift.

[12] Siehe Vogel, Indian Lexicography (Anm. 1), S. 373 f. Ausgabe in Nāgarī-Schrift: Vasturatnakośa, ed. Priya Bala Shah, Jodhpur 1959 (Rajasthāna Purātana Granthamalā, 45).

fe ansteigt, allerdings nicht ganz regelmäßig. Solche Gruppen von Dingen werden häufig auch in der buddhistischen Literatur aufgezählt; schon der Aṅguttaranikāya des Pāli-Kanons ist nach diesem Ordnungsprinzip aufgebaut.

Wörterbücher von der Art des Ratnakoṣa haben für die mittelalterliche singhalesische Literatur eine gewisse Rolle gespielt; wir finden in Werken wie dem Saddharmaratnākaraya (15. Jahrh.), dem Daṁbadeṇi-asna (13. Jahrh.) und vielen anderen Aufzählungen, wie sie der Ratnakoṣa enthält, wobei häufig nur die ersten Glieder der Reihen erscheinen. Die Verfasser setzen in solchen Fällen offensichtlich voraus, daß die Leser aus Sachwörterbüchern die vollständige Aufzählungsreihe kennen. Allerdings ist ganz offenbar in der älteren Zeit ein anderes, heute nicht mehr erhaltenes Werk, nicht der heute vorliegende Ratnakoṣa benützt worden.

In älteren Werken werden noch andere Wörterbücher angeführt, die heute in Sri Lanka nicht mehr überliefert werden, nämlich der Trikāṇḍaśeṣa (oder Amarakoṣaśeṣa) von Puruṣottama (lebte im 12. Jahrh. in Bengalen), der Halāyudhakośa (die Abhidhānaratnamālā) des Halāyudha aus dem 10. Jahrh. und die Vaijayantī des Yādavaprakāśa (11. Jahrh.); zwei dieser Werke sind im Pañcikāpradīpaya des Śrī Rāhula zitiert,[13] eines auch im Līnārthapradīpa.[14]

Moderne Sanskrit-Wörterbücher fehlen in Sri Lanka, abgesehen von einem unvollendet gebliebenen Saṃskṛta-śabdārṇavaya von Välivitiyē Sorata.[15] Dagegen ist ein in Indien gedruckter Sanskrit-Kommentar zum Trikāṇḍaśeṣa anzuführen, der von dem singhalesischen Mönch Dodanḍuvē Sīlakkhanda (1848–1924) verfaßt worden ist.[16]

Von den Werken der Poetik (*alaṅkāraśāstra*) hat nur der Kāvyādarśa des Daṇḍin (nach Lienhard im 7. oder 8. Jahrhundert verfaßt[17]) zumindest seit dem 12. Jahrhundert einen dauernden und tiefgreifenden Einfluß auf die Literatur der Singhalesen

---

[13] Pañcikāpradīpaya (Anm. 5) S. 352, 356, 237, 269; eines dieser Zitate daraus als Sekundärzitat übernommen in Kārakapuṣpamañjarī-vyākhyāvava von Attaragama Baṇḍāra (18. Jahrhundert), ed. D. Dhammānanda, Colombo 1899, S. 188.

[14] Dehigaspe Pannasara, Sanskrit Literature Extant among the Sinhalese, Colombo 1958, S. 96. Zu den genannten Werken siehe Vogel, Indian Lexicography (Anm. 1).

[15] Von dem Werk erschien nur der erste Teil; siehe A Dictionary of the Sinhalese Language I, 7 (Anm. 8). S. XII.

[16] Puñcibaṇḍāra Sannasgala, Siṃhala sāhitya vaṃśaya, 2. Aufl., Colombo 1964, S. 642. In LPP I 93 ist noch ein handschriftlich vorliegendes Werk Saṃskṛta akārādiya genannt; es dürfte sich um das von Sannasgala auf S. 635 genannte Wörterbuch von Attaragama Baṇḍāra (18. Jahrh.) handeln.

[17] Siegfried Lienhard, A History of Classical Poetry, Wiesbaden 1984, S. 234 f. Eine Übersicht über die indische Alaṅkāraśāstra-Literatur findet man bei Edwin Gerow, Indian Poetics, Wiesbaden 1977.

ausgeübt. Er wurde von einem König Salamevan in singhalesische Verse übersetzt. Dieses singhalesische Werk trägt den Titel Siyabaslakara und ist das Grundwerk der singhalesischen Poetik.[18] Da Salamevan (Pāli Silāmeghavaṇṇa) bekanntlich seit dem 7. Jahrhundert jedem zweiten singhalesischen König als Beiname zukam,[19] genügt die Angabe dieses Namens nicht zur Identifizierung des Königs. Die Ansicht, es handle sich um den König Dappula II. (815–831)[20] wird auf Bedenken stoßen, obwohl sie nicht ganz auszuschließen ist. Noch weniger ist zu beweisen, daß König Sena IV. (954–956), wie S.Paranavitana vermutet,[21] oder ein anderer König des 10. oder 11. Jahrhunderts als Verfasser des Siyabaslakara anzusehen ist.[22] Dies liegt darin begründet, daß sich der Stil der singhalesischen Dichtersprache jener Periode nur sehr langsam veränderte, so daß stilistische Merkmale zur Datierung von Gedichten viel weniger herangezogen werden können als bei Prosawerken. Gegen Ende des 12. Jahrhunderts schrieb Saṅgharakkhita den Subodhālaṅkāra, das wichtigste Alaṅkāraśāstra in Pāli.[23] Dieses Werk ist zwar nicht einfach eine Übersetzung des Kāvyādarśa, aber es hat Daṇḍins Werk als Hauptquelle benützt. Daṇḍins Kāvyādarśa war in Sri Lanka auch unter dem Namen Daṇḍyālaṅkāra bekannt. Das alte Sannaya dazu heißt daher meist Daṇḍyālaṅkāra-sannaya. Es wurde im 12. oder 13. Jahrhundert verfaßt. In der gesamten uns erhaltenen singhalesischen Prosa-Literatur seit dem 12. Jahrhundert finden sich Anführungen aus dem Kāvyādarśa. Selbstverständlich beruht auch der über Alaṅkāras handelnde Abschnitt des Sidatsaṅgarāva auf dem Kāvyādarśa.[24] Andere Alaṅkāraśāstras haben im Vergleich zum Kāvyādarśa für die Literatur der Singhalesen nur bescheidene Bedeutung gehabt; nur die Kāvyamīmāṃsā des Rājaśekhara und der Sā-

---

[18] C.E. Godakumbura, Sinhalese Literature, Colombo 1955, S. 328-330.

[19] Siehe Wilhelm Geiger, Culture of Ceylon in Mediaeval Times, Wiesbaden 1960, § 108.

[20] Diese Ansicht vertritt Sannasgala (Anm. 16), S. 61f.

[21] S.Paranavitana, „Ceylon and Malaysia in Mediaeval Times", in: JRAS Ceylon Branch, N.S.VII (1959), S. 23 f. Paranavitana gibt die Jahreszahlen 956–972 an, also die für Mahinda IV., der aber nicht Salamevan, sondern Sirisaṅgabō heißt.

[22] In Handschriften wird das Siyabaslakara öfters mit der Sanskrit-Form seines Namens als Svabhāṣālaṅkāraya bezeichnet.

[23] Zum Subodhālaṅkāra siehe Norman, Pāli Literature (Anm. 2), S. 167; vgl. auch Herambe Nath Chatterjee, Comparative Studies in Pāli and Sanskrit Alankaras. I. Calcutta 1960; Somapala Jayawardhana, Handbook of Pali Literature, Colombo 1994, S. 139.

[24] Singhalesische Handschriften des Kāvyadarśa oder Daṇḍyālaṅkāra mit Sannaya: CM 2095; 2096; God, Cat. SAS (Sinh.) 10 (Cod. Sans. XXXI); LPP I 22 (35 Hss.); II 16 (12 Hss.); BL Or. 6610 (15); 6610 (16). Ausgaben mit dem alten Sannaya: Kāvyādarśaya, ed. Ratmalānē Dharmakīrtti Śrī Dharmārāma, (Pāliyagoḍa) 1925; andere singhalesische Sannayas: Kāvyādarśa with a Sinhalese translation by Doḍanduvē Dharmasena, Colombo 1905; Kāvyādarśa mit Subodhinīvyākhyāva, 2 Bde., (Colombo) 1948–1951.

hityadarpaṇa des Viśvanātha sind in alten singhalesischen Texten namentlich zitiert.

Ein eigenartiges Werk ist der mit einem Sannaya überlieferte Kavikaṇṭhapāśa, auch unter der Bezeichnung Vṛttaratnākarādhyāya bekannt. Dieses Werk wird in den Handschriften als Supplement zu dem metrischen Werk Vṛttaratnākara von Kedāra bezeichnet; es trägt in Sri Lanka auch den Namen Vṛttālaṃkārādhyā. Das Büchlein, das aus 70 Versen besteht und mit einem Sannaya versehen ist, ist auch in einzelnen südindischen Handschriften und einem Telugu-Druck nachweisbar. Es handelt über die persönlichen Eigenschaften, die ein Dichter haben soll, über sein Auftreten, sowie über die glück- oder unglückbringenden Wirkungen der Wahl des Anfangswortes eines poetischen Werkes, über glück- und unglückverheißende Tage für die Tätigkeit des Dichters und ähnliches.[25] Vorstellungen von der magischen Wirkung bestimmter Eigenschaften einer Dichtung sind bei den Singhalesen wie übrigens auch in Indien sehr verbreitet.[26] Es ist anzunehmen, daß der Kavikaṇṭhapāśa ein in Sri Lanka schon seit Jahrhunderten sehr bekannter Text ist.

In das weitere Umfeld des Alaṅkāraśāstra kann man auch das Vidagdhamukhamaṇḍana von einem gewissen Dharmadāsa einordnen; es war auch in Südostasien bekannt und ist vermutlich von dort in einer Pāli-Version nach Sri Lanka gelangt.[27]

Wir kommen nun zur Metrik (*chandaḥśāstra*). Der in Sri Lanka maßgebliche metrische Sanskrit-Text ist der Vṛttaratnākara des Kedāra oder Kedarābhaṭṭa. Kedāra lebte vor dem 11. Jahrhundert in Indien und sein Werk ist spätestens im 13. Jahrhundert in Sri Lanka eingeführt worden. Seither wird er in singhalesischen Werken immer wieder als metrische Autorität angeführt. Eine Pāli-Bearbeitung des Vṛttaratnākara ist das

---

[25] In Sri Lanka scheint das Buch irrtümlich dem Kedāra zugeschrieben zu werden, von Sannasgala, Siṃhala sāhitya vaṃśaya (Anm. 16), S. 496 einem Schüler des Kedāra. Telugu-Ausgabe (darin das Werk dem Kalidāsa zugeschrieben) siehe Catalogue of the India Office Library, Vol. II, Part 1, Section II, London 1951, S. 1308. Eine ältere singhalesische Ausgabe ist verzeichnet in Don Martino de Zilva Wickremasinghe, Catalogue of the Sinhalese Printed Books in the Library of the British Museum, London 1901, Sp. 111. Handschriften: God, Cat. SAS (Sinh.) 9; CM 2094; Wickr, Cat. 86; BL Or. 6610 (4) III; Or. 6610 (5); Or 6610 (6); 6610 (14) II; LPP I (33 Hss.); II (12 Hss.).

[26] Vgl. Godakumbura, Sinhalese Literature (Anm. 10), S. 326f.

[27] Singhalesische Ausgabe des Sanskrit-Textes mit Sannaya nach indischen Quellen: The Vidagdhamukhamaṇḍana von Dharmadāsa, ed. C.A. Sīlakkhandha, Colombo 1902. Über diesen Text siehe: Das Vidagdhamukhamaṇḍana des Dharmadāsa, ein Lehrbuch der Rätselkunde, 1. und 2. Kapitel, von Martin Kraatz, 2 Teile, Diss., Marburg 1968. Zur Überlieferung in Indien siehe Suresh Chandra Banerji, A Companion to Sanskrit Literature, Delhi 1971, S. 372 f. Zur Überlieferung des Textes in Birma siehe Mabel Haynes Bode, The Pali Literature of Burma, London 1909, S. 28 und 108 (Nr. 265); eine siamesische Handschrift der Pāli-Version in Sri Lanka ist verzeichnet in LPP I 85.

Vuttodaya des Saṅgharakkhita. Dieses Werk wurde gegen Ende des 12. oder zu Beginn des 13. Jahrhunderts verfaßt. Saṅgharakkhita nennt in seinen Einleitungsversen seine Quelle nicht, sondern weist nur darauf hin, daß die Lehrbücher von „Piṅgala usw." für die Pāli-Sprache nicht in dem Maße passen, wie man es sich wünschen würde, und er seine Pāli-Metrik deswegen geschrieben habe. Tatsächlich aber ist das Vuttodaya streckenweise einfach eine freie Pāli-Übersetzung von Kedāras Werk, dem es auch die Anordnung des Stoffes und der Kapiteleinteilung fast unverändert entnommen hat.[28]

Rāmacandra Bhāratin, der aus Bengalen stammende Schüler des Śrī Rāhula (siehe Kap. II.5) verfaßte im Jahre 1999 budhistischer Zeitrechnung einen ausführlichen Sanskrit-Kommentar zum Vṛttaratnākara namens Vṛttaratnākarapañcikā. Rāmacandra hat eine große Zahl neuer Beispielverse zu den einzelnen Metren gedichtet und in seinen Kommentar aufgenommen, in denen er meist seine Verehrung für den Buddha oder das Lob des Königs Parākramabāhu (VI.) oder auch seines Lehrers Śrī Rāhula ausdrückt. Unter den Versen gelten einige ferner der Verehrung des Bodhisattva Avalokiteśvara, den er als Avalokiteśvara, Avalokiteśa und Avalokitanātha bezeichnet (vgl. Kap. II.3). Seine Herkunft aus einer indischen brahmanischen Familie verrät sich in einem Zitat aus der Mahānārāyaṇa-Upaniṣad.[29]

Als ein Beispielbuch für die wichtigeren Versmaße ist schließlich auch die Vṛttamālākhyā desselben Verfassers gedacht, die zugleich die Lebensgeschichte eines bestimmten Mönches enthält und in Kap. II.5 besprochen ist.

Der dem Kālidāsa zugeschriebene Śrutabodha liegt in einigen singhalesischen Handschriften vor; das Werk ist auch in Indien in neuerer Zeit überaus verbreitet.[30] Ein sonst nicht nachweisbares kurzes Werk namens Prastārādiratnākara von Amaradāsa wurde 1907 mit einem singhalesischen Sannaya gedruckt.[31] Dieses Büchlein erörtert

---

[28] Kommentierte singhalesische Ausgabe: Saralāvyākhyā sahita Vṛttaratnākaraya von Välivițiyē Sorata, Väligama 1946. Zum Vuttodaya siehe Norman, Pāli Literature (Anm. 2), S. 168. Siehe auch Pannasara, Sanskrit Literature (Anm. 14), S. 21. Singhalesische Handschriften: CM 1620; God, Cat. SAS (Sinh.) 8; LPP I 90 (27 Hss.); LPP II 68 (14 Hss.); BL Or. 6610 (10) IV; Or. 6610 (10) V.

[29] Vṛttaratnākara of Kedārabhaṭṭa with the commentary Vṛttaratnākarapañcikā by Śrī Rāmacandra Kavi Bhāratī, ed. C.A. Seelaskandha (Śīlaskandha), 6. Aufl., Bombay 1948. (1. Aufl., 1907) [in Nāgarī-Schrift]. Singhalesische Handschriften: LPP I 90 (12 Hss.); II 68 (4 Hss.).

[30] Singhalesische Handschriften: LPP I 92 (11 Hss.); II 71 (8 Hss.). Eine ältere singhalesische Ausgabe vermerkt Don Martino de Zilva Wickremasinghe, Catalogue of the Sinhalese Printed Books in the British Museum, London 1901, Sp. 106. Die Ausgabe von 1926 (Śrutabodhaya von Kālidāsa, ed. Halvala K.D. Luvis Siñño, Alutgama 1926) ist nicht aufgrund singhalesischer Handschriften, sondern aufgrund einer Bombay-Ausgabe besorgt worden.

[31] Prastārādiratnākara von Amaradāsa, hrsg. und mit Sannaya versehen von Mādivala

metrische Einzelfragen im Anschluß an den Vṛttaratnākara. Schließlich ist noch die Vṛttapratyayamañjarī von Kalēgānē Paññāloka mit Regeln und Beispielen zu den einzelnen Versmaßen zu nennen, die dieser singhalesische Mönch schon 1934 vollendet hatte, die aber erst 1960 gedruckt wurde.[32]

Śrī Rāhula gibt im Pañcikāpradīpaya ein kurzes Zitat aus dem Bharata- oder Nāṭyaśāstra.[33] M.B. Ariyapala hat gezeigt, daß eine Reihe von Übereinstimmungen zwischen den Lehren des Bharata und den Berichten singhalesischer Werke wie im Dharmapradīpikāva (12. Jahrh.) und im Saddharmālaṅkāraya (14. Jahrh.) über Einzelheiten des Musiksystems bestehen, denen abweichende Lehren in den heute in Indien vorherrschenden Werken gegenüberstehen.[34] Dies ist allerdings noch kein Beweis für eine unmittelbare Vertrautheit der Verfasser dieser singhalesischen Texte mit dem Werke des Bharata, aber es zeigt wenigstens, daß die im Bharataśāstra niedergelegte Lehrtradition in Sri Lanka maßgeblich war. Wir können aus diesen Zeugnissen jedenfalls entnehmen, daß das Bharatīya-Nāṭyaśāstra in Sri Lanka etwa vom 12. bis zum 15. Jahrhundert, wenn nicht länger, bekannt war.[35]

In Manuskripten und vielfach auch in mündlichen Überlieferungen der singhalesischen Tanztradition sind zahlreiche Sanskrit-Verse und Sanskrit-Versgruppen enthalten. Sie werden als Merk- oder Beispielverse gelernt. Der durch seine Kenntnisse auf dem Gebiete der traditionellen singhalesischen Tanzkunde bekannte G.E. Sēdaraman hat in einem 1959 erschienenen Werk Nṛtya-ratnākaraya etwa 100 solche Verse mitgeteilt. Die von Sēdaraman veröffentlichten 32 Tālama-kavi, die als Tanzlieder vorgetragen werden, bestehen aus je einem singhalesischen und einem Sanskrit-Vers zur Verehrung des Buddha. Man findet jedoch beim ersten Blick auf diese oft bis zur Unkenntlichkeit verderbten Texte bestätigt, daß ihre Traditoren keine Sanskrit-Kenntnisse besaßen und rein mechanisch lernten und kopierten.[36]

Diese Sanskrit-Elemente in den Texten zur Tanzkunst sind Zeugen der Vorliebe des einstigen singhalesischen Hofes für die Verwendung des Sanskrit. Wir können ihnen

---

Anomadassi, Kolam̆ba 1907.

[32] Vṛttapratyayamañjarī von Kalēgānē Paññāloka, Koḷam̆ba 1960.

[33] Pañcikāpradīpaya (Anm. 5), S. 330.

[34] M.B. Ariyapala, Society in Mediaeval Ceylon, Colombo 1957, S. 262, 264–268.

[35] Auf die engen Beziehungen zwischen dem späteren „Kandyan Dance“ und dem Bhārata-nāṭya weist E.R. Sarathchandra, The Sinhalese Folk Play, Colombo 1953, S. 13 f. und 15 f. hin.

[36] G.E. Sēdaraman, Nṛtya ratnākaraya, Koḷam̆ba 1959. 51 Sanskrit-Verse sind mit singhalesischer Erklärung im Anhang auf Seite 142–150 zusammengestellt. Dies sind jedoch nicht alle Sanskrit-Verse in dem Werk; insbesondere die stark verderbten Verse sowie alle 32 Tālam-kavi sind im Anhang ausgelassen.

ein Alter von mehr als 150 Jahren zusprechen. Zumindest seit dem Ende des singhalesischen Königtums im Jahre 1815, wahrscheinlich aber schon seit der ersten Hälfte des 18. Jahrhunderts hörte die Neuschöpfung von Tanzliedern in Sanskrit für die nunmehr ihres königlichen Patronats beraubte und nur noch im Volke weitergepflegte Tanzkunst auf. Die jüngeren Formen von Tanzliedern und Volksdramen verwenden ausschließlich die singhalesische Sprache.

2. Die Heilkunde und ihre Hilfswissenschaften

Die Heilkunde (*Āyurveda* oder *Vaidyaśāstra*) hat in Sri Lanka wie in Indien als Wissenschaft eine sehr alte Tradition, und Sanskrit scheint dort schon sehr früh zur medizinischen Fachsprache geworden zu sein. Im Mahāvaṃsa wird berichtet, daß König Buddhadāsa (4. Jahrh.) ein medizinisches Handbuch verfaßt habe. Daß das uns heute vorliegende Sanskrit-Werk Sārārthasaṅgraha mit diesem alten Werk identisch ist, kann so gut wie ausgeschlossen werden, auch wenn es unter dem Namen des Königs überliefert ist.[1]

Nur sehr wenige medizinische Texte wurden in Pāli verfaßt[2]; dagegen ist eine große Zahl medizinischer Traktate in singhalesischer Sprache überliefert. Seit dem 14. bis ins 17.Jahrhundert läßt sich die Einwanderung von indischen Ärzten meist brahmanischer Kastenzugehörigkeit nach Sri Lanka nachweisen. Diese Einwanderer und seltener Singhalesen, die sich in Indien medizinische Kenntnisse erwarben, sind für die Einführung zahlreicher verhältnismäßig später indischer medizinischer Sanskrit-Texte verantwortlich. In einem Falle wurde ein Sanskrit-Werk aus einer tamilischen Übersetzung ins Singhalesische übersetzt; es trägt den Namen Vaidyacintāmaṇi Bhaiṣajyasaṅgrahava. Im 19. und im 20.Jahrhundert wurde eine größere Zahl weiterer dort vorher nicht bekannter medizinischer Sanskrit-Werke nach Sri Lanka gebracht und mit

---

[1] Vgl. Wilhelm Geiger, Cūlavaṃsa being the more recent part of the Mahāvaṃsa, translated, London 1929, Anm. 7; ders., Culture of Ceylon in Mediaeval Times, Wiesbaden 1960, S. 76; S. Paranavitana, „Medicine and Hygiene as Practised in Ancient Ceylon“, The Ceylon Historical Journal 3 (1953), S. 124f.; Jinadasa Liyanaratne, „Indian Medicine in Sri Lanka“, Bulletin de l'École Française d'Extrême-Orient 76 (1987), S. 202; anderer Ansicht über die Verfasserschaft: Dehigaspe Pannasara, Sanskrit Literature Extant among the Sinhalese, Colombo 1958, 192. Hss.: CM 2557; LPP II 78. Der dem König Buddhadāsa zugeschriebene Text ist ediert: Vaidyaka-Sārārthasaṃgraha von König Buddhadāsa, mit dem Kommentar von Āryyadāsa Kumārasiṃha, Nugēgoḍa 1986.

[2] Vgl. K.R. Norman, Pāli Literature, Wiesbaden 1983, S. 162f.; Somapada Jayawardhana, Handbook of Pali Literature, Colombo 1994, S. 24f.

singhalesischen Erklärungen gedruckt. Noch heute hat Sanskrit für die ayurvedischen Ärzte große Bedeutung, und die staatliche Förderung des Āyurveda hat bewirkt, daß diese Tradition erhalten geblieben ist. Dementsprechend ist der Anteil der medizinischen Sanskrit-Texte an der Sanskrit-Literatur der Singhalesen größer als in irgendeinem anderen Literaturbereich.

Die medizinische Sanskrit-Literatur Sri Lankas ist in neuerer Zeit eingehend untersucht und viele wichtige Texte sind genauer beschrieben worden, und zwar in erster Linie von Jinadasa Liyanaratne. Ich kann mich daher hier weitgehend auf den Hinweis auf die Arbeiten von Jinadasa Liyanaratne beschränken.[3]

Wegen ihrer Bedeutung im traditionellen Unterricht der ayurvedischen Texte möchte ich hier jedoch einige Angaben zu den medizinischen Śataka-Texten, also Werken mit genau oder ungefähr hundert Versen beifügen, nämlich zum Yogaśataka und zum Ariṣṭaśataka.

Der wichtigste dieser medizinischen Śataka-Texte ist das Yogaśataka. Die 100 (oder 101) Verse sind in acht Abschnitte gegliedert, acht traditionellen Abteilungen des Āyurveda entsprechend. Die in verschiedenen, zum Teil recht kunstvollen Versmaßen gedichteten Verse sind das Werk eines bedeutenden Gelehrten, der in seinem kurzen Buch eine erstaunliche Fülle von Informationen untergebracht hat. Es ist daher verständlich, daß das Werk in allen Teilen des indischen Kulturgebietes gelesen wurde. Da einige zentralasiatische Fragmente des Yogaśataka mit tocharischer Übersetzung aus dem 7. oder 8. Jahrhundert erhalten sind, muß es noch älter sein; auch wurde eine tibetische Übersetzung davon in den Tanjur aufgenommen. In verschiedenen Teilen Indiens haben sich Manuskripte des Yogaśataka erhalten. Es wird in tibetischer und nepalischer buddhistischer Überlieferung meist als Werk des Nāgārjuna, in der hinduistischen Überlieferung meist als Werk des Vararuci bezeichnet. In singhalesischer Überlieferung ist das Yogaśataka anonym; es wurde sogar irrtümlich für das Werk eines singhalesischen Gelehrten gehalten. Das singhalesische Sannaya stammt wahrscheinlich aus dem 14. oder 15. Jahrhundert und beschränkt sich auf einfache Worterklärungen.[4]

---

[3] Siehe insbesondere Jinadasa Liyanaratne, Buddhism and Traditional Medicine in Sri Lanka, Kelaniya 1999. Vgl. ferner ders., „Indian Medicine in Sri Lanka“, Bulletin de l'École Française d'Extrême-Orient 76 (1987), S. 201–216; ders., „Sinhalese Medical Manuscripts in Paris“, ebda. 76 (1987), S. 187–199; ders., „Ravigupta's Siddhasāra: New Light from the Sinhala Version“, Journal of the Europaean Āyurvedic Society 1 (1990), S. 69–84; ders., „Sri Lankan Medical Manuscripts in the Bodleian Library, Oxford“, ebda. 2 (1992), S. 36–88; ders., „The Abhinava-Mādhavanidāna of Rājaguru Kavicandra“, ebda. 3 (1993), S. 112–136.

[4] Über das Yogaśataka siehe Heinz Helmuth Michael Schmidt, Das Yogaśataka: Ein Zeugnis altindischer Medizin in Sanskrit und Tibetisch, herausgegeben und übersetzt, Phil.

Ein zweiter medizinischer Śataka-Text, der bei der Grundausbildung der singhalesischen ayurvedischen Ärzte gelernt wurde, ist das Ariṣṭaśataka, auch Rogaviniścaya genannt. Dieses Werk, das in der geläufigen Version aus 107 Versen besteht, faßt die wichtigsten Lehren der Diagnostik, also den Stoff des berühmten indischen Handbuchs Mādhavanidāna zusammen.Das anonym und mit einem alten Sannaya überlieferte Werk ist außerhalb Sri Lankas nicht nachweisbar und ist als Werk eines Singhalesen anzusehen.[5]

Zu den medizinischen Sanskrit-Werken älterer singhalesischer Autoren gehört mit Sicherheit die Abhinavayogamuktāvali in 93 Versen.[6] Für die meisten der zahlreichen weiteren Sanskrit-Texte, die in singhalesischen Ausgaben erschienen sind, ist indischer Ursprung gesichert oder wenigstens wahrscheinlich, abgesehen von einigen Kompilationen aus dem späten 19. oder dem 20. Jahrhundert, die überwiegend Materialien aus den klassischen medizinischen Sanskrit-Werken von Caraka, Suśruta, Vāgbhaṭa, Mādhava-(kara) und Cakrapāṇidatta geschöpft haben. Außerdem sei hier noch auf die von Jinadasa Liyanaratne entdeckte singhalesische Rezension des auch aus tibetischer Tradition bekannten Siddhasāra von Ravigupta hingewiesen.[7]

Hier seien noch zwei moderne Werke der singhalesischen medizinischen Sanskrit-Literatur angeführt: Der singhalesische ayurvedische Arzt J.S.Rājasundara, der auch als Herausgeber medizinischer Sanskrit-Texte und Verfasser von Sannayas dazu bekannt geworden ist, schrieb ein Werk über Besonderheiten der einheimischen Medizin in Sri Lanka mit dem Namen Vaidyottaṃsa in 400 Sanskrit-Versen und ließ dieses Buch 1919 in Madras drucken[8]. Im Jahre 1926 legte ein anderer ayurvedischer Arzt und Jurist aus Sri Lanka namens B.L.S. Silva Kavitilaka bei Gelegenheit der 16. All-India Ayurvedic Conference and Exhibition in Jaipur sein Gadaviniścaya nāma Rogajñānakrama vor, ein Werk über die Ursachen der Krankheiten in kunstvollen Sanskrit-Versen[9].

Diss., Bonn 1978; Jean Filliozat, Yogaśataka: Texte médical attribué à Nāgārjuna, Pondichéry 1979; vgl. auch Vaidya Bhagwan Dash, Tibetan Medicine, with special reference to Yogaśataka, Dharamsala 1976. Von dem Text existieren zahlreiche indische und viele singhalesische Handschriften und Ausgaben.

[5] Das Werk erschien in mehreren singhalesischen Ausgaben; mir liegt vor: Ariṣṭa-śatakaya hevat Rogaviniścaya (or Treatise on Pathology), printed by Robert Baṭuvantuḍāvē, Colombo 1949. Handschriften: CM 2458; 2459; Somadasa, Wellcome Inst. WS 5.IV; 85 II; Singh Hss. 177-179; 341; BL Or. 6612 (27); Or. 6612 (102) II.

[6] Ausgabe: Abhinavayogamuktāvaliya mit Sanaya von D.Y. Yāgabamuṇu, Colombo 1945.

[7] Liyanaratne, „Ravigupta's Siddhasāra“ (Anm. 3).

[8] Vaidyottaṃsa von Jyotiratna Śrīdhara Rājasundara, Madras 1919 [in Nāgarī-Schrift]. Vgl. D. Pannasara, Sanskrit Literature, Colombo 1958, S. 201–203.

[9] Gadaviniścaya nama Rogavijñānakrama von B.L.S. Kavitilaka, Madras 1927 [in

Wichtige Hilfsmittel für die ayurvedischen Ärzte sind die Glossare der Materia medica, die nach dem Vorbild der allgemeinen Wörterbücher in Versen geschrieben sind. Sie werden als Nighaṇṭu bzw. in der bei den Singhalesen üblichen Rechtschreibung meist als Nighaṇḍu bezeichnet[10]. Daß Studien zur Heilkräuterkunde in Sri Lanka eine alte Tradition haben, bezeugt die Chronik Mahāvaṃsa; es wird darin berichtet, daß König Aggabodhi VII. (772–777) eine Untersuchung über die auf der Insel vorkommenden heilkräftigen Pflanzen durchführen ließ[11].

Aufzählungen von Heilmitteln enthalten folgende in Sri Lanka verbreitete Nighaṇḍus in Sanskrit: Auṣadhanighaṇḍu, wahrscheinlich identisch mit Varga-auṣadhanighandu; Dravyaguṇanighaṇḍu; Vanavāsanighaṇḍu (von gleichnamigen singhalesischen Werken zu unterscheiden); Vāsudevanighaṇḍu und Siddhauṣadhanighaṇḍu oder Vaidya-siddhauṣadhanighaṇḍu. Die drei letzten der genannten Werke sind in Sri Lanka geschrieben worden, und zwar wahrscheinlich vor dem 18.Jahrhundert, spätestens aber im 18.Jahrhundert.

Der Sarasvatīnighaṇḍu ist ein weiteres pharmazeutisches Glossar zweifellos ceylonesischen Ursprungs, das in Sri Lanka vielfach dem berühmten indischen Lexikographen Śāśvata zugeschrieben wird. Diese Zuschreibung ist mit Recht schon von dem singhalesischen Herausgeber D.H.S. Kaviratna in seiner Einleitung abgelehnt worden. Das Büchlein dient als Einführungsbuch in die Heilmittelkunde für Schüler der ärztlichen Kunst. In seinem ersten Teil sind die wichtigsten Heilpflanzen, ihre Produkte und ihre Qualitäten beschrieben, in den späteren Abschnitten die übrigen Stoffe, die in der Heilkunde verwertet werden, also Mineralien und die wenigen der indischen Medizin bekannten Chemikalien[12].

Am Ende dieses Kapitels seien einige Angaben über Sanskrit-Texte zur Tierkunde und Tierheilkunde beigefügt. Auf diesem Gebiet sind uns vor allem Sanskrit-Texte zur Elefantenkunde überliefert. Sechs derartige Werke in Versen mit singhalesischen Kommentaren sind nach verhältnismäßig alten Handschriften von P.E.P. Deraniyagala ediert worden: Hastiyogaśataka, Hastiyogaśataka hā (und) Hastiśilpa, Ät veda pota, Ali tōrana pota, Gajāṅgalakṣaṇa, Śrī-Yogaśataka. Eine dieser Handschriften trägt das Datum 1271 n.Chr. (1815 buddh. Zeitrechnung). Die uns erhaltenen Texte befassen sich mit allen denkbaren Aspekten der Elefantenkunde: Erkennung des Charakters der Tiere aus ihren Körpermerkmalen, verschiedene Arten von Elefanten und ihre Eignung, Behandlung

---

Nāgarī-Schrift]. Singhalesische Ausgabe mit Sannaya des Verfassers, Colombo 1927.

[10] Siehe Claus Vogel, Indian Lexicography, Wiesbaden 1979, S. 374-378.

[11] Mahāvaṃsa 48.72.

[12] Siehe Vogel, Indian Lexicography (Anm. 10), S. 377.

von Erkrankungen der Tiere und Methoden für das Einfangen wilder Elefanten, sowie günstige und ungünstige Zeitpunkte hierfür[13].

3. Mathematik, Astronomie, Astrologie und Wahrsagekunst

In allen Gebieten des indischen Kulturbereichs spielt die Astrologie (*jyotiḥśāstra*) eine herausragende Rolle als traditionelle Wissenschaft, die auch das tägliche Leben stark beeinflußt.[1] In der Überlieferung der Singhalesen sind Abhandlungen zur Astrologie und zu der ihr als Hilfswissenschaft dienenden Astronomie (*gaṇitaśāstra*) noch heute vorwiegend in Sanskrit-Werken niedergelegt; fast alle wichtigen Traktate sind in dieser Sprache geschrieben, nur eine Anzahl sekundärer Texte in singhalesischer Sprache. Aus Sri Lanka stammende oder dort überlieferte Pāli-Texte zu diesen Wissenschaften sind nicht bekannt geworden.

Welche Bedeutung die Astrologie hat, erkennt man z.B. an der Tatsache, daß auch heute kein feierlicher Staatsakt in Ceylon stattfindet, ohne daß ein Astrologe einen günstigen Augenblick dafür errechnet hat. Dasselbe gilt für familiäre Anlässe. Im Mittelalter hatte die Astrologie natürlich noch größeren Einfluß auf das Dasein der Singhalesen.

Die indische Mathematik, die im indischen Mutterlande bekanntlich eine sehr hohe Entwicklungsstufe erreichte, hat sich in Ceylon, soweit wir wissen, in der Hauptsache nur als Hilfswissenschaft der Astrologie entfaltet. Die für die Sterndeutung nötigen mathematischen Methoden werden in den astrologischen Handbüchern gelehrt. Ein Gaṇitaśāstra, also ein Lehrbuch der Arithmetik, wird im Pañcikāpradīpaya des Śrī Rāhula zitiert.[2]

Die Zahl der in Sri Lanka in Handschriften und auch in Drucken überlieferten astrologischen Sanskrit-Texten ist beträchtlich. Einige Anmerkungen dazu habe ich an anderer Stelle gemacht.[3] Ein großer Teil dieser Werke ist indischer Herkunft; hier

[13] Ausgabe: Ali piḷibañda vidyāva, hrsg. P.E.P. Däraṇiyagala (Ceylon National Museums Manuscripts Series II, 1), Colombo 1952. Die Texte sind teilweise nur unvollständig erhalten.

[1] Zusammenfassende Darstellung in David Pingree, Jyotiḥśāstra: Astral and Mathematical Literature, Wiesbaden 1981.

[2] Pañcikāpradīpaya von Toṭagamuvē Śrī Rāhulaa in: Siri Rahal pabañda, ed. Rä. Tennakōn, Colombo 1957, S. 273.

[3] Heinz Bechert, „Remarks on Astrological Sanskrit Literature from Sri Lanka“, Senerat Paranavitana Commemoration Volume, ed. L.P.K. Indrapala and J.E. von Lohuizen-de Leeuw, Leiden 1978, S. 45–47.

möchte ich zunächst die beiden wichtigsten astrologischen Texte besprechen, die von singhalesischen Autoren verfaßt worden sind.

Das bedeutendste und längste astrologische Sanskrit-Werk, das in Sri Lanka verfaßt wurde, ist die Daivajñakāmadhenu oder Daivavitkāmadhenu von Anavamadarśin (Anomadassi), einem Mönch aus der Mitte des 13. Jahrhunderts. Es ist derselbe Mönch, dem von manchen singhalesischen Gelehrten auch die meist als Werk des Vedeha geltende singhalesische Grammatik Sidatsaṅgarāva zugeschrieben wird. Die Daivajñakāmadhenu stellt in 2618 Versen nicht nur Astronomie und Astrologie im engeren Sinn dar, sondern enthält auch Angaben allgemeinerer Art, so über Omina und dgl., allerdings nicht in dem Ausmaße wie die Bṛhatsaṃhitā von Varāhamihira. Als Quelle nennt Anavamadarśin neben Varāhamihira noch Bhoja (11.Jahrh.), dem einige astronomisch-astrologische Schriften zugeschrieben werden. Die von ihm angeführten antiken Autoritäten Parāśara und Vasiṣṭha hat er hingegen nicht selbst benützt, sondern er kennt sie nur als die von Varāhamihira genannten Vorväter der astrologischen Wissenschaft. Die Daivajñakāmadhenu wurde 1905–1906 von Doḍanduvē Sīlakkhandha in Indien veröffentlicht.[4]

Ein in Sri Lanka sehr verbreitetes astrologisches Handbuch ist das Horābharaṇa des Mahendrapāda, das in Indien unbekannt ist. Das in zum Teil recht kunstvollen Versen geschriebene Werk behandelt alle wichtigen Bereiche der praktischen Anwendung der Astrologie in 534 Versen in 31 Paricchedas. Schon die Ausdrucksweise Mahendrapādas, vor allem in den Einleitungsversen, läßt erkennen, daß er in Sri Lanka lebte. Sein Werk ergänzt das die theoretischen Grundlagen der Astrologie stärker in den Vordergrund stellende Hauptwerk der ceylonesischen astrologischen Literatur, nämlich die Daivajñakāmadhenu, durch die Darstellung der angewandten Astrologie nach singhalesischer Tradition.[5]

Die folgenden astrologischen Werke indischer Herkunft liegen in singhalesischen Ausgaben vor und sind auch in singhalesischen Handschriften nachweisbar: Uḍudāyapradīpa oder Laghuparāśara von Bhairavadatta, Kālahorāśāstra, Gargasaṃhitā oder Vṛddhagargasaṃhitā von Garga, Gocaraphalasaṃhitā, Gaurījataka, Camatkāracintāmaṇi von Nārāyaṇabhaṭṭa, Jātakaratna, Daśāphalasaṅgraha, Nakṣatramālā, Nāradasaṃhitā,

---

[4] Ausgabe: Daivajñakāmadhenu by Anavamadarśi Saṅgharāja Mahāsthavira, ed. C.A. Sīlakkhandha, 3 Bände, Benares 1905–1906 [in Nāgarī-Schrift]. Handschriften: BL Or. 6613 (29); LPP I 41 (14 Hss.); II 32 (8 Hss.); vgl. auch LPP III 142. Zum Inhalt des Werkes siehe Dehigaspe Pannasara, Sanskrit Literature extant among the Sinhalese, Colombo 1958, S. 209–218.

[5] Ausgaben und Handschriften sind angeführt zu Singh. Hss. 173 und 174; siehe auch BL Or. 6613 (27).

Bṛhajjātaka von Varāhamihira, Bhāvaphaladīpanī, Muhūrtacintāmaṇi von Nārāyaṇa, Śivalikhita oder Śivaśāstra, Ṣaṭpañcāśikā von Pṛthuyaśas, Santānadīpikā oder Santānadīpanī, Sarvārtthacintāmaṇi von Veṅkaṭeśa oder Veṅkaṭaśarman, Sārāvalī von Kalyāṇavarman und Teile des Laghujātaka von Varāhamihira. In Sri Lanka selbst wurden unter Verwendung älterer indischer Quellen der Guṇadoṣasaṅgraha, ein Werk über den Einfluß der Planeten auf das menschliche Schicksal, und der Navapaṭalasaṅgraha (auch Navagrahapaṭalasaṅgraha), ein Werk über unterschiedliche astrologische Fragen kompiliert.[6] In Sri Lanka war auch ein schon im 15. Jahrhundert im Pañcikāpradīpaya zitiertes astrologisches Wörterbuch im Gebrauch, nämlich das Daivajñamukhamaṇḍana, auch als Nakṣatranighaṇḍu bekannt. Es umfaßt 162 Verse.[7]

Die Zukunftsdeutung aus dem Stand der Sterne wird durch die Interpretation des Verhaltens von Tieren, von Körpermerkmalen, Träumen usw. ergänzt. Anweisungen für die Deutung solcher Vorzeichen sind zwar auch in einigen astrologischen Kompendien enthalten, werden aber auch in besonderen Werken zusammengefaßt, die in Sri Lanka in Sanskrit-Versen oder in singhalesischen Versen überliefert wurden. Vor allem aus dem Verhalten von Tieren werden Schlüsse auf Ereignisse der Zukunft gezogen. So wird z.B. vor Reisen der Vogelflug sorgfältig beobachtet. Die Deutung des Fluges von fünf Vogelarten (Pfau, Huhn, Krähe, Eule und Falke) lehrt das Pañcapakṣiśāstra oder Śakunaśāstra, das in verschiedenen Versionen überliefert wird[8]. Auch über die Weissagung aus dem Verhalten der Eidechsen sowie aus anderen Methoden der Naturbeobachtung werden Sanskrit-Verse überliefert, die großenteils aus indischen astrologischen Traktaten stammen wie z.B. die schon von Varāhamihira gelehrte Fähigkeit der Deutung von Körpermerkmalen.[9]

---

[6] Handschriften des Guṇadośasaṅgraha: Singh. Hss. 384; Somadasa, Wellcome Inst. WS.224 II, 225 I; CM 2677–2681; BL Or. 6613(24); Or. 6613(31); Or. 6613(32); Or. 6613(33); Or. 6613(42)I; Singh Hss 469. Mehrere Ausgaben, z.B. Guṇaḍoṣasaṅgrahava, 6. Aufl., ed. Don Deviḍ da Silvā Āpā Appuhāmi. – Navapaṭalasaṅgraha: Ausgaben erschienen 1879 (ed. Mohoṭṭivattē Guṇānanda, Colombo 1879) und 1925 (veröff. G.P. David Silvā, Mahanuvara 1925). Hss: BL Stowe, Or. 28 I (Don Martino de Zilva Wickremasinghe, Catalogue of the Sinhalese Manuscripts in the British Museum, London 1900, Kat.-Nr. 62, S.66f.; BL Or. 6613(11)I, Or. 6613(22)IV, Or 6613(25); Somadasa, Wellcome Inst. WS 312. Das Werk ist zu unterscheiden von einem singhalesischen Werk mit ähnlichem Titel.

[7] Zahlreiche Druckausgaben und Handschriften. Der neueste mir vorliegende Druck ist Daivajñamukhamaṇḍanaya hevat Nakṣatra nighaṇṭuva, ed. J.S. Rājasundara, Colombo 1970.

[8] In derartigen Werken aus Sri Lanka sind Sanskrit-Verse und singhalesische Abschnitte enthalten, so daß sie nicht zur Sanskrit-Literatur im engeren Sinne gehören. Vergleichbare Werke sind aus der Sanskrit-Literatur aller Teile Indiens bekannt.

[9] Siehe z.B. Päraṇi śāstra krama pasaḷosak von M.S. Vīravarddhana Śrīdhara, Colombo 1953; Pinvattē H. Carlis da Silvā, Satya nimiti śāstra pota, Maradāna o.J.; Sāmudrikāśāstra

4. Śilpaśāstra, Vāstuśāstra und Verwandtes

Für eine nur schwer abgrenzbare Reihe von Wissensgebieten wird in der Sanskrit-Literatur das Wort *śilpaśāstra* verwendet. Die Schwierigkeit der Abgrenzung des Begriffes Śilpaśāstra hängt mit der Vielfalt dessen zusammen, was man mit dem Worte *śilpa* benennen kann. Außer "Kunstfertigkeit" und "handwerkliche Kunst" sowie "bildende Kunst" bezeichnet dieses Wort nämlich in bestimmten Reihen nahezu die Gesamtheit aller Wissenschaften und Kunstfertigkeiten, die man sich nur vorstellen kann.

Die kürzeste dieser Reihen, die der *aṣṭādaśa śilpa*, 18 Kunstfertigkeiten oder Wissensgebiete, ist an vielen Stellen der singhalesischen Literatur genannt. Eine vollständige Aufzählung findet man in vier Texten: Im Jātaka-aṭuvā-gäṭapadaya (12.Jahrh.) und im Rājaratnākaraya (16.Jahrh.) in Sanskrit-Versen und im Pūjāvaliya (13.Jahrh.) sowie im Saddharmālaṅkāraya (Ende des 14.Jahrh.) in Prosa.[1] Dabei heißen die 18 aufgezählten Wissensgebiete im Jātaka-aṭuvā-gäṭapadaya *vidyāsthāna* in Anlehnung an die im Pāli-Jātaka-Kommentar erwähnten 18 *vijjaṭṭhāna*[2] und in Übereinstimmung mit dem Wortlaut des Verses selbst. In allen anderen Texten heißen sie *aṣṭādaśa śilpa*, und diese Bezeichnung hat sich in Sri Lanka duchgesetzt. Die Aufzählung in der Versfassung und in der Prosafassung stimmt weitgehend überein. Wo sich Abweichungen zeigen, hat die Versfassung den besseren Text.

Eine Liste der 64 Künste findet man an mehreren Stellen der indischen Sanskrit-Literatur und Prakrit-Literatur. Diese 64 Künste heißen *kalā*, was man am besten (mit Claus Haebler) als „gesellschaftliche Kunstfertigkeit“ übersetzen kann[3]. Die Kenntnis solcher gesellschaftlicher Kunstfertigkeiten in Indien ist durch viele Quellen belegt und wird für Sri Lanka schon durch mittelalterliche singhalesische Inschriften bezeugt. In der singhalesischen Literatur enthalten zwei Texte eine vollständige Aufzählung von 64 solcher Kunstfertigkeiten, und zwar stimmen diese beiden Stellen völlig überein. Diese Texte sind die singhalesischen Prosatexte Pūjāvaliya und Saddharmālaṅkāraya. Letzterer

---

(Sāmudrikāśāstra), veröff. von Karuṇādhāra mudraṇālaya, Maradāna o.J. und andere.

[1] Jātaka-aṭuvā-gäṭapadaya, ed. D.B. Jayatilaka, Colombo 1943, S. 72; Rājaratnākaraya von Valgampāyē (Māhimiyō), Mābodala 1929, S. 37; Pūjāvaliya von Mayūrapāda, ed. Bentara Śraddhātiṣya, Pānadurā 2474/1934, S. 87 f. Siehe auch M.B. Ariyapala, Society in Mediaeval Ceylon, Colombo 1956, S. 275.

[2] Jātaka together with its Commentary, ed. U. Fausbøll, vol. I, S. 259, 356, 463.

[3] Vgl. Claus Haebler, „Ausschneidekunst im alten Indien“, Paideuma 7 (Festgabe für H. Lommel), S. 242–245 und Ariyapala, Society (Anm. 1), S. 275–278.

Text hat dabei aus dem Pūjāvaliya entlehnt. Die 64 Kunstfertigkeiten werden hier mit dem Wort *kalā-śilpa* bezeichnet.

Neben Aufzählungen von 64 Kunstfertigkeiten kennt man in Sanskrit-Werken auch solche von 72 und von 86 Kunstfertigkeiten. Aus den in Sri Lanka überlieferten Sanskrit-Texten ist eine Liste von *dvisaptati kalā*, 72 gesellschaftlichen Kunstfertigkeiten, bekannt, die (allerdings unvollständig) in dem lexikographischen Werk *Ratnakoṣa* enthalten ist[4]. Sie zeigt keinerlei Übereinstimmungen mit dem in der singhalesischen Literatur überlieferten Verzeichnis der 64 Kunstfertigkeiten.

Im Daṁbadeṇi-asna (14.Jahrh.) findet sich eine Liste von 58 Kunstfertigkeiten, die nach Nr.33 durch den Vermerk *yanādi aṣṭādaśa śilpa* („so usw. sind die 18 Künste") unterbrochen ist. Bei genauerem Zusehen läßt sich in dieser Aufzählung am Anfang nach den „der Erlernung der Buchstaben dienenden Büchern" (Nr.1) und der Aufzählung von Sprachen und Grammatiken (Nr. 2-8) eine noch dazu unvollständige Reihe buddhistischer Texte (Nr. 9-17) ausgliedern. Auch in der nun folgenden unvollständigen Liste der 18 śilpa (Nr. 18-23, 29-33) sind Einschübe zu finden (Nr. 24-28), und zwar offensichtlich aus einer singhalesischen Quelle. Der Rest der Reihe ist aus der Aufzählung der 64 Kalā-śilpa im Pūjāvaliya bzw. im Saddharmālaṅkāraya übernommen. Wir brauchen daher für die Liste im Daṁbadeṇi-asna keine selbständige Entlehnung aus einer Sanskrit-Quelle anzunehmen; sie ist vielmehr aus den bereits in die singhalesische Literatur übernommenen Reihen kompiliert[5].

Die Bedeutung des Wortes Śilpaśāstra als Bezeichnung einer besonderen Gruppe wissenschaftlicher Texte ist enger gefaßt als die des Wortes *śilpa* in den eben angeführten Reihen von Kunstfertigkeiten. Die philologischen, historischen und philosophischen Disziplinen (*vyākaraṇa, nirukta, nighaṇṭu, chandas, śikṣā, alaṅkāra, tarka, purāṇa, itihāsa*), die religiösen Lehren (*veda, mokṣajñāna, kriyāvidhi*), die Weltklugheit (*nīti*), Medizin und Tiermedizin (*vaidya, śālihotra*), Astrologie und Verwandtes (*jyotiṣa, sāmudrika, mantra, tantra* usw.) und einige andere Gebiete sind hier auszuschließen. Śilpaśāstra in der in Sri Lanka üblichen Wortbedeutung ist die Theorie der bildenden Künste. Ein größerer Teil der einschlägigen Texte wurde in Sanskrit überliefert und in Sanskrit auch für den Unterricht in den traditionellen Kunstschulen benutzt.

Die in Sri Lanka bis in die Gegenwart bekannte Abhandlung Śāriputra behandelt die Proportionslehre, d.h. Regeln für die bei der Herstellung von sakralen Bildwerken zu beachtenden Proportionen, denen ein planimetrisches Meßverfahren zugrunde liegt.

---

[4] Ratnakoṣa (siehe Kap. VI.1, S. 144), § 18 (Hs.fol.10 f.).

[5] Anderer Meinung Haebler, „Ausschneidekunst" (Anm.), S. 242.

Diese Proportionslehre ist zu einem wesentlichen Teil aus indischen Quellen übernommen, die an die sich aus der Anwendung auf Buddha-Darstellungen ergebenden Veränderungen angepaßt wurden.[6]

Rūpāvali ist die gebräuchlichste Bezeichnung eines Textes in 158 Versen, der im wesentlichen Angaben über die ikonographischen Merkmale einer größeren Zahl von Göttern und Fabelwesen enthält. Andere Bezeichnungen des Werkes sind Pratimākaraṇavidhi und Rūpamālā. Die in der Tradition großgewordenen singhalesischen Künstler im Hochland um Kandy kennen heute noch vielfach Verse aus der Rūpāvali auswendig und benützen sie als Merkverse für die Attribute der Götter.[7]

Obwohl die meisten der in der Rūpāvali beschriebenen Gottheiten hinduistischen Ursprungs sind, kann man den Text nicht mit A.K.Coomaraswamy als einen Text hinduistischen Ursprungs bezeichnen. Vielmehr liegt ein Werk vor, das bei den Buddhisten Sri Lankas kompiliert ist, die bekanntlich im Laufe der Jahrhunderte stets auch hinduistische Gottheiten verehrt und daher auch bildlich dargestellt haben.Am Anfang der Rūpāvali wird eine Gottheit angeführt, die nur den Buddhisten Sri Lankas bekannt ist und die auch buddhistischen Ursprungs ist, nämlich Nātha[8]. Genaueres über die Zeit der Kompilation der Rūpāvali läßt sich nicht ermitteln; man kann nur feststellen, daß der Text das heutige Pantheon der Singhalesen voraussetzt.

Das Vaijayantatantra, ein umfangreiches Werk in 21 Kapiteln, ist ebenfalls nur aus Sri Lanka bekannt. Es handelt von den unterschiedlichsten Gegenständen des Kunsthandwerks mit genauen Bestimmungen über die Verwendung von Edelsteinen, die

---

[6] Siehe Hans Ruelius, Śāriputra und Ālekhyalakṣaṇa: Zwei Texte zur Proportionslehre in der indischen und ceylonesischen Kunst, Diss., Göttingen 1974 (mit ausführlicher Untersuchung über die indischen Quellen). Neuere singhalesische Ausgabe: Śāriputra visin śravaṇaya karana lada Gautamīyaśāstrayē Bimbamāna, ed. Voltar Marasiṃha, Nugēgoḍa 1993. Ausgabe in Nāgarī-Schrift mit Übersetzung: The Bimbamāna of Gautamīyaśāstra as heard by Śāriputra, ed. and transl. E.W. Marasinghe, Delhi 1994. Vgl. auch Ananda K. Coomaraswamy, Mediaeval Sinhalese Art, Gloucesterhire 1908, S. 150–163.

[7] Zur Rūpāvali siehe Coomaraswamy, Mediaeval Sinhalese Art (Anm. 6), S.111–113. Das Werk darf nicht mit dem Pāli-Text Rūpamālā verwechselt werden. Die Rūpāvali Trägt den Titel Rūpamālā in einer mir nicht zugänglichen Bearbeitung von E.R. Gooneratne, die bei Haridas Mitra, Bibliography of Indian Art and Aesthetics, Santiniketan 1951, S. 180 f. angeführt ist. Handschriften: CM 2354–2356; LPP I 61 und 81 (4 Hss.); vergl. auch C.E. Godakumbura, Sinhalese Literature, Colombo 1955, S. 340.

[8] Vgl. Heinz Bechert, „Mythologie der singhalesischen Volksreligion", Götter und Mythen des indischen Subkontinents, hrsg. H.W. Haussig, Stuttgart 1984, S. 621f.;siehe auch John Clifford Holt, Buddha in the Crown: Avalokiteśvara in the Buddhist Traditions of Sri Lanka, New York 1991 und oben Kap.II.3.

Herstellung von Kronen, königlichen Insignien usw. Über Abfassungszeit und Ursprung des Werkes ist nichts bekannt.[9]

Nur in einer einzigen singhalesischen Handschrift aus einem Kloster in Gampola ist das Mañjuśrībhāṣita-Citrakarmaśāstra überliefert; die Handschrift befindet sich jetzt im Nationalarchiv von Sri Lanka. Das sehr umfangreiche Werk besteht aus zwei Teilen; der erste Teil ist ein Handbuch der Tempelarchitektur, der zweite Teil handelt von bildlichen Darstellungen. Wie beim Śāriputra, lassen sich Einflüsse indischer Śilpaśāstras erkennen. Das Werk ist auch ein Zeugnis für den Mahāyāna-Buddhismus im mittelalterlichen Sri Lanka, wie man besonders aus dem Abschnitt über die Ikonographie der Buddhas und Bodhisattvas des Mahāyāna-Pantheons (Vairocana, Ratnasambhava usw.) in Kapitel 15 ersehen kann. Die Ansichten über das Alter des Werkes liegen weit auseinander; die vermuteten Datierungen reichen vom 5. bis 7. Jahrhundert bis zum 11. oder 12. Jahrhundert. Zum gegenwärtigen Zeitpunkt müssen wir davon ausgehen, daß eine sichere Datierung noch nicht möglich ist.[10]

Abgesehen von diesen längeren Śilpaśāstras der singhalesischen Tradition sind noch einige kürzere Texte dieser Gattung in Sri Lanka tradiert, nämlich Devasthāpanaya, ein Werk über die Beachtung astrologischer Regeln für die Errichtung buddhistischer Heiligtümer in 22 Versen[11], Ālekhyalakṣaṇa, ein Abriß der Proportionslehre in 31 Versen, die Hans Ruelius anhand des allein erhaltenen Sannaya rekonstruiert hat[12] und

---

[9] Ausgabe: Vaijayantatantraya, mit singhalesischer Übersetzung hrsg. Nandasēna Mudiyansē, Kälaṇiya 1983. Siehe Puñcibaṇḍāra Sannasgala, Siṃhala sāhitya vaṃśaya, Colombo 1961, S. 498 und Coomaraswamy, Mediaeval Sinhalese Art (Anm. 8), S. 67 und 209 und die folgende Teilausgabe: M.H.F. Jayasooriya, „Two Chapters from the Vaijayanta Tantra, Revised Sanskrit Text in Roman Script with English Translation", Abhinandama, Papers on Indology, Buddhism and Fine Art, A Felicitation Volume presented to Jayadeva Tilakasiri, Colombo 1991, S. 25–54. Hss: Pol, Census 5357-5359; CM 2456; LPP I 90 (7 Hss.); II 69 (4 Hss.).

[10] Edition in zwei Teilen: The Vāstuvidyā Śāstra ascribed to Mañjuśrī and The Citrakarmaśāstra ascribed to Mañjuśrī, ed. by E.M. Marasinghe, Delhi 1989 und 1991 [Edition in Nāgarī-Schrift mit Übersetzung]. Kapitel 1–3 auch ediert in Bibliotheca Zeylanica Series, Romanized transcript etc. by M.H.F. Jayasuriya, Leelamanda Prematilleke und Roland Silva, Colombo 1995. Inhaltsübersicht des Werkes von Hans Ruelius, „Mañjuśrībhāṣita-Citrakarmaśāstra: A Mahayanistic Śilpaśāstra from Sri Lanka", Buddhism in Ceylon and Studies on Religious Syncretism in Buddhist Countries, ed. Heinz Bechert, Göttingen 1978, S. 89–99. Siehe ferner Walter Marasinghe, „Mañjuśrī-vāstu-vidāśāstra: A Romanized Transcript...", Vidyodaya Journal of Sciences 7 (1996), 181–194 [kritische Rezension der Ausgabe in Bibliotheca Zeylanica Series].

[11] Tissa Kariyavasam, „Devasthāpanaya: an Appendix to Śāriputra, the Text on Buddhist iconometry", Buddhist Studies in Honour of Hammalawa Saddhatissa, Nugegoda 1984, S. 131–137.

[12] Rekonstruktion, Übersetzung und Anmerkungen in Ruelius, Śāriputra und Ālekhya-

das Dāgäb bändīmē lakṣaṇa, ein nur mit singhalesischem Titel überlieferter Sanskrit-Text über Regeln für die Proportionen von Stūpas.[13]

Die im Vorangehenden angeführten Werke ceylonesischen Ursprungs sind oft in fehlerhaftem Sanskrit geschrieben; viele sprachliche Fehler in diesen Texten gehen offenbar schon auf die Autoren bzw. ursprünglichen Kompilatoren zurück; dazu kommen natürlich noch spätere Abschreibefehler.

Das von den Singhalesen benützte Lehrbuch für die astrologischen und sonstigen Regeln für die Baukunst ist das Mayamata oder Mayimataya. Es ist eine sehr freie Bearbeitung des in Indien viel benutzten Sanskrit-Textes Mayamata. In Sri Lanka gibt es nur den singhalesischen Text, der als Purāṇa-Mayamataya bezeichnet wird und den Untertitel Geval sädīmē kramaya („Über die Methode des Hausbaues") trägt. Der Text umfaßt 282 Verse. Der Verfasser des singhalesischen Textes, dessen Name uns unbekannt ist, nennt in Vers 11 Ślokas (*solokaya*), d.h. Sanskrit-Verse als seine Quelle und gibt das Śaka-Jahr 1759 als Datum seines Werkes an, das nach der in Sri Lanka üblichen Śaka-Ära 1837 n.Chr. entspricht. Das Mayamataya beginnt, wie üblich, mit der Anrufung des Buddha, Dharma und Sangha. Abgesehen von einigen weiteren einleitenden Versen enthält es außer technischen Anweisungen über Haus- und Städtebau vor allem die dafür nötigen astrologischen Regeln, Anweisungen für Zeremonien zur Versöhnung der Geister, für die Beachtung der Vorzeichen und ähnliche Dinge. An einigen Stellen, z.B. in den Versen 123 und 133, sind Anspielungen auf den Buddhismus enthalten; diese gehen natürlich nicht auf die indische Vorlage des Werkes zurück.[14]

Eine moderne Abhandlung über die beim Hausbau zu beachtenden Regeln ist Vāstu-vidyāva von V.A. Harmānis Appuhāmi. Der Verfasser dieses Buches, das aus Sanskrit-Versen und singhalesischer Prosa gemischt ist, hat zahlreiche astrologische Texte und Śilpaśāstras indischer Herkunft benützt und exzerpiert[15].

Gegenstand eines Śilpaśastra ist auch die Kenntnis von den Arten der Edelsteine, ihrer Entstehung, ihrer Bearbeitung, ihren Wirkungen auf ihre Träger und ihren Be-

---

lakṣana (Anm. 6).

[13] Unpublizierte Bearbeitung nach vier Hss. von Hans Ruelius. — Hss: CM 2446; enthalten in CM 2359, 2452 und in BL Or. 6614(7); Singh Hss. 427 (Kopie von CM 2446). Vgl. auch H. Parker, Ancient Ceylon, London 1909, S. 336.

[14] Ausgaben: Le Purāṇa Mayamataya, Manuel astrologique singhalais de construction, hrsg. und übers. von Jinadasa Liyanaratne, Paris 1976. Ältere Ausgaben u.a. Purāṇa Mayimataya veröff. von A.S. Silvā, Alutgama o.J.; Purāṇa geval sädīmē kramaya Mayimataya, veröff. von N.J. Kurē, Maradāna 1961. Vgl. Coomaraswamy, Mediaeval Sinhalese Art (Anm. 6), S. 124-128.

[15] Vāstu-vidyāva hevat oder Gṛhanirmāṇa-śilpaya von V.A. Harmānis Appuhāmi, Bd. 1, Maradāna (Colombo) 1937 (Alles Erschienene).

ziehungen zu astrologischen Gegebenheiten. Diese Wissenschaft hat in Indien und selbstverständlich auch in Sri Lanka eine alte Tradition. Der dort nur handschriftlich überlieferte Text Ratnaparīkṣā weist Gemeinsamkeiten mit dem in Südindien verfaßten Agastimata auf.[16]

Schließlich ist noch das Kāmaśāstra, die Erotik, zu erwähnen, eine Wissenschaft, über die im indischen Mutterland bekanntlich eine sehr alte und reiche Literatur existiert. In Sri Lanka haben Werke über dieses Gebiet keine große Rolle gespielt. Auch aus den Schilderungen von Liebesszenen in mittelalterlichen singhalesischen Dichtungen läßt sich keine unmittelbare Benützung von Lehrbüchern der Erotik nachweisen, da wahrscheinlicher ähnliche Schilderungen in indischen Kunstgedichten als Vorbild gedient haben. Nach C.E. Godakumbura hat Dunuvila Gajanāyaka Nilamē für sein 1811 verfaßtes erotisches Gedicht Ratiratnālaṅkāraya in singhalesischer Sprache vermutlich eine tamilische Bearbeitung des Kāmaśāstra benützt[17].

Sanskrit-Texte erotischer Werke wurden erst im 20. Jahrhundert nach Ceylon eingeführt, mit singhalesischen Übersetzungen und Erklärungen versehen und gedruckt[18]. Eine moderne ceylonesische Kompilation über Aphrodisiaka, über die Vorausbestimmung des Geschlechtes der Kinder, über die zum Geschlechtsumgang günstigen und ungünstigen Zeitpunkte und dergleichen in 100 Sanskrit-Versen mit singhalesischen Erklärungen ist Yogamuṣṭi von Vaṃsanātha Deśabandhu[19]. Wie bei Literaturwerken von Singhalesen üblich, beginnt auch dieses Werk mit der Verehrung des Buddha.

---

[16] Ratnaparīkṣā gehört in die Reihe der 64 *kalāśilpa*. Zur Edelsteinkunde in der indischen Tradition siehe Louis Finot, Les lapidaires indiens, Paris 1896. Hss. der Ratnaparīkṣā: CM 2353; LPP II 61.

[17] Godakumbura, Sinhalese Literature (Anm. 7), S. 261; vgl. Puñcibaṇḍāra Sannasgala, Siṃhala sāhitya vaṃśaya, Colombo 1961, S. 462f.

[18] Beispiele: Ratiśāstra hevat (oder) Gṛhadharmopadeśaya (= Ratiśāstra von Nāgārjuna), hrsg. und ins Singhalesische übersetzt von D.S.Sirivarddhana, Mīrigama 1926; (andere Ausgabe desselben Werkes:) Nāgārjunaya hevat Ratiśāstraya (Herausgeber anonym), Nugēgoḍa 1942 (neue Ausgabe desselben, 2499/1955); Vātsyāyana Kāmasūtraya, mūlagranthaya sahita Siṃhala parivartanaya, von A.Dasanāyaka, Nugēgoḍa 1955; Pañcasāyakakāmakatuka-granthaya (Sanskrit-Werk von Śrī-Kaviśekhara) mit singhalesischer Übersetzung von K.D.Kulatilaka, Nugēgoḍa 2502.

[19] Vaṃsanātha Deśabandhu, Yogamuṣṭiya hā Kāmaśāstraya, Maradāna 1951.

Addenda et Corrigenda

Da die für den Haupttext und für die Addenda et Corrigenda benutzten Textverarbeitungsprogramme nicht kompatibel sind und erstere mir nicht mehr zur Verfügung stehen, konnten diese Nachträge nicht in den Haupttext aufgenommen werden.

S. 11, Anm. 1: Die Diglossie im Fall der singhalesischen Literatur- und Umgangssprache wurde zum ersten Mal ausführlich in einer wissenschaftlichen Darstellung dokumentiert von Klaus Matzel, Einführung in die singhalesische Sprache, Wiesbaden 1966; neue Ausgabe: Klaus Matzel und Premalatha Jayawardena-Moser, Singhalesisch: Eine Einführung, Wiesbaden 2001.

S. 13: Der Gebrauch des Sanskrit für Termini der Administration ist auch in Thailand seit dem späten 19. Jahrhundert üblich.

S. 31: Nachträglich habe ich noch die Kopie des Ford Foundation Microfilm Catalogue im Nationalarchiv von Sri Lanka in Colombo einsehen können.

S. 32 „älteste in Sri Lanka selbst erhaltene Palmblatthandschrift“: Diese Aussage gilt natürlich nicht für die in Tibet erhaltene frühe Handschrift des Karmavibhāgaya (siehe Singhalesische Handschriften [II], 287) oder auch für Handschriften auf anderen Beschreibstoffen wie die in II.3 erwähnte Goldblatthandschrift eines Prajñāpāramitā-Textes aus Anurādhapura (siehe unten S. 61).

S. 38, Z. 13 lies: Vuttamālāsandesasataka.

S. 46, Z. 10 lies : Mahāmaṅgalasūtra.

S. 48, Anm. 20 lies: Seattle 1999.

S. 56, Z. 5 und S. 145, Z. 17 lies: Līnārthadīpā.

S. 74-75: Die Anmerkungen 3 und 4 auf S. 75 gehören zu S. 74.

S. 77-79: Jinadasa Liyanaratne hält die Identität des Autors des Bhaktiśataka für unsicher und verweist auf den aus Coladeśa (Tamil-Region in Südindien) stammenden Rājaguru, dessen Zwillingsbruder Rāmacandra Vaidyaratna aus Indien nach Jayavardhanapura (Kōṭṭē) in Sri Lanka kam (briefliche Mitteilung vom 26.4.1999; vgl. Journal of the European Ayurvedic Society 3 [1993], S. 113-115). Mir scheint jedoch die oben S. 77 gegebene Identifikation absolut gesichert.

S. 87, Z. 25 und S. 88, Anm. 59 lies: Marāṅgaṇāvijaya.

S. 87, Anm. 59: Bhikkhu Pāsādika hat mir freundlicherweise eine Kopie von Davuldeṇa Ñāṇissara (Jñāneśvara), Mahāmahendrakṣīnāśravagamana, Nugēgoḍa 2546 (2002) sowie der Handschrift von Paścāttāpa übersandt. Exemplare der ersten sechs der hier genannten Texte verdanke ich ihrem Verfasser und ich möchte ihm an dieser Stelle herzlich dafür danken.

S. 88, Z. 1 lies: Yaśodharācarita (statt Yaśodhacarita).

S. 92, Z. 1-2: Seit der Kandy-Periode ist Nātha an die Stelle von Saman (Sumana) als einer der „Vier Großen Götter" getreten; gleichwohl blieb der Kult von Saman als Gott des Śrīpāda (Adam's Peak) eine der wichtigsten Schutzgottheiten von Sri Lanka. Siehe H. Bechert, „Mythologie ..." (S. 92, Anm. 3) S. 590.

S. 108, Anm. 38: In neuerer Zeit wurden weitere Texte dieser Art aus Indien übernommen und mit singhalesischen Erklärungen in Sri Lanka gedruckt, z.B. Tantra kalpa(ya) mit singhalesischer Übersetzung und Hinweisen zur Durchführung der Rituale von A. Dasanāyaka, Nugēgoḍa 2505 (1961); 2. Aufl., ebenda 2522 (1978); Uḍḍiśa-tantra(ya) von Rāvaṇa (angeblicher Verf.), mit singhalesischer Erklärung von A. Dasanāyaka, Nugēgoḍa 1952; Yantracintāmaṇi von Dāmodara (angeblicher Verf.), hg. K.D. Kulatilaka Nugēgoḍa 2503 (1961); Ricaḍ P.B. Dunuvila, Vaśīkaraṇa tantraya, Päraṇi vaśī gurukam, Nugēgoḍa 2486 (1944), 2. Aufl. 1963; D. Vättävē Appuhāmi, Mantra palippuva, Diṣṭi saha prāṇa, 2. Aufl., Nugēgoḍa 2508 (1964); M.K.U. Baṇḍā, Gupta gaveśanaya saha Devatā svapna, 2. Aufl., Nugēgoḍa 2504 (1960); D.W. Mārapana und M.K.U. Baṇḍā, Sarvārakṣā hevat Bhūtastambhanaya hā uccātanaya, 1. Aufl., Nugēgoḍa 2484 (1942), 2, Aufl. 2506 (1962); Gupta pūjā vidhi, hg. A. Dasanāyaka, Nugēgoḍa 2503 (1959); Pālita Sōmakīrti, Mahā yantra śreṇiya, Nugēgoḍa 1962 (darin auch buddhistische Zaubertexte wie Aṅgulimāla yantraya, S. 91f.). – Ein berühmter Text dieser Art wurde von Keśavabhaṭṭa (aus Kaschmir) verfasst: Kramadīpikā hevat Viṣṇu mantra vidhi, mit singhalesischer Übersetzung v. K.D. Kulatilaka, Nugēgoḍa 2510 (1966). – Mehrere weitere Texte dieser Art wurden vom Moḍan pot samāgama (Modern Book Co.) in Nugēgoḍa publiziert, wo auch die in diesem Addendum angeführten Bücher erschienen sind.

S. 111, Anm. 1: Die Ausgaben von S. Paranavitana und C.E. Godakumbura, von C.R. Swaminathan, von H. Śāstri und von G.R. Nandargikar sind in Nāgarī-Schrift gedruckt.

S. 143, Anm. 3: Vom Mugdabodhavyākaraṇa sind sechs singhalesische Handschriften in LPP I 76 und eine singhalesische Handschrift im Ford Foundation Microfilm Index erwähnt.

S. 146: Brahmamitra Avasthī übersetzte Sobodhālaṅkāra und Siyabaslakara ins Sanskrit und publizierte diese Übersetzungen mit Hindī-Kommentar, natürlich in Nāgarī-Schrift, unter dem Titel Bauddālaṃkāraśāstram in Delhi 1973.

S. 152: Um einen Eindruck von der Vielfalt der aus Indien nach Sri Lanka im ausgehenden 18. sowie im 19. Jahrhundert und in der ersten Hälfte des 20. Jahrhunderts eingeführten medizinischen Sanskrit-Texte zu geben, sei hier eine Auswahl solcher Texte angeführt: Arkaprakāśa (einem Śiromaṇi Laṅkānātha Rāvaṇa zugeschrieben), Aṣṭaparīkṣā, Kūṭamudgāra (dem Mādhava zugeschrieben), Jvaralakṣaṇa, Jvarāṣṭaśataka, Trayodaśa-sannipātalakṣaṇa, Nāḍijñānataraṅgiṇī (von Rāghunātha Prasāda), Bhiṣajāṅga (oder Dūtalakṣaṇa), Bhaiṣajyakalpa (sowie die mit den auch in Einzelhandschriften überlieferten und z.T. separat edierten Teilen dieses Werkes: Prayogasamuccaya usw.), Bhaiṣajya-saṅgraha (eine singhalesische Kompilation von Auszügen aus Caraka, Suśruta, Vāgbhaṭa und Śārṅgadharasaṃhitā; nicht mit Vaidyacintāmaṇis Bhaiṣajyasaṃgraha identisch), Mūtrāṣṭaka, Yogamuktāvali (Kompilation aus älteren Werken, von Samaratuṅga 1855 verfaßt), Yogaratnākara (von dem gleichnamigen Text in singhalesischen Versen zu unterscheiden), Yogasaṅgraha, Vaidyajīvana (von Lolimbarāja, 17. Jahrh.), Śārṅgadhara-saṃhitā, Sārasaṃhitā, Sārasaṅkṣepa (von Rājaguru Śrīcandra; überliefert mit Sannaya von Attaragama Baṇḍāra, 18. Jahrh.), Sārasaṅgraha und einige andere. Der Vaidyālaṅkāra, ein in Sri Lanka viel benutztes Einführungswerk in 71 Versen, ist dort verfaßt oder umgearbeitet worden. Ebenfalls in Sri Lanka wurden Yogāmṛtasindhu von Patināyaka (2 Teile, 1930 und 1952) sowie Pañcakarmavidhi von Kalyānavatī K. Vikramasiṃha (1931) verfaßt. Aus älteren Quellen kompiliert ist das Werk Sarpalakṣaṇa von H. Āryavaṃśa (publiziert 1924) mit Informationen über Schlangengifte, Mittel zur Heilung bei Schlangenbissen usw. In der zweiten Hälfte des 20. Jahrhunderts wurden, meist vom Moḍan pot samāgama (Modern Book Co.) in Nugēgoḍa, mehrere weitere medizinische Sanskrit-Werke indischen Ursprungs in singhalesischer Schrift veröffentlicht. Allen genannten Werken sind singhalesische Sannayas oder Übersetzungen beigefügt.

S. 153: Der Liste der auch handschriftlich in Sri Lanka überlieferten älteren medizinischen Nighaṇḍus ist noch Dravyaguṇadarpaṇa beizufügen.

S. 155f.: Zu den in Sri Lanka sowohl handschriftlich überlieferten wie in Druckausgaben zugänglichen astrologischen Sanskrit-Werken indischen Ursprungs sind nachzutragen: Candrābharaṇa und Laghuparāśara oder Uḍudāyapradīpa (von Parāśara); Bṛhatsaṃhitā (von Varāhamihira; vermutlich eine aus dem 19. Jahrhundert stammende Abschrift, die im

Mikrofilm-Katalog der Ford Foundation vermerkt ist); nur in älteren singhalesischen Drucken (vor 1950), nicht in Handschriften kann ich nachweisen: Upagrahaphalaprakāśinī, Grahagocara, Pratikarmasaṃgraha (von Śailendrasiṃha), Bhāvakutūhala (von Jinanātha), Bhāvaprakāśa (von demselben) und Māsartulakṣaṇa (eine Kompilation von Hikkaḍuvē Śrī Sumaṅgala aus älteren astrologischen Abhandlungen, 1874). Alle diese Texte wurden mit Sannaya publiziert.

Register

1. In Sri Lanka überlieferte Sanskrit-Texte

Hier sind nur die Texte angeführt, die zu dem Bestand der „alten Überlieferung“ in Sri Lanka gehören (einschließlich der nur für die früheren Perioden nachweisbaren Texte; siehe S. 30), sowie die in Sri Lanka selbst nach 1815 kompilierten Texte, nicht aber die nach 1815 aus Indien nach Sri Lanka übernommenen Texte. Die magischen, medizinischen und astrologischen Sanskrit-Texte sind nicht vollständig berücksichtigt. Für die Anordnung der Texte wurde die Reihenfolge des lateinischen Alphabets benutzt.

2. Allgemeines Register (Auswahl)